Заключительный отчет Тридцать восьмого Консультативного совещания по Договору об Антарктике

KОНСУЛЬТАТИВНОЕ СОВЕЩАНИЕ
ПО ДОГОВОРУ ОБ АНТАРКТИКЕ

Заключительный отчет

Тридцать восьмого

Консультативного

совещания по Договору

об Антарктике

София, Болгария
1 - 10 июня 2015 г.

ТОМ I

Секретариат Договора об Антарктике
Буэнос-Айрес
2015

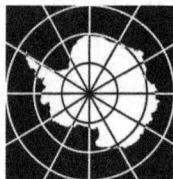

Издатель:

Secretariat of the Antarctic Treaty
Secrétariat du Traité sur l' Antarctique
Секретариат Договора об Антарктике
Secretaría del Tratado Antártico

Maipú 757, Piso 4
C1006ACI Ciudad Autónoma
Buenos Aires - Argentina
Tel: +54 11 4320 4260
Fax: +54 11 4320 4253

Данный документ также можно получить по адресу: *www.ats.aq* (цифровая версия) и экземпляры, приобретенные через Интернет

ISSN 2346-9919
ISBN 978-987-1515-99-8

СОДЕРЖАНИЕ

ТОМ I

ТОМ II

Акронимы и сокращения

ЧАСТЬ II. МЕРЫ, РЕШЕНИЯ И РЕЗОЛЮЦИИ (продолжение)

4. Планы управления

ООРА № 101 «Гнездовье Тэйлор» (Земля Мак-Робертсона) пересмотренный План управления

ООРА № 102 «Острова Рукери» (бухта Холме, Земля Мак-Робертсона) пересмотренный
    План управления

ООРА № 103 «Остров Ардери и остров Одберт» (Берег Бадда, Земля Уилкса, Восточная
    Антарктика) пересмотренный План управления

ООРА № 104 («Остров Сабрина», острова Баллени): пересмотренный План управления

ООРА № 105 («Остров Бофорт», пролив Мак-Мёрдо, море Росса): пересмотренный План управления

ООРА № 106 («Мыс Халлетт», северная часть Земли Виктории, море Росса)
    пересмотренный План управления

ООРА № 119 («Долина Дейвис и озеро Форлидас», массив Дуфек, горы Пенсакола»):
    пересмотренный План управления

ООРА № 148 («Гора Флора», бухта Хоп, Антарктический полуостров): пересмотренный
    План управления

ООРА № 152 («Западная часть пролива Брансфилд»): пересмотренный План управления

ООРА № 153 («Восточная часть бухты Далльманн»): пересмотренный План управления

ООРА № 155 («Мыс Ройдс», остров Росса): пересмотренный План управления

ООРА № 157 («Бухта Бакдор», мыс Ройдс», остров Росса): пересмотренный План управления

ООРА № 158 («Мыс Хат», остров Росса): пересмотренный План управления

ООРА № 159 («Мыс Адэр» (берег Боркгревинка): пересмотренный План управления

ООРА № 163 («Ледник Дакшин Гангтри», Земля Королевы Мод): пересмотренный План управления

ООРА № 164 («Утесы Скаллин-Монолит и Марри-Монолит», Земля Мак-Робертсона):
    пересмотренный План управления

ЧАСТЬ III. ВЫСТУПЛЕНИЯ НА ОТКРЫТИИ И ЗАКРЫТИИ, ОТЧЕТЫ И ДОКЛАДЫ

ЧАСТЬ IV. ДОПОЛНИТЕЛЬНЫЕ ДОКУМЕНТЫ XXXVI КСДА

Акронимы и сокращения

АКАП	Соглашение о сохранении альбатросов и буревестников
ОУРА	Особо управляемый район Антарктики
АСОК	Коалиция по Антарктике и Южному океану
ООРА	Особо охраняемый район Антарктики
СДА	Система Договора об Антарктике или Секретариат Договора об Антарктике
КСДА	Консультативного совещания по Договору об Антарктике
СЭДА	Совещание экспертов Договора об Антарктике
ВР	Вспомогательный документ
АНТКОМ	Конвенция о сохранении морских живых ресурсов Антарктики и (или) Комиссия по сохранению морских живых ресурсов Антарктики
КОАТ	Конвенция о сохранении тюленей Антарктики
CCRWP	Рабочая программа ответных мер в отношении изменения климата
ВООС	Всесторонняя оценка окружающей среды
КООС	Комитет по охране окружающей среды
КОМНАП	Совет управляющих национальных антарктических программ
ОВОС	Оценка воздействий на окружающую среду
СЭОИ	Система электронного обмена информацией
ИМП	Историческое место и памятник
МААТО	Международная ассоциация антарктических туристических операторов
ИКАО	Международная организация гражданской авиации
МКГ	Межсессионная контактная группа
ПООС	Первоначальная оценка окружающей среды
МГО	Международная гидрографическая организация
ИМО	Международная морская организация
МОК	Межправительственная океанографическая комиссия
Фонды IOPC	Международные фонды для компенсации при загрязнении нефтью
IP	Информационный документ
МГЭИК	Межправительственная группа экспертов по изменению климата
МСОП	Международный союз охраны природы
МОР	Морской охраняемый район
НКО	Национальный компетентный орган
ЦКСО	Центр координации спасательных операций
ПСО	Поисково-спасательные работы
СКАР	Научный комитет по антарктическим исследованиям
НК-АНТКОМ	Научный комитет АНТКОМ
ВГПУ	Вспомогательная группа по планам управления
СОЛАС	Международная конвенция охране человеческой жизни на море
СНЮО	Система наблюдения за Южным океаном
SP	Документ Секретариата
БПЛА	Беспилотный летательный аппарат
ЮНЕП	Программа ООН по окружающей среде
РКИК ООН	Рамочная конвенция ООН об изменении климата
ВМО	Всемирная метеорологическая организация
Рабочий документ (WP)	Рабочий документ
ВТО	Всемирная туристическая организация

ЧАСТЬ I
ЗАКЛЮЧИТЕЛЬНЫЙ ОТЧЕТ

1. Заключительный отчет

Заключительный отчет тридцать восьмого Консультативного совещания по Договору об Антарктике

София, 1 – 10 июня 2015 года.

(1) Всоответствиисо СтатьейIX Договора об Антарктикепре дставители Консультативныхсторон (Австралии, Аргентины, Бельгии, Болгарии, Бразилии, Великобритании, Германии, Индии, Испании, Италии, Китая, Нидерладов, НовойЗеландии, Норвегии, Перу, Польши, РеспубликиКорея, РоссийскойФедерации, Соединенных Штатов Америки, Украины, Уругвая, Финляндии, Франции, Чешской Республики, Чили, Швеции, Эквадора, Южно-АфриканскойРеспублики и Японии) встретились в Софии в период с 1 по 10 июня 2015 годас целью обмена информацией, проведения консультаций, рассмотрения и рекомендации своим правительствам мер по дальнейшему претворению в жизнь принципов и целей Договора.

(2) На Совещании также присутствовали делегации следующих Договаривающихся Сторон Договора об Антарктике, не являющихся Консультативным сторонами: Беларуси, Венесуэлы, Казахстана, Канады, Колумбии, Малайзии, Монако, Монголии, Португалии, Румынии, Турции и Швейцарии.

(3) В соответствии с Правилами 2 и 31 Правил процедуры на Совещанииприсутствовали Наблюдатели из Комиссии по сохранению морскихживых ресурсов Антарктики (АНТКОМ), Научного комитета поантарктическим исследованиям (СКАР) и Совета управляющихнациональных антарктических программ (КОМНАП).

(4) В соответствии с Правилом 39 Правил процедуры в Совещании приняли участие Эксперты из следующих международных и неправительственных организаций: Коалиции по Антарктике и

Южному океану (АСОК),Международной ассоциации антарктических туристических операторов (МААТО) и Программы ООНпо окружающей среде (ЮНЕП).

(5)   Болгария в качестве страны-организатора выполнила свои информационные обязательства перед Договаривающимися Сторонами, Наблюдателями и Экспертами посредством Циркуляров Секретариата, писем и специально разработанного веб-сайта.

Пункт 1. Открытие Совещания

(6)   Официальное открытие Совещания состоялось 1 июня 2015 года. От имени правительства страны-организатора и в соответствии с Правилами 5 и 6 Правил процедуры Глава Секретариата правительства страны-организатора г-н Веселин Валчев (Vesselin Valchev) открыл Совещание и предложил кандидатуру посла Райко Райчева (Rayko Raytchev) в качестве Председателя XXXVIII КСДА. Предложение было принято.

(7)   Председатель тепло поприветствовал все Стороны, Наблюдателей и Экспертов, собравшихся в Болгарии. Он подчеркнул важное значение Договора для сохранения красоты и уникальности Антарктики для ныне живущих и будущих поколений и отметил, что Болгария ратифицировала Договор об Антарктике 37 лет назад, а 17 лет назад стала Консультативной стороной Договора. Он также выделил значение принятия стратегического плана работы как важного результата мероприятий по улучшению охраны окружающей среды, а также для эффективного управления и регулирования человеческой деятельности в Антарктике. В заключение г-н Райчев отметил, что созданная в 1993 году болгарская антарктическая станция Святой Климент Охридский стала центром проведения научных исследований болгарскими специалистами в тесном сотрудничестве с коллегами из Аргентины, Бразилии, Испании и Чили.

(8)   Делегаты почтили минутой молчания память скончавшегося в возрасте 53 лет

г-на Фредерика Шемэ (Fr d ric Chemay), и всех тех, кто погиб в Антарктике в прошедшем году. Г-н Шемэ был представителем Бельгии в Международной китобойной комиссии, делегатом от Бельгии на заседании КООС XVI и на XXXVI КСДА, а также на заседании КООС XVII в Бразилии.

(9) Его Превосходительство Президент Республики Болгария Росен Плевнелиев (Rosen Plevneliev) поприветствовал делегатов Совещания и выразил готовность Болгарии и далее активно участвовать в расширении научно-исследовательской деятельности в Антарктике, в укреплении основополагающих ценностей Договора об Антарктике, направленных на развитие науки и научных исследований. Напомнив о 37-й годовщине подписания Болгарией Договора об Антарктике, Президент Плевнелиев подчеркнул, что Система Договора об Антарктике является одним из ярких примеров международного сотрудничества, при котором страны с разными правовыми системами, с различными национальными, религиозными и культурными традициями работают бок о бок во имя общей цели – мирного использования Антарктики, проведения научных исследований и обмена информацией. Подчеркивая необходимость международного сотрудничества в деле разрешения проблем, связанных с изменением климата, нехватки ресурсов и с целью внедрения экологически безопасных технологий, Президент Плевнелиев сделал акцент на особой стратегической ценности Антарктики и на соответствующей роли КСДА и КООС. Он отметил основные направления научно-исследовательской деятельности, осуществляемой Болгарией, упомянув о том, что Болгарией были организованы 23 антарктические экспедиции, а также поддерживается работа станции Святой Климент Охридский, на которой ведется работа по проектам как Болгарского антарктического института, так и по проектам других Сторон Договора. Президент также отметил, что 525 антарктическим объектам были присвоены болгарские имена и названия. Он привел результаты работы 23-й болгарской антарктической экспедиции, когда альпинисты Дойчин Боянов (Doichin Boyanov), Николай Петков (Nikolay Petkov) и Александр Шопов (Alexander Shopov) успешно взошли и замерили высоту пика Нидл и пика София, расположенных на острове Ливингстон (Смоленск). Президент также отметил высокое значение вклада выдающегося ученого профессора Христо Пимпирева (Christo Pimpirev), основателя и главы Болгарского антарктического института и руководителя болгарской антарктической экспедиции. Полный текст речи Президента Плевнелиева приведен в Разделе 1 Части III.

(10) Министр иностранных дел Болгарии г-н Даниэль Митов (Daniel Mitov) поприветствовал участников конференции. Подчеркнув высокое значение Договора об Антарктике для совместного управления антарктическим континентом, он отметил его важную роль как уникального региона мирного сотрудничества и совместной

научно-исследовательской деятельности. Г-н Митов особо выделил приверженность Болгарии укреплению Системы Договора об Антарктике, а также роль науки для установки правил и процедур. Он выразил уверенность в том, что предстоящая конференция даст возможность обратиться к темам управления, охраны окружающей среды, изменения климата, биоразнообразия, управления туризмом и вопросам научно-исследовательской деятельности. Совещание также позволит обновить основополагающие принципы Системы Договора об Антарктике и обеспечить сохранение этого региона для будущих поколений. Министр отметил преобразование станции Святой Климент Охридский на острове Ливингстон (Смоленск), которая выросла из двух маленьких хижин до целого комплекса с часовней и лабораторией. Он также поблагодарил за логистическую поддержку, которую оказали Аргентина, Бразилия, Испания и Чили. Министр Митов отметил, что проблема изменения климата является главнейшей задачей для сегодняшнего поколения и подчеркнул важное значение роли Антарктики для понимания этой проблемы как одной из приоритетных среди тех, что стоят перед современным обществом. Министр отметил участие Болгарии в полярных исследованиях, в частности в работе по вопросам изменения климата, которая является эффективным инструментом для разработки и продвижения политик и процедур, основанных на фактических данных; он также подчеркнул, что Договор об Антарктике демонстрирует уникальный пример того, как небольшие и крупные страны могут объединиться для решения стоящих перед ними глобальных задач.

(11) Министр окружающей среды и водных ресурсов Болгарии г-жа Ивелина Василева (Ivelina Vassileva) охарактеризовала Систему Договора об Антарктике как уникальную правовую рамочную структуру для охраны антарктического континента и сохранения его преимущественно нетронутой природной среды и экосистем на базе мира и международного сотрудничества. Она отметила, что Болгария горда тем, что является одной из 29 Консультативных сторон, что имеет собственную станцию на острове Ливингстон (Смоленск), а также достижениями ученых из Болгарского антарктического института при реализации 23-х антарктических кампаний подряд в период с 1993 по 2015 годы. Министр Василева сделала акцент на широком круге вопросов, над которыми работают болгарские ученые, и отметила межотраслевой подход к пониманию полярных систем и их эволюции. Она выделила серьезные проблемы изменения климата, сокращения

биоразнообразия и глобальные экологические вопросы антарктического региона, а также подчеркнула необходимость минимизации совокупного влияния от всех видов человеческой деятельности в Антарктике: научных исследований, туризма и промысла. Министр напомнила Сторонам, что 2015 год является очень важным с точки зрения обсуждения проблемы глобального изменения климата и отметила, что Болгария ожидает разработки нового, обязательного для всех Сторон соглашения, которое войдет в Рамочную Конвенцию ООН об изменении климата (РКИК ООН) и в котором будут оговорены обязательства всех развитых и развивающихся стран по минимизации своего влияния после 2020 года. И наконец министр Василева представила великолепную природу Болгарии, сохранившую биоразнообразие, и отметила, что почти 35% ее территории являлись частью сети охраняемых районов стран Европейского Союза NATURA 2000.

(12) Министр туризма г-жа Николина Ангелкова (Nikolina Angelkova) отметила быстрый рост туризма в Антарктике и сообщила о том, что в период сезона 2014/15 г. Антарктику посетили 37 000 туристов. Отметив, что увеличение числа туристов и расширение деятельности в Антарктике обусловили необходимость решать срочные задачи, связанные с разрешениями на проведение деятельности, обеспечением безопасности и сохранением ландшафта, флоры и фауны, министр Ангелкова также заметила, что с помощью туризма антарктический регион может стать более доступным. Она подчеркнула, что Болгария играет одну из ведущих ролей в расширении деятельности в Антарктике и выразила надежду на разрешение задач, которые ставит перед обществом меняющийся мир.

(13) Г-н Мишель Рокар (Michel Rocard), бывший премьер-министр Франции и посол по особым поручениям по полярным делам выступил перед собравшимися по вопросу Конференции сторон (КС) 21, которая должна состояться в Париже в декабре 2015 года. Целью КС 21 является достижение всемирного обязательного соглашения по ограничению глобального повышения температуры. Он отметил всевозрастающее воздействие изменения климата и его усиление его влияния на антарктический регион. Высоко оценивая работу КСДА, основанную на консенсусе, г-н Рокар пожелал Сторонам, которые будут присутствовать на КС 21, достичь такого же уровня понимания. Он также поблагодарил за слова поддержки от Сторон КСДА в адрес КС 21.

Пункт 2. Выборы должностных лиц и формирование рабочих групп

(14)   Заместителем Председателя был выбран г-н Франциско Бергуньо (Francisco Berguño), представитель Чили – страны, которая будет принимать XXXIX КСДА. В соответствии с Правилом 7 Правил процедуры функции Секретаря Совещания были возложены на Исполнительного секретаря Секретариата Договора об Антарктике д-ра Манфреда Райнке (Manfred Reinke). Глава Секретариата страны-организатора г-н Веселин Валчев принял на себя обязанности заместителя Секретаря. Обязанности Председателя Комитета по охране окружающей среды (КООС) были возложены на представителя Австралии г-на Юэна

Мак-Айвора (Ewan McIvor).

(15)   Были сформированы три Рабочие группы:

- Рабочая группа по правовым и институциональным вопросам.
- Рабочая группа по вопросам туризма и неправительственной деятельности.
- Рабочая группа по операционным вопросам.

(16)   Председателями Рабочих групп были избраны:

- Рабочая группа по правовым и институциональным вопросам: профессор Рене Лефебер (René Lefeber), Нидерланды.
- Рабочая группа по вопросам туризма и неправительственной деятельности: г-н Максимо Гоуланд (Máximo Gowland), Аргентина.
- Рабочая группа по операционным вопросам: г-жа Джейн Фрэнсис (Jane Francis), Великобритания.

(17)   В соответствии с концепцией XXXVII КСДА была учреждена Специальная рабочая группа по вопросам деятельности компетентных органов. Г-жа Биргит Ньостад (Birgit Njåstad) из Норвегии была избрана Председателем этой Специальной рабочей группы.

Пункт 3. Принятие Повестки дня и распределение пунктов Повестки дня

(18)   Была принята следующая повестка дня:

1.   Открытие заседания.
2.   Выборы должностных лиц и формирование рабочих групп.

3. Принятие Повестки дня и распределение пунктов Повестки дня.

4. Работа Системы Договора об Антарктике: Отчеты и доклады Сторон, Наблюдателей и Экспертов.

5. Работа Системы Договора об Антарктике: Общие вопросы.

6. Работа Системы Договора об Антарктике: Анализ положения Секретариата.

7. Разработка Многолетнего стратегического плана работы.

8. Отчет Комитета по охране окружающей среды.

9. Материальная ответственность: Выполнение Решения 4 (2010 г.).

10. Безопасность и деятельность в Антарктике, включая поисково-спасательные операции.

11. Туризм и неправительственная деятельность в районе действия Договора об Антарктике.

12. Инспекции в рамках Договора об Антарктике и Протокола по охране окружающей среды.

13. Вопросы науки, научного сотрудничества и содействия.

14. Последствия изменения климата для режима управления в районе действия Договора об Антарктике.

15. Вопросы просвещения.

16. Обмен информацией.

17. Биопроспектинг в Антарктике.

18. Подготовка 39-го Совещания.

19. Прочие вопросы.

20. Принятие Заключительного отчета.

21. Закрытие заседания.

(19) Совещание одобрило следующее распределение пунктов повестки дня:

- Пленарное заседание: пункты 1, 2, 3, 4, 8, 18, 19, 20, 21.
- Рабочая группа по правовым и институциональным вопросам: пункты 5, 6, 7, 9, 17.
- Рабочая группа по вопросам туризма и неправительственной деятельности: пункт 11.
- Рабочая группа по операционным вопросам: пункты 10, 12, 13, 14, 15, 16.

(20) Участники Совещания также приняли решение направлять проекты правовых актов, подготовленные КООС и Рабочими группами, в группу

по разработке правовых документов для рассмотрения правовых и институциональных аспектов данных документов.

Пункт 4. Работа Системы Договора об Антарктике: Отчеты и доклады Сторон, Наблюдателей и Экспертов

(21) В соответствии с Рекомендацией XIII-2 на Совещании были представлены следующие доклады от правительств и секретариатов, являющихся депозитариями.

(22) Соединенные Штаты Америки, выступая Правительством-депозитарием Договора об Антарктике и Протокола по охране окружающей среды, представили отчет о состоянии Договора об Антарктике и Протокола по охране окружающей среды к Договору об Антарктике (Информационный документ IP 38). За прошедший год две страны присоединились к Договору и две к Протоколу. Что касается присоединения к Договору, Казахстан сдал на хранение документ о присоединении 27 января 2015 года, а Монголия – 23 марта 2015 года. В отношении Протокола по охране окружающей среды - Венесуэла сдала на хранение документ о присоединении 1 августа 2014 года, а Португалия – 10 сентября 2014 года. Соединенные Штаты Америки отметили, что в настоящее время количество Сторон Договора составляет 52 страны, а Сторон Протокола – 37 стран.

(23) Стороны поздравили Монголию и Казахстан с присоединением к Договору об Антарктике, а Венесуэлу и Португалию с присоединением к Протоколу по охране окружающей среды. Португалия и Венесуэла выразили удовлетворение по поводу ратификации Протокола. Португалия высоко оценила работу Австралии, Испании и Франции, проделанную за последние три года, в отношении укрепления содействия реализации положений Протокола, а Венесуэла поблагодарила другие страны Латинской Америки за выраженную ими поддержку участия Венесуэлы в решении связанных с Антарктикой задач и вопросов. Венесуэла уведомила Совещание о своем желании запросить изменение своего статуса на Консультативную сторону и обратилась к Сторонам с просьбой высказать предложения, поделиться наблюдениями и оказать поддержку для достижения этой цели.

(24) Аргентина сообщила, что ею была ратифицирована Мера 4 (2004 г.). Поддержав принятие Аргентиной Меры 4 (2004 г.), Великобритания

отметила, что некоторые Меры до сих пор еще не вступили в силу, и подчеркнула необходимость неотложной реализации этих Мер.

(25) Австралия, будучи Правительством-депозитарием Конвенции о сохранении морских живых ресурсов Антарктики (Конвенции АНТКОМ), сообщила о том, что с момента закрытия XXXVII КСДА к Конвенции не присоединилось ни одно новое государство. В настоящее время участниками Конвенции являются 36 Сторон (Информационный документ IP 22).

(26) Франция обратилась к другим странам-участникам Конвенции АНТКОМ и отметила, что с 2012 года было предложено два проекта по Морским охраняемым районам (МОР) и что большинство Сторон высказалось в поддержку расширения деятельности по сохранению морских живых ресурсов Южного океана.

(27) Австралия, будучи Правительством-депозитарием Соглашения о сохранении альбатросов и буревестников (АКАП), сообщила о том, что с момента закрытия XXXVII КСДА ни одно новое государство не присоединилось к Соглашению и что в настоящее время насчитывается 13 стран-участниц этого Соглашения (Информационный документ IP 21). Она сделала доклад о Пятом совещании Сторон в Тенерифе (Испания), проходившем 4 и 5 мая 2015 года, сообщив, что ряд стран работают над присоединением к АКАП. Австралия отметила, что данное Соглашение имеет те же цели и задачи, что и Система Договора об Антарктике, и призвала все Стороны, которые не являются участниками АКАП, рассмотреть вопрос о присоединении к этому Соглашению.

(28) Великобритания, будучи Правительством-депозитарием Конвенции о сохранении тюленей Антарктики (КОАТ), сообщила о том, что с момента закрытия XXXVII КСДА она не получила ни запросов о присоединении к Конвенции, ни каких-либо документов о присоединении (Информационный документ IP 5). Великобритания призвала все Договаривающиеся Стороны к своевременному предоставлению информации.

(29) АНТКОМ представила резюме отчета Тридцать третьего ежегодного совещания Комиссии по сохранению морских живых ресурсов Антарктики (АНТКОМ), проходившего в Хобарте (Австралия) с 20 по 31 октября 2014 года (Информационный документ IP 1). Совещание проходило под председательством г-на Лешека Дыбеца (Leszek

Dybiec), Польша, и в нем приняли участие 24 страны-члена, две дополнительные Договаривающиеся Стороны и девять Наблюдателей от неправительственных или промышленных организаций. На Совещании были выделены основные результаты работы, представляющие интерес для КСДА, в том числе договоренности о предоставлении данных Системы мониторинга (определения местонахождения) судов (VMS) АНТКОМ для оказания помощи при проведении поисково-спасательных операций (SAR) в районе действия Конвенции АНТКОМ. Было рекомендовано предоставлять данные VMS в случае проведения SAR, и эти данные должны быть согласованы со всеми пятью Морскими координационными центрами поиска и спасения (MRCC), ответственными за проведение SAR в Южном океане. Это позитивный итог работы Специальной рабочей группы по вопросам SAR, проведенной в период XXXVI КСДА в Брюсселе два года назад. Комиссия утвердила Стратегический план работы Секретариата на период с 2015 по 2018 год. Отмечая, что итоги работы Научного комитета АНТКОМ за 2014 год будут представлены на заседании КООС XVIII, Комиссия сделала доклад об объемах промысла морских живых ресурсов в рамках регулируемого АНТКОМ промысла в сезон 2013-2014 гг. и о работе, связанной с МОР, по вопросам изменения климата и инициатив, направленных на расширение возможностей для развития карьеры молодых ученых. Комиссия также отметила, что как и было запланировано, в период заседания АНТКОМ XXXIII в Чили с 6 по 8 мая 2015 года был проведен Симпозиум АНТКОМ, посвященный празднованию 35-й годовщины принятия Конвенции. Итоги этого Симпозиума в настоящее время являются предметом рассмотрения стран-членов Конвенции АНТКОМ. И наконец Комиссия сообщила, что Российская Федерация была избрана страной, которая будет председательствовать на заседания Комиссии в 2015 и 2016 годах.

(30) Аргентина поблагодарила АНТКОМ за отчет и высоко оценила эффективность ее работы, благодаря которой была достигнута договоренность между ее Исполнительным секретариатом и пятью Сторонами, ответственными за SAR в антарктических водах. Она подчеркнула важное значение этой инициативы и отметила свой вклад в повышение эффективности SAR.

(31) Чили отметила, что целью Симпозиума АНТКОМ было рассмотрение результатов первого Симпозиума, который прошел в Вальдивии в 2005 году. В этом втором Симпозиуме приняли участие представители из 16 стран, а также различных организаций. Во время этой встречи

участники дали оценку целям и результатам работы АНТКОМ за предыдущие годы, а также определили основные вопросы, требующие внимания в будущем. Чили отметила успешную работу Симпозиума и сообщила, что был подготовлен отчет, который будет предоставлен участникам на следующем заседании АНТКОМ в октябре.

(32) СКАР представил свой Ежегодный отчет (Информационный документ IP 19). Он также сослался на Вспомогательный документ ВР 4, в котором представлена выборка основополагающих научных работ, которые были опубликованы со времени завершения работы XXXVII КСДА. СКАР упомянул о нескольких своих Инициативных группах, работа которых представляет интерес для КООС и КСДА. Среди этих документов – синтез научного понимания проблемы закисления Южного океана (Вспомогательный документ ВР 1), Биогеографический атлас Южного океана СКАР, Научное сканирование горизонта силами СКАР и Сохранение Антарктики в 21 веке. СКАР также сообщил о создании новых групп с целью определения нетронутых снежных районов в Антарктике, создания систем прибрежного и наземного наблюдения, обновления геологических карт, а также по вопросам вулканических процессов в Антарктике и по вопросам геонаследия и его сохранения.

(33) Аргентина выразила удивление и беспокойство по поводу использования некорректных топонимических данных в Биогеографическом атласе Южного океана в отношении национальных территорий Аргентины, которые в настоящее время являются объектом двустороннего спора о принадлежности. Она заявила, что направила уведомление СКАР с требованием безотлагательного внесения поправок. Кроме того, Аргентина призвала научные органы и издания занять нейтральную позицию и сконцентрироваться исключительно на науке, таким образом избегая участия в деликатных политических вопросах.

(34) В ответ на выступление Аргентины Великобритания сослалась на свое заявление в рамках пункта 19 повестки дня, пункт 396.

(35) КОМНАП представил свой Ежегодный отчет (Информационный документ IP 8). КОМНАП отметил, что организация, в которой состоят 29 членов, недавно приняла Национальные антарктические программы Португалии и Венесуэлы в качестве наблюдателей, которые присоединились к Национальной антарктической программе Беларуси, начавшей процесс подачи заявки на членство в КОМНАП. За прошедший год КОМНАП провел 13-й Симпозиум, семинар по управлению удалением и очисткой сточных вод (Информационный

документ IP 74) и семинар «Проблемы и трудности, связанные с состоянием морских льдов» (Информационный документ IP 56). Также была начата реализация проекта КОМНАП «Пути решения проблем «дорожной карты» исследования Антарктики (ARC)», целью которого является определение технологии и других элементов обеспечения научной деятельности, которые, вероятно, в ближайшей и среднесрочной перспективе будут необходимы научному сообществу для работы над решением важных научных вопросов. КОМНАП также заявил, что семинар по телемедицинским услугам и семинар по ARC будут проведены в Норвегии в августе 2015 года.

(36) Будучи Правительством-депозитарием Международной *гидрографической организации (МГО), Монако представила Доклад Международной гидрографической организации* (Информационный документ IP 122), в котором описывается состояние гидрографических обследований и картографирования вод Антарктики. В нем содержится повторное заявление о том, что более 90 процентов антарктических вод остаются неисследованными, что создает серьезную угрозу возникновения морских происшествий и препятствует проведению мероприятий на море. Выпуск электронных морских навигационных карт Антарктики чрезвычайно затруднен из-за нехватки данных и плохого состояния соответствующих бумажных карт. Признавая, что Гидрографическая комиссия МГО по Антарктике активно работает в сотрудничестве с заинтересованными организациями, как, например КОМНАП, МААТО, СКАР, Международной морской организацией (ИМО) и Межправительственной океанографической комиссией (МОК), тем не менее была отмечена нехватка совместных программ по использованию судов, попутно выполняющих наблюдения, или других ресурсов для улучшения качества гидрографических данных, за исключением МААТО. Напомнив о принятии Резолюции 5 (2014 г.) об укреплении сотрудничества в области гидрографических обследований и картографирования вод Антарктики, Монако с сожалением отметила перенос ежегодного заседания Гидрографической комиссии МГО по Антарктике. Монако подчеркнула важное значение политической поддержки и отметила необходимость в улучшениях общего значения. Она призвала Стороны принять участие в следующем заседании Гидрографической комиссии МГО по Антарктике и активно вносить свой вклад в ее работу в соответствии с Резолюцией 5 (2014 г.).

(37) Великобритания поблагодарила Монако и высоко оценила важную работу, проделанную МГО по гидрографическому картографированию

антарктических вод. Она также отметила свою недавнюю работу по гидрографическому картографированию в Антарктике в соответствии с Информационным документом IP 33 *The role of the United Kingdom in charting the waters of the Antarctic.*

(38) Колумбия отметила, что ею была организована первая антарктическая экспедиция в период летнего сезона 2014-2015 гг. и что она провела гидрографическое исследование пролива Жерлаш.

(39) В соответствии со Статьей III-2 Договора об Антарктике на Совещании были представлены отчеты других международных организаций.

(40) АСОК представила Информационный документ IP 137 Отчет Коалиции по Антарктике и Южному океану. АСОК призвала Стороны к немедленным решительным действиям в отношении проблем охраны окружающей среды, туризма, изменения климата, совокупного воздействия и управления судами. В отношении определения новых охраняемых районов АСОК призвала Стороны обратить внимание на потенциальные выгоды от управления туристической деятельностью, охраны биоразнообразия и сохранения дикой природы. По мнению АСОК руководящая роль КСДА в этом вопросе очень важна, поскольку позволит директивным и другим органам и конференциям лучше разобраться в проблеме изменения климата в Антарктике. АСОК обратилась к Сторонам с просьбой внести конструктивный вклад в работу по внедрению Полярного кодекса ИМО, в том числе сообщать о морских происшествиях, чтобы предотвратить их в будущем.

(41) МААТО представила Информационный документ IP 84 *Доклад Международной ассоциации антарктических туроператоров за 2014/15 г.* МААТО отметила, что в период сезона 2014-2015 гг. общее число туристов, посетивших Антарктику, составило

36 702 человек, и это немного меньше, чем в предыдущем году. МААТО сообщила, что она как организация продолжит уделять внимание работе по расширению и улучшению туристической деятельности. Примерами такой работы являются инвестирование в обучение и развитие персонала на местах; содействие просвещению и планированию, включая перевод руководств КСДА и МААТО на языки стран, которые открывают новые рынки, а также повышение безопасности, включая расширение совместного использования гидрографических данных, тренировки по проведению поисково-спасательных операций и подготовку операторов-членов МААТО к применению Полярного

кодекса ИМО. Кроме того, МААТО пообещала и дальше проводить политику раскрытия информации о происшествиях в качестве метода обеспечения безопасности в будущем, а также принятия взвешенных управленческих решений. В заключение МААТО подчеркнула, что ключевыми элементами своей работы она считает сотрудничество и взаимодействие, отметив что члены МААТО продолжают традицию оказывать исследовательскому сообществу как финансовое содействие, так и предоставлять помощь в натуральном выражении. МААТО поблагодарила АНТКОМ, АСОК, КОМНАП, МГО и СКАР за продуктивное сотрудничество в прошедшем году.

(42) Беларусь представила Информационный документ IP 7 *О деятельности Республики Беларусь в Антарктике в 2007-2014 годах и на современном этапе*. В данном документе содержится информация о семи беларусских антарктических экспедициях, организованных Беларусской государственной программой в 2007-2015 гг. В документе также представлены планы по открытию научной станции в географическом комплексе Гора Вечерняя, на холмах Тала, Земля Эндерби.

Пункт 5. Работа Системы Договора об Антарктике: Общие вопросы

(43) Великобритания представила Рабочий документ WP 7 Приведение ссылок на Меры, Решения и Резолюции КСДА. В документе отмечается, что при представлении вопросов на обсуждение КСДА полезным бывает дать ссылку на какие-либо из предыдущих Рекомендаций, Решений и Резолюций по данной теме. Признавая, что поиск необходимого раздела соответствующего Заключительного отчета КСДА, в котором содержатся сведения о принятии документа, может быть весьма длительным, Великобритания предложила несколько возможных механизмов создания перекрестных ссылок, с помощью которых номер пункта Заключительного отчета КСДА будет соотнесен с соответствующей Рекомендацией, Мерой, Решением или Резолюцией.

(44) Отвечая на возражения некоторых Сторон о том, что механизмы перекрестных ссылок не смогут отобразить и не должны восприниматься как метод для отображения истории всего переговорного процесса, Великобритания разъяснила, что единственной целью данного предложения является выявление в отчете только ссылки на факт о принятии Рекомендации, Меры, Решения или Резолюции.

(45) Участники Совещания согласились, что наиболее адекватным способом решения этой задачи будет добавление нового столбца в базе данных СДА «Пункт Заключительного отчета». Секретариат подтвердил, что располагает необходимыми ресурсами, чтобы реализовать данное предложение.

(46) Чили представила Рабочий документ WP 43 *Отчет Межсессионной контактной группы по вопросам расширения и развития антарктического сотрудничества*. Чили напомнила участникам Совещания о том, что на XXXVII КСДА была создана МКГ для содействия активному проведению дискуссий между Сторонами касательно способов расширения и развития антарктического сотрудничества. Чили сообщила, что МКГ сконцентрировала работу на двух основных вопросах: способы повышения эффективности сотрудничества стран с целью вовлечения и эффективной работы всех Сторон КСДА и методы работы КСДА, включая, в частности, увеличение количества Рабочих групп в период заседаний и проблемы, с которыми могут столкнуться делегации с небольшим количеством участников; избрание Председателей Рабочих групп и срок их мандата, а также увеличение количества Межсессионных контактных групп. Чили сообщила, что в документе внимание сконцентрировано на втором пункте – методы работы КСДА – и что восемь тем и предложений, обозначенных МКГ, были встречены с разной степенью одобрения ее участников.

(47) Было отмечено, что данный вопрос является важным элементом системы управления КСДА и что основная задача состоит в том, чтобы добиться более гибкой структуры КСДА, при которой было бы невозможно искусственно создавать ограничения в дискуссиях посредством бюрократических механизмов.

(48) Участники Совещания поблагодарили Чили за отличную работу по организации МКГ и рассмотрели отдельно каждый из восьми пунктов.

1. Внедрение большей гибкости в организацию КСДА путем модификации существующей структуры Рабочей группы и распределения значительной части повестки дня каждого заседания на пленарную сессию

(49) Чили сообщила, что участники МКГ поддержали рассмотрение текущей повестки дня КСДА для определения ее соответствия насущным приоритетам и задачам, в частности путем проверки количества рабочих групп и их мандатов, а также периодического пересмотра их функций.

(50) Хотя многие Стороны согласились с тем, что необходимо обеспечивать гибкость и быстрое реагирование рабочих групп на изменение приоритетов, некоторые Стороны подчеркнули необходимость в постепенном изменении этой системы и привели примеры специальных рабочих групп, созданных для работы над вопросами, связанными с проведением поисково-спасательных операций и с деятельностью компетентных органов, которые являются гибкими в составе существующей системы.

(51) Некоторые Стороны подчеркнули важную роль пленарного заседания в рассмотрении конкретных тем, в частности связанных с Многолетним стратегическим планом работы. Они также отметили, что вопросы относительно формата предстоящего КСДА лучше всего рассматривать до завершения работы предыдущего КСДА. Другие Стороны высказали предостережение от передачи некоторых вопросов на пленарную сессию, отметив важное значение сохранения рабочих групп и их председателей, особенно тех групп, в работе которых требуется опыт специалистов в определенных областях.

(52) Участники Совещания пришли к единому мнению о том, что нет надобности вносить изменения в Правила процедуры КСДА, чтобы воплотить эти предложения, кроме случаев, когда это необходимо для конкретного Совещания. Кроме этого, участники согласились, что в будущем на КСДА будет продолжена практика ежегодного создания рабочих групп по мере необходимости для работы над конкретными пунктами повестки дня.

2. Учреждение Постоянной рабочей группы для работы над административными и регуляторными вопросами, как например бюджет и План работы Секретариата

(53) Отмечая, что АНТКОМ учредила Постоянный комитет по финансовым и административным вопросам (SCAF) и что подобные постоянные группы являются стандартными в других международных организациях, некоторые Стороны высказали мнение о целесообразности создания Постоянной рабочей группы КСДА для работы над административными и регуляторными вопросами.

(54) Председатель Совещания предложил Сторонам рассмотреть вопрос о предлагаемой Постоянной рабочей группе в рамках КСДА. Стороны обсудили вопрос о том, будет ли это означать, что пункт 6 повестки

дня КСДА – *Работа Системы Договора об Антарктике: Вопросы, относящиеся к деятельности Секретариата* – будет передан этой Постоянной рабочей группе. Кроме этого, Стороны рассмотрели возможность того, что такая Постоянная рабочая группа будет подотчетна пленарному заседанию.

(55) Некоторые Стороны сообщили, что хоть они и не выступают против создания Постоянной рабочей группы, тем не менее увеличение количества параллельно работающих рабочих групп может создать некоторые сложности. При этом было отмечено, что до сих пор эффективным был механизм, как в случае с бюджетным комитетом, который собирался отдельно, но работал в рамках Рабочей группы по правовым и институциональным вопросам.

(56) Участники Совещания согласились не вносить предложение об учреждении Постоянной рабочей группы.

3 и 4. Срок мандата Председателей Рабочих групп и сроки назначения Председателей Рабочих групп

(57) Председатель Совещания напомнил, что Правило 11 Правил процедуры устанавливает срок мандата Председателя в пределах не более четырех последовательных совещаний, если не согласовано иное.

(58) Некоторые Стороны призвали к обеспечению более широкого гендерного и географического разнообразия при назначении Председателей рабочих групп, а отдельные Стороны также заметили, что определение срока мандата Председателей рабочих групп вне рамок, установленных Правилом 11, может способствовать достижению такого разнообразия. Впервые на КСДА работают женщины-председатели. Также было отмечено высокое значение непрерывности и опыта работы для эффективного исполнения функций председателя.

(59) В рамках дальнейшего обсуждения этого вопроса на основе предложений по сроку мандата и срокам назначения Председателей, разработанных МКГ, на Совещании было принято Решение 1 (2015 г.) *Пересмотренные Правила процедуры Консультативного совещания по Договору об Антарктике (2015 г.): Комитеты и Рабочие группы.*

5. Более прозрачный процесс назначения докладчиков КСДА и роль Председателей в осуществлении контроля за процессом подготовки докладов

(60) Отвечая на вопросы некоторых Сторон, Исполнительный секретарь пояснил, что согласно Инструкции по организации КСДА страна-организатор отвечает за приглашение докладчиков. Со времени проведения XXXIII КСДА в Уругвае правительства стран-организаторов начали практику приглашения докладчиков, которые имеют опыт работы на предыдущих совещаниях, чтобы обеспечить эффективную подготовку отчетов. Исполнительный секретарь также отметил, что со времени проведения XXXV КСДА в Австралии были уже подготовлены новые докладчики до того, как КСДА стала применяться практика использования резюме, составленных Секретариатом и Австралией. Он также пояснил, что команды докладчиков, работавшие на совещании в течение нескольких предыдущих лет, состояли из равного числа опытных специалистов и молодых докладчиков – граждан страны-организатора, которые получили неоценимый опыт от этой работы. Исполнительный секретарь отметил, что Секретариат открыт к обсуждению потенциальных улучшений существующей системы приглашения докладчиков.

(61) Учитывая существующую систему подбора персонала, Стороны обсудили варианты расширения базы данных докладчиков и других официальных лиц, а также обеспечения более прозрачного механизма их подбора. Была подчеркнута необходимость постоянного появления новых докладчиков в команде, благодаря чему будет обеспечена непрерывная преемственность опыта и знаний. Участники отметили, что и подбор других официальных лиц совещания должен быть столь же прозрачен.

(62) Отмечая, что подбор докладчиков и оплата их услуг является обязанностью страны-организатора конференции, участники высказали мнение о том, что Стороны должны иметь возможность рекомендовать кандидатуры докладчиков и других официальных лиц для будущих КСДА. Участники Совещания потребовали, чтобы Секретариат заблаговременно, до проведения КСДА, запрашивал у Сторон их рекомендации относительно потенциальных кандидатур.

(63) Участники Совещания также согласились, что осуществление контроля за процессом подготовки докладов является обязательством

Председателей рабочих групп, и он должен производиться так, как Председатели сочтут нужным.

6. Учреждение Межсессионных контактных групп или групп, работающих в режиме онлайн

(64) Некоторые Стороны высказали мнение о том, что МКГ являются простым, экономически выгодным и полезным инструментом, который помогает улучшить межсессионную работу. Также было отмечено, что благодаря МКГ Стороны могут участвовать в полезных для себя дискуссиях.

(65) Некоторые Стороны подчеркнули необходимость расширения участия Сторон в работе различных МКГ. При этом было отмечено, что степень участия в них не обязательно определяет пользу от результата работы, в чем можно было убедиться на примере существенного результата, полученного по итогам работы данной МКГ. Было также отмечено, что проще достичь консенсуса в рамках МКГ, имеющей практические задачи, по сравнению с теми, которые имеют политические задачи. Стороны внесли предложение о том, чтобы организатор содействовал более широкому участию в работе МКГ с помощью приглашения других Сторон в качестве соорганизаторов.

(66) Среди других предложений по улучшению работы МКГ были следующие: разработка на Совещании четких условий на базе существующей схемы, проведение организатором МКГ предварительной рабочей встречи по завершении работы КСДА, проведение заседания МКГ в начале межсессионного периода, составление списка контактов Сторон, заинтересованных в участии в МКГ, а также разработка рабочего плана на межсессионный период.

(67) Согласно предложению о том, чтобы Секретариат поквартально предоставлял обновленную информацию о текущей деятельности МКГ, Исполнительный секретарь одобрил ежеквартальное предоставление информации Главам делегаций по всем действующим МКГ.

7. Добровольные взносы от Неконсультативных сторон

(68) Уругвай сослался на Статью 4 Меры 1 (2003 г.), которая гласит, что бюджет КСДА формируется исключительно за счет взносов Консультативных Сторон. Было отмечено, что Мера также

предусматривает возможность для любой из Договаривающихся Сторон в любое время сделать добровольный взнос. Уругвай заметил, что, вероятно, Неконсультативные стороны просто не обладают этой информацией, и предложил довести ее до сведения таких Сторон либо официальным способом, либо посредством утверждения текста отчета.

(69) Участники Совещания поддержали идею о добровольных взносах от Неконсультативных сторон. Они также отметили, что принятие добровольных взносов влечет за собой определенные процедурные моменты, и Стороны должны определить назначение этих взносов. Участники Совещания решительно подчеркнули, что любые действия, предпринятые в этом направлении, не должны служить ни сдерживающим фактором для Неконсультативных сторон в отношении их участия в КСДА, ни препятствием для присоединения новых Сторон.

(70) Совещание обратилось к Положениям 7.4 и 7.5 Финансовых положений Секретариата Договора об Антарктике. Некоторые Стороны отметили, что согласно Положениям 7.4 и 7.5 можно создать отдельный фонд. Они заявили, что должен быть четко обозначен размер ожидаемых взносов и отмечен их добровольный характер.

(71) Стороны выразили различные позиции по поводу названия, рамок и цели такого отдельного фонда. Ссылаясь на Положение 6.2 (d) Финансовых положений, некоторые из Сторон подчеркнули, что КСДА должно будет четко определить рамки и цель этого фонда. При этом другие Стороны отметили, что рамки и цель фонда не должны тем не менее сдерживать намерения Неконсультативных сторон внести добровольный взнос.

(72) Несколько Сторон предложили идею о том, чтобы установить обязательный вступительный взнос для Неконсультативных сторон в пользу страны-организатора КСДА. Таким образом, можно будет частично покрыть расходы на их участие в КСДА. Некоторые Неконсультативные стороны выразили поддержку этой идее, заметив, что такая практика применялась на других международных конференциях и была полезной на национальном уровне с административной точки зрения. Другие Стороны предостерегли от применения такого подхода. Они подняли вопрос о необходимости внесения изменений в Финансовые положения, в порядок управления такими взносами

страной-организатором и в положения об определении количества делегатов задолго до мероприятия.

(73) Некоторые Стороны выразили озабоченность по поводу реализации идеи об обязательных взносах от Неконсультативных сторон, а также о том, как такие взносы могут повлиять на процесс трансформации их статуса в Консультативные стороны и на доступ к Совещанию Договаривающихся сторон.

(74) Участники Совещания отметили, что вопрос о добровольных взносах от Неконсультативных сторон является непростым и требует более тщательного обдумывания и обсуждения. Они призвали Неконсультативные стороны продолжить рассмотрение применения национальных мер, необходимых для продвижения данного вопроса и сообщить о своих соображениях на Совещании. Участники выразили намерение продолжить обсуждение этой темы на XXXIX КСДА и предложили Неконсультативным сторонам представить свои позиции.

8. Период проведения заседаний КСДА и КООС

(75) Участники Совещания отметили преимущества получения экспертного мнения от КООС. Они также подчеркнули важность поиска гибких способов получения рекомендаций КООС до проведения обсуждений соответствующих тем на КСДА.

(76) Некоторые Стороны предложили следующее: поскольку КООС является консультативным органом КСДА, то более логичным будет проведение заседания КООС до КСДА, чтобы избежать параллельных заседаний в одно и то же время по одним и тем же вопросам. Другие Стороны отметили важность того, чтобы КСДА проходило параллельно с заседанием КООС, принимая во внимание взаимосвязь персонала и тем этих конференций. Исполнительный секретарь заметил, что проведение этих мероприятий в разное время или их пролонгация может иметь финансовые последствия для страны-организатора и Секретариата.

(77) На Совещании также обсуждалась возможность проведения КСДА с периодичностью один раз в два года. Некоторые Стороны высказались против этой идеи, подчеркнув необходимость поддерживать регулярный контакт между Сторонами.

(78) В продолжение этой дискуссии было принято решение сохранить существующий формат восьмидневного совещания при проведении КСДА в Чили в 2016 году. В этот период также войдет проведение однодневного симпозиума, посвященного 25-й годовщине подписания Протокола по охране окружающей среды. Что касается КСДА в Китае в 2017 году, то срок его проведения будет продлен на один день и составит 9 дней, причем заседание КООС начнется в понедельник первой недели, а КСДА – во вторник этой же недели.

(79) Норвегия представила Рабочий документ WP 44 *Симпозиум, посвященный празднованию 25-й годовщины Протокола по охране окружающей среды к Договору об Антарктике* от имени Австралии, Великобритании, Новой Зеландии, Франции и Чили. В документе отмечена эффективность работы КООС как консультативного органа КСДА. В нем также содержится напоминание о том, что празднование 25-й годовщины Протокола по охране окружающей среды к Договору об Антарктике включено в Пятилетний план работы КООС. В документе предлагается провести праздничный симпозиум и обсудить достижения, связанные с ролью Протокола как рамочного инструмента по охране окружающей среды в Антарктике, а также задачи по обеспечению эффективности Протокола в будущем. В документе рекомендуется проведение этого мероприятия совместно с заседанием КООС XIX в 2016 году.

(80) Совещание выразило поддержку проведению симпозиума в период следующего КСДА в Сантьяго (Чили) для празднования 25-й годовщины Протокола по охране окружающей среды к Договору об Антарктике. Некоторые из Сторон отметили пример Протокола для других международных конференций.

(81) Стороны подчеркнули важность того, чтобы симпозиум был нацелен на перспективу, на будущее Протокола и в то же время рассмотрел его применение и достигнутые результаты к настоящему моменту.

(82) Участники Совещания согласились учредить МКГ в качестве Наблюдательного комитета по организации Симпозиума в честь празднования 25-й годовщины Протокола по охране окружающей среды к Договору об Антарктике и установить для нее следующее Техническое задание:

1. Разработка программы Симпозиума, включающей пункты касательно оценки развития и применения Протокола, а также рассмотрения итогов деятельности по охране окружающей среды в Антарктике в целом.

2. Приглашение докладчиков на основе равного представительства по географическому и профессиональному признакам.

3. Рассмотрение участия в Симпозиуме, помимо Сторон, Наблюдателей и Экспертов, а также широкой общественности.

4. Рассмотреть возможности достижения более значительной роли данного мероприятия, в том числе благодаря освещению в социальных сетях.

5. Принять во внимание публикацию, которую готовит КООС по поводу 25-й годовщины Протокола, а также взаимодействовать с МКГ КООС, созданной для этой цели.

6. Предоставлять рекомендации стране-организатору XXXIX КСДА в отношении проведения Симпозиума.

(83) Кроме того, было достигнуто соглашение о следующем:

- наблюдателям и Экспертам, участвующим в КСДА, а также действующему и предыдущим Председателям КООС будет предложено внести свой вклад в работу МКГ;

- исполнительный секретарь откроет КСДА для МКГ и будет содействовать работе МКГ;

- Австралия, Великобритания, Новая Зеландия, Норвегия, Франция и Чили выступят организаторами и представят на КСДА доклад по позициям Сторон и результатам работы МКГ.

(84) По требованию Совещания Великобритания сделала ссылку на Рабочий документ WP 18 *Инспекция яхт по Договору об Антарктике и Протоколу по охране окружающей среды,* представленный в рамках пункта 11 повестки дня.

(85) Стороны поблагодарили Великобританию за высказанные предложения касательно разъяснения Статьи VII (3) Договора об Антарктике. Напоминая о происшествии в «Доме Уорди» в 2012 году (XXXIII КСДА – Рабочий документ WP 25), Стороны согласились, что присутствие яхт будет всегда оставаться насущной проблемой в районе действия Договора об Антарктике и что целесообразным будет предоставить разъяснение относительно рамок Статьи VII (3). Некоторые Стороны также напомнили о том, что когда была принята Статья VII (3), яхт в районе действия Договора об Антарктике еще не было, а также отметили, что предложенное определение термина «яхта» не является достаточно четким. Стороны также отметили, что целесообразным было бы разработать более эффективный режим регулирования

деятельности яхт и что Рабочий документ WP 25 является хорошей основой для обсуждения. Отвечая на замечание, Великобритания подтвердила, что она не вносила предложения о проведении инспекций в период навигации.

(86) Некоторые Стороны высказали мнение о том, что Мера, предложенная в Рабочем документе WP 18, не является адекватной, поскольку может быть расценена как интерпретирующая Статью VII, и вместо нее предложили Резолюцию. Стороны подчеркнули, что при любом действии в отношении этого вопроса следует учитывать нормы морского права и требования Статьи VI Договора об Антарктике. Стороны также отметили целесообразность проведения инспекций яхт.

(87) Это предложение далее обсуждалось в рамках пункта 11 (см. пункт 237).

(88) Секретариат представил Документ Секретариата SP 8 *Рекомендации по операционным вопросам, подлежащие пересмотру.* Он был подготовлен в ответ на требование

XXXVII КСДА о разработке документа по устаревшим мерам и операционным вопросам, которые до сих пор подлежат пересмотру. Совещание рассмотрело следующие восемь операционных вопросов:

- Рек. I-XII Сотрудничество в области почтовой связи;
- Рек. VII-7 Телекоммуникации в Антарктике: дальнейший обмен информацией;
- Рек. VIII-7 Совместная система воздушных перевозок;
- Рек. X-3 Антарктические метеорологические данные; справочник по телекоммуникации;
- Рек. XII-2 Использование систем телекоммуникации в Антарктике;
- Рек. XV-17 Создание новых станций;
- Рез. 1 (1997 г.) Планы действий в чрезвычайных ситуациях;
- Реш. 4 (2004 г.) Руководство по судоходству.

(89) Участники Совещания поблагодарили Секретариат за работу и успешное завершение многолетнего пересмотра операционных рекомендаций, которые подлежали пересмотру, на основании рекомендаций КОМНАП и других соответствующих экспертных органов (ВМО, МГО, СКАР и МААТО).

(90) Совещание отметило, что вопрос касательно Рекомендации I-XII *Сотрудничество в области почтовой связи* был решен на XXXVII КСДА (см. Заключительный отчет, пункт 62), и, по его мнению, никаких дальнейших действий в этом отношении предпринимать не требуется.

(91) Участники Совещания также пришли к соглашению о том, что Рекомендация VIII-7 *Совместная система воздушных перевозок* более не является актуальной, поскольку предусмотренная в ней работа перешла в сферу ответственности КОМНАП. Стороны подтвердили, что потенциальные преимущества от Совместной системы воздушных перевозок тем не менее остаются актуальными в соответствии с договоренностями, достигнутыми на VIII КСДА. Таким образом, Стороны должны продолжить работу с КОМНАП по пересмотру своих научных программ для определения потенциальных преимуществ использования Совместной системы воздушных перевозок. На Совещании была принята Резолюция 1 (2015 г.) Совместная система воздушных перевозок.

(92) Совещание согласилось, что Рекомендация VII-7 *Телекоммуникации в Антарктике; дальнейший* обмен информацией более не является актуальной, но отметило, что общие положения Национальных антарктических программ касательно обмена информацией о методологии и оборудовании для телекоммуникации являются действующими и представляют интерес. Участники также согласились, что Рекомендация XII-2 Использование систем телекоммуникации в Антарктике более не является актуальной, и необходимо ее обновить, чтобы она отражала существенные технологические изменения, которые произошли за последние 30 лет. Совещание приняло Резолюцию 2 (2015 г.) *Антарктические системы информационных и телекоммуникационных технологий (ICTS)*.

(93) Участники Совещания согласились, что Рекомендация X-3 *Антарктические метеорологические данные; справочник по телекоммуникации* более не является актуальной, поскольку ее положения касательно метеорологических данных включены в Резолюцию 2 (2014 г.), а остальные положения устарели. Участники отметили, что в КОМНАП имеется справочник по телекоммуникации, который называется «Руководство по антарктическим телекоммуникационным операциям» (Antarctic Telecommunications Operations Manual, ATOM). Совещание подтвердило целесообразность ATOM и призвало

Национальные антарктические программы регулярно сообщать КОМНАП о любых изменениях в своих процедурах телекоммуникаций и об изменении контактных данных, содержащихся в АТОМ.

(94) Участники Совещания согласились оставить в силе Рекомендацию XV-17 *Создание новых станций* с тем расчетом, что она будет рассматриваться с учетом новых разработок, имевших место после ее принятия, включая вступление в силу Протокола по охране окружающей среды.

(95) Участники Совещания согласились, что Резолюция 1 (1997 г.) *Планы действий в чрезвычайных ситуациях* более не является актуальной. Они отметили, что планы действий в чрезвычайных ситуациях являются важной темой, которая вошла в Протокол по охране окружающей среды, в частности в Статью 15 и Приложение IV (Статья 12), а также в соответствующие документы с решениями и руководящими принципами, принятыми после вступления в силу Протокола.

(96) Участники Совещания согласились, что *Руководство по судоходству* более не является актуальным, поскольку его положения вошли в недавно принятый Полярный кодекс ИМО, который должен вступить в силу с 1 января 2017 года.

(97) По результатам принятия этих Резолюций и вследствие того, что более ранние меры КСДА были признаны утратившими свою актуальность, Совещанием было принято Решение 2 (2015 г.) *Меры по операционным вопросам, определенные как утратившие актуальность*.

Пункт 6. Работа Системы Договора об Антарктике: Вопросы, относящиеся к деятельности Секретариата

(98) Исполнительный секретарь представил Документ Секретариата SP 2 *Отчёт Секретариата за 2014/15 г.*, в котором приведены данные о деятельности Секретариата в 2014/15 финансовом году (с 1 апреля 2014 года по 31 марта 2015 года). Напомнив о 10-й годовщине создания Секретариата Договора об Антарктике, он выделил успехи Секретариата в поддержке Системы Договора об Антарктике, подготовке финальных отчетов КСДА и КООС и содействии эффективному обмену информацией между Сторонами за прошедшее десятилетие.

(99) Он также отметил, что деятельность Секретариата в 2014/15 г. была сфокусирована на помощи в организации XXXVII КСДА,

взаимодействии с Болгарией как страной-организатором XXXVIII КСДА, содействии обмену информацией и продолжении работы по сбору документов. Исполнительный секретарь заявил, что в период 2014/15 г. изменений в персонале Секретариата не было.

(100) Затем Исполнительный секретарь представил Документ Секретариата SP 3 *Программа Секретариата на 2015/16 г.,* в котором приведен список мероприятий для Секретариата на 2015/16 финансовый год (с 1 апреля 2015 г. по 31 мая 2016 г.). Он заострил внимание на просьбах Секретариата о повышении уровня оклада для должности Редактора СДА с G3 до G2 и о создании позиции уборщика (уборщицы) с неполной занятостью.

(101) Исполнительный секретарь также представил Документ секретариата SP 4 *Пятилетний финансовый план бюджета на 2015 – 2019 гг.,* в котором приводится план бюджета Секретариата на 2015–2019 гг., и отметил, что в плане бюджета заложен нулевой номинальный рост взносов до 2019/2020 гг.

(102) Исполнительный секретарь обратил внимание Совещания на необходимость начать планирование и подготовку к принятию на работу нового Исполнительного секретаря, поскольку его контракт истекает в 2017 году.

(103) Украина представила Рабочий документ WP 45 *Об уплате частями взносов Консультативными Сторонами в Секретариат Договора об Антарктике.* Она обратила внимание Совещания на свои текущие проблемы с исполнением обязательств по уплате взносов и предложила принять вариант уплаты взносов частями.

(104) Продолжая дискуссию на эту тему, участники отметили, что согласно Финансовым положениям Стороны, имеющие задолженность по оплате взносов, тем не менее могут полноценно принимать участие в КСДА. Стороны также выразили уверенность в том, что, решив текущие проблемы, Украина сможет выполнить свои финансовые обязательства. Участники Совещания не увидели необходимости вносить изменения в Финансовые положения.

(105) По итогам дальнейших обсуждений на Совещании было принято Решение 3 (2015 г.) *Отчет, Программа и Бюджет Секретариата.*

Пункт 7. Многолетний стратегический план работы

(106) На Совещании был рассмотрен Многолетний стратегический план работы, принятый на XXXVII КСДА (Документ Секретариата SP 1). В нем представлен план работы над каждым приоритетным вопросом в течение будущих лет и поставлен вопрос о необходимости удаления существующих и добавления новых приоритетов.

(107) Участники Совещания договорились внести новый приоритет касательно туризма – о намерении создать МКГ для дальнейшей разработки стратегического подхода к экологически обоснованному управлению туристической и неправительственной деятельностью в Антарктике и рассмотреть отчет этой МКГ на XXXIX КСДА. Рассмотрев итоги семинара по вопросам образовательной и информационно-просветительской деятельности, участники Совещания приняли решение о внесении образовательной и информационно-просветительской деятельности в качестве дополнительного приоритетного вопроса в Многолетний стратегический план работы.

(108) После обсуждения участники Совещания приняли Решение 4 (2015 г.) *Многолетний стратегический план работы Консультативного совещания по Договору об Антарктике.*

Пункт 8. Отчет Комитета по охране окружающей среды.

(109) Председатель Комитета по охране окружающей среды (КООС) г-н Юэн Мак-Айвор представил отчет КООС XVIII. КООС рассмотрел 41 Рабочий документ и 45 Информационных документов. Кроме того, в рамках различных пунктов повестки дня в КООС было подано 4 Документа Секретариата и 9 Вспомогательных документов.

Стратегическое обсуждение дальнейшей работы КООС (Пункт 3 повестки дня КООС)

(110) Председатель КООС рекомендовал Комитету рассмотреть два документа, представленных Австралией, Бельгией, Новой Зеландией, Норвегией и СКАР, в которых содержится отчет о выполнении проекта по созданию Портала окружающей среды Антарктики. Комитет принял решение рекомендовать КСДА следующее: одобрить завершение работы над проектом; поддержать результат этой работы; признать полезную функцию

Портала окружающей среды Антарктики – бесплатного инструмента, с помощью которого Комитет получает своевременную и наиболее полную информацию о состоянии окружающей среды Антарктики.

(111) Участники Совещания поздравили инициаторов и КООС с завершением работы над Порталом окружающей среды Антарктики. Они также отметили, что Портал является ценным и полезным инструментом как для КООС, так и для КСДА.

(112) По рекомендации КООС участники Совещания приняли Резолюцию 3 (2015 г.): *Портал окружающей среды Антарктики.*

(113) Председатель КООС сообщил, что на заседании Комитета обсуждались приготовления к проведению памятного симпозиума в период заседаний КСДА и КООС в 2016 году. Комитет отметил, что КСДА также рассмотрит это предложение и что он рекомендует КСДА считать 25-ю годовщину подписания Протокола об охране окружающей среды определенным рубежом, давшим своевременную, адекватную и полезную возможность сконцентрировать внимание на Протоколе как на рамочной структуре управления Антарктикой, а симпозиум станет хорошим способом это сделать.

(114) Кроме того, Комитет решил рекомендовать КСДА провести этот памятный симпозиум в период заседания КООС XIX и XXXIX КСДА в Чили, ориентировочно в субботу, сразу после заседания КООС.

(115) Комитет решил рекомендовать создание наблюдательного комитета, в состав которого должны войти представители стран-инициаторов, другие заинтересованные члены и возможно также бывшие Председатели КООС. Этот наблюдательный комитет сможет продолжить разработку программы симпозиума, учитывая, где необходимо, идеи стран-членов КООС относительно потенциальных тем и процедур для презентаций и докладчиков, а также бюджетные рамки мероприятия. Наблюдательный комитет рассмотрит механизмы обеспечения возможности для Сторон давать ему свои рекомендации по подготовке программы симпозиума в межсессионный период.

(116) Многие Стороны поддержали рекомендации КООС и выразили активную поддержку идее проведения симпозиума для празднования 25-й годовщины подписания Протокола по охране окружающей среды. Они отметили важность рассмотрения будущих задач и анализа достижений, а также обеспечения разнообразия как в составе организационного комитета, так и при подборе докладчиков, которые

будут выступать на симпозиуме. Участники Совещания поддержали рекомендацию КООС, благодаря которой будет поступать дальнейшая информация касательно предлагаемого симпозиума.

(117) Председатель КООС сообщил, что Комитет рассмотрел отчет Аргентины о неформальных межсессионных дискуссиях по поводу публикации, посвященной 25-й годовщине Мадридского Протокола, и учредил межсессионную контактную группу (МКГ) для подготовки публикации и представления ее на рассмотрение на заседании КООС XIX. Председатель КООС также отметил, что Комитет обновил свой Пятилетний план работы, и пришел к мнению, что план работы следует подавать в виде Документа Секретариата вместе с планом работы КСДА.

Работа КООС (Пункт 4 повестки дня КООС)

(118) Председатель КООС рекомендовал Комитету рассмотреть отчет Австралии о работе МКГ по вопросам требований к обмену информацией. Комитет решил по необходимости дать дополнительные рекомендации КСДА относительно обмена информацией по природоохранным вопросам.

(119) Комитет отметил, что на XXXVII КСДА был обновлен многолетний стратегический план работы КСДА, куда был включен приоритетный вопрос об «усилении сотрудничества между КООС и КСДА», и обсудил возможности дальнейшего расширения рабочих взаимоотношений с КСДА.

(120) Комитет одобрил приоритетное внимание, уделяемое КСДА взаимодействию с КООС, и решил обратиться к КСДА с просьбой предоставить свое видение возможностей улучшения концепции предоставления рекомендаций, включая более тесную связь с приоритетами КСДА.

(121) Участники Совещания подчеркнули важное значение взаимодействия между КООС и КСДА и одобрили рекомендации КООС. Было отмечено, что четкий способ представления Председателем КООС рекомендаций Комитета в адрес КСДА является одним из вариантов улучшения обмена информацией между КООС и КСДА. Участники также отметили, что КСДА следует активно и систематически запрашивать рекомендации КООС, и назвали многолетний стратегический план работы инструментом для достижения этой цели.

Сотрудничество с другими организациями (Пункт 5 повестки дня КООС)

(122) Председатель КООС сообщил, что в Комитет поступили ежегодные отчеты от КОМНАП, НК-АНТКОМ и СКАР и что были назначены представители КООС для проведения совещаний с другими организациями.

(123) Комитет также рассмотрел документ Великобритании и Соединенных Штатов Америки с отчетом о работе в межсессионный период по планированию проведения совместного совещания КООС и НК-АНТКОМ в 2016 году. Комитет решил, что наиболее подходящее для членов КООС время будет непосредственно перед проведением КСДА и заседания КООС в Чили; признавая, что данный период, вероятно, будет менее удобным для членов НК-АНТКОМ, Комитет отметил, что необходимо рассмотреть механизмы удаленного участия в этом совещании.

Восстановительные мероприятия и ликвидация экологического ущерба (Пункт 6 повестки дня КООС)

(124) Председатель КООС сообщил, что Комитет решил по необходимости предоставлять дополнительные рекомендации КСДА по вопросу восстановительных мероприятий и ликвидации экологического ущерба.

(125) Комитет также рассмотрел документ Аргентины и Бразилии, в котором представлены подходы этих стран к управлению экологическими рисками и проведению восстановительных мероприятий в Антарктике, в результате чего: признал положительную функцию двусторонних и многосторонних семинаров, которые обеспечивают более глубокий обмен мнениями и опытом; призвал Национальные антарктические программы к сотрудничеству по вопросам, связанным с ликвидацией экологического ущерба; призвал членов и Наблюдателей внести свой вклад в создание Руководства по очистке в Антарктике.

(126) КСДА одобрило работу КООС по вопросам восстановительных мероприятий и ликвидации экологического ущерба, в том числе касательно Руководства по очистке в Антарктике. Участники Совещания также подчеркнули важное значение этой работы для проходящих в настоящее время дискуссий по поводу ответственности за

экологический ущерб. В связи с этим Великобритания призвала КООС представить КСДА примеры восстановительных мероприятий и мер по ликвидации экологического ущерба и, если возможно, с указанием их стоимости.

Последствия изменения климата для окружающей среды: стратегический подход (Пункт 7 повестки дня КООС)

(127) Председатель КООС сообщил, что Комитет рассмотрел отчет Великобритании и Норвегии о работе МКГ по разработке рабочей программы по реагированию на изменения климата (CCRWP) для КООС и принял CCRWP с незначительными изменениями. Комитет признает важность максимального вовлечения и участия в этом вопросе, а также реализации CCRWP.

(128) Председатель КООС сообщил, что Комитет решил направить на КСДА проект резолюции о намерении реализации CCRWP как приоритетной задачи. Следуя рекомендации Комитета, участники Совещания приняли Резолюцию 4 (2015 г.) *Рабочая программа ответных мер в отношении изменения климата, разработанная Комитетом по охране окружающей среды.*

(129) Председатель КООС сообщил, что Комитет рассмотрел документ Австралии и Соединенных Штатов, в котором Сторонам рекомендуется признать важность проведения наблюдений и моделирования в Южном океане с целью более глубокого изучения процессов изменения климата, а также необходимость международного сотрудничества и инвестиций в этой области. Комитет отметил, что этот документ также будет рассмотрен на КСДА.

(130) Комитет решил рекомендовать КСДА признать связь вопросов, содержащихся в Рабочем документе WP 39 и поднятых на семинаре КООС и НК-АНТКОМ, с мероприятиями, предложенными в CCRWP для поддержки и длительного совместного мониторинга изменений окружающей среды Антарктики, и одобрить представленные в документе рекомендации.

(131) КСДА поддержал внимание Комитета к теме последствий изменения климата для окружающей среды Антарктики и отметил важность международного научного сотрудничества и проведения совместных наблюдений и моделирования.

(132) Председатель КООС сообщил, что Комитет также рассмотрел документ Великобритании и Чешской Республики с отчетом о том, что в результате применения инструмента планирования сохранения по методу RACER (Быстрой оценки устойчивости арктической экосистемы) к району острова Джеймса Росса были выявлены ключевые факторы, которые, по всей видимости, сохранятся в условиях различных климатических сценариев. Комитет высказал желание получить дополнительную информацию по предложению об определении ООРА с несколькими участками на острове Джеймса Росса.

Оценка воздействия на окружающую среду (ОВОС) (Пункт 8 повестки дня КООС)

Проекты Всесторонней оценки окружающей среды

(133) Председатель КООС сообщил, что Комитет рассмотрел документ Италии с отчетом о достижениях в подготовке проекта ВООС по поводу предлагаемого строительства и использования взлетно-посадочной полосы с гравийным покрытием возле станции Марио-Дзуккелли. Некоторые участники захотели получить дополнительную информацию по определенным пунктам Заключительного отчета КООС XVIII, и Комитет предложил всем заинтересованным сторонам предоставить свои комментарии Италии в процессе дальнейшей подготовки официального проекта ВООС.

(134) Затем Комитет поприветствовал Беларусь и представленный ею Информационный документ, в котором дается заключительная ВООС в связи с разработкой и использованием новой научно-исследовательской станции на горе Вечерняя, Земля Эндерби. Беларусь тепло поблагодарила КООС и его членов за внесенный ими вклад в разработку ВООС. Беларусь отметила командный дух, который царил при подготовке отчета, и выразила уверенность в том, что он будет активно использоваться.

Прочие вопросы ОВОС

(135) Председатель КООС сообщил, что Комитет рассмотрел отчет Австралии и Великобритании о работе МКГ по пересмотру Руководства по оценке воздействий на окружающую среду Антарктики и одобрил техническое задание для продолжения работы МКГ под руководством Австралии

и Великобритании с предоставлением заключительного отчета на заседании КООС XIX.

(136) Комитет принял решение рекомендовать КСДА при рассмотрении Руководства по оценке воздействий на окружающую среду Антарктики учитывать новые или дополнительные указания, подчеркивающие важность основных вопросов; новые и пересмотренные процедуры и ресурсы КООС для оценки воздействия на окружающую среду, а также ссылки на другие соответствующие руководства и ресурсы. В процессе рассмотрения также следует определить вопросы, относящиеся к более широкой политике, касающиеся оценки воздействия на окружающую среду, включая оценку суммарного воздействия, восстановление окружающей среды и ликвидацию экологического ущерба. Заключительный отчет о пересмотре будет представлен на заседании КООС XIX и наверняка будет представлять интерес для КСДА.

(137) Председатель КООС также сообщил, что Комитет рассмотрел несколько документов по использованию беспилотных летательных аппаратов (БПЛА) в Антарктике, и отметил, что некоторые из этих документов также были представлены на рассмотрение КСДА. Комитет сосредоточил внимание на обсуждении природоохранных аспектов такой деятельности, подчеркнув важность дополнительного рассмотрения рисков, связанных с безопасностью, и отметив, что этот аспект более подробно будет рассматриваться на заседаниях КСДА и КОМНАП.

(138) Комитет признал преимущества разработки руководства по экологическим аспектам использования БПЛА в Антарктике и выразил согласие рассмотреть возможность инициировать деятельность по разработке такого руководства на заседании КООС XIX.

(139) Участники Совещания поблагодарили Комитет за то внимание, которое им было уделено этому новому вопросу по использованию БПЛА, и подчеркнули необходимость продолжать исследование влияния использования БПЛА на окружающую среду Антарктики.

Охрана районов и планы управления (Пункт 9 повестки дня КООС)

Планы управления

(140) Председатель КООС сообщил, что Комитет рассмотрел документы, в которых представлены 17 пересмотренных планов управления ООРА и один пересмотренный план управления ОУРА.

(141) Комитет поблагодарил Вспомогательную группу по планам управления (ВГПУ) за ее работу и согласился с тем, чтобы во время следующего межсессионного периода группа продолжила рассмотрение пяти пересмотренных проектов планов управления ООРА и начала работу над разработкой инструкции относительно необходимости определения того или иного района в качестве ОУРА.

(142) Комитет также поблагодарил Китай за отчет о неформальных межсессионных дискуссиях по поводу предложения об определении нового ОУРА в Куполе А и одобрил предложение Китая и взятие им на себя руководства дальнейшими неформальными межсессионными обсуждениями вопроса о предлагаемом ОУРА.

(143) Участники Совещания оценили работу КООС по пересмотру планов управления ООРА и ОУРА и назвали ее хорошим примером постоянной деятельности КООС по предоставлению КСДА качественных и своевременных рекомендаций. Они также одобрили форму и способ предоставления рекомендации.

(144) Следуя рекомендации КООС, на Совещании были приняты следующие Меры по Охраняемым районам:
- Мера 1 (2015 г.) *Особо охраняемый район Антарктики № 101 «Гнездовье Тейлор» (Земля Мак-Робертсона): пересмотренный План управления.*
- Мера 2 (2015 г.) *Особо охраняемый район Антарктики № 102 «Острова Рукери» (бухта Холме, Земля Мак-Робертсона): пересмотренный План управления.*
- Мера 3 (2015 г.) *Особо охраняемый район Антарктики № 103 «Остров Ардери и остров Одберт» (Берег Бадда, Земля Уилкса, Восточная Антарктика): пересмотренный План управления.*
- Мера 4 (2015 г.) *Особо охраняемый район Антарктики № 104 «Остров Сабрина» (острова Баллени): пересмотренный План управления.*

- Мера 5 (2015 г.) *Особо охраняемый район Антарктики № 105 «Остров Бофорт» (пролив Мак-Мёрдо, море Росса): пересмотренный План управления.*

- Мера 6 (2015 г.) *Особо охраняемый район Антарктики № 106 «Мыс Халлетт» (северная часть Земли Виктории, море Росса): пересмотренный План управления.*

- Мера 7 (2015 г.) *Особо охраняемый район Антарктики № 119 «Долина Дейвис и озеро Форлидас» (массив Дуфек, горы Пенсакола): пересмотренный План управления.*

- Мера 8 (2015 г.) *Особо охраняемый район Антарктики № 148 «Гора Флора» (бухта Хоп, Антарктический полуостров): пересмотренный План управления.*

- Мера 9 (2015 г.) *Особо охраняемый район Антарктики № 152 «Западная часть пролива Брансфилд»: пересмотренный План управления.*

- Мера 10 (2015 г.) *Особо охраняемый район Антарктики № 153 «Восточная часть бухты Далльманн»: пересмотренный План управления.*

- Мера 11 (2015 г.) *Особо охраняемый район Антарктики № 155 «Мыс Эванс» (полуостров Росса): пересмотренный План управления.*

- Мера 12 (2015 г.) *Особо охраняемый район Антарктики № 157 «Бухта Бакдор» (мыс Ройдс, полуостров Росса): пересмотренный План управления.*

- Мера 13 (2015 г.) *Особо охраняемый район Антарктики № 158 «Мыс Хат» (полуостров Росса): пересмотренный План управления.*

- Мера 14 (2015 г.) *Особо охраняемый район Антарктики № 159 «Мыс Адэр» (берег Боркгревинка): пересмотренный План управления.*

- Мера 15 (2015 г.) *Особо охраняемый район Антарктики № 163 «Ледник Дакшин Ганго三три» (Земля Королевы Мод): пересмотренный План управления.*

- Мера 16 (2015 г.) *Особо охраняемый район Антарктики № 164 «Утесы Скаллин-Монолит и Марри-Монолит» (Земля Мак-Робертсона): пересмотренный План управления.*

- Мера 17 (2015 г.) *Особо охраняемый район Антарктики № 168 («Гора Хардинг» (горы Гров, Восточная Антарктика): пересмотренный План управления.*

- Мера 18 (2015 г.) *Особо управляемый район Антарктики № 2 «Сухие долины Мак-Мёрдо» (южная часть Земли Виктории): пересмотренный План управления.*

Исторические места и памятники

(145) Председатель КООС сообщил, что Комитет рассмотрел предложение Болгарии добавить Хромоногую хижину на станции Святой Климент Охридский на острове Ливингстон (Смоленск) в Перечень Исторических мест и памятников, а также предложение Российской Федерации добавить в список снегоходный тяжёлый тягач «Харьковчанка». Комитет поддержал предложения, отметив, что обоснование для предлагаемого определения ИМП приведено в соответствующих документах согласно Резолюции 3 (2009 г.).

(146) Председатель КООС сообщил, что Комитет принял решение передать два предложения на утверждение КСДА посредством Меры.

(147) Следуя рекомендации КООС, участники Совещания приняли Меру 19 (2015 г.) *Пересмотренный Перечень Исторических мест и памятников: Хромоногая хижина на болгарской станции Святой Климент Охридский (остров Ливингстон (Смоленск), и Тяжелый гусеничный снегоход «Харьковчанка», эксплуатировавшийся в Антарктике с 1959 по 2010 гг.*

(148) Председатель КООС сообщил, что Комитет поддержал предложение Норвегии инициировать новое обсуждение вопроса определения исторических мест и памятников в более широком смысле, включая рассмотрение альтернативных вариантов сохранения исторических ценностей на местах, а также руководство по решению потенциальных конфликтов между положениями Приложения III и Приложения V к Протоколу. Комитет приветствовал предложение Норвегии провести подготовительную работу для обсуждения данных вопросов на заседании КООС XIX и отметил пользу получения рекомендаций экспертных организаций, например, Международного комитета полярного наследия (IPHC).

(149) Комитет согласился отложить рассмотрение дальнейших предложений по определению новых ИМП до появления дополнительных инструкций по этому вопросу.

(150) Председатель КООС сообщил, что Комитет рассмотрел документы Новой Зеландии по проекту сохранения наследия моря Росса и поздравил Фонд антарктического наследия Новой Зеландии с проведением комплексной работы по сохранению построек и коллекций артефактов из ООРА 155, 157 и 158 на полуострове Росса.

Пространственная охрана морской среды и меры пространственного управления

(151) Председатель КООС сообщил, что Комитет поддержал основные результаты, представленные в отчете Бельгии на заседании МКГ по рассмотрению концепции «уникальных ценностей» в морской среде в соответствии с Приложением V к Протоколу, и организовал МКГ, которую будет возглавлять Бельгия, для продолжения обсуждений данных вопросов.

Прочие вопросы, связанные с Приложением V

(152) Председатель КООС сообщил, что Комитет обсудил документ Норвегии, которая предложила установить необязательную процедуру предварительной оценки предлагаемых ООРА и ОУРА. После некоторых комментариев участников и незначительных поправок к тексту документа Комитет согласился принять *Руководство: Порядок проведения предварительной оценки для определения ООРА и ОУРА*.

(153) Комитет призвал участников применять это руководство при определении ООРА и ОУРА в будущем. Комитет отметил, что Порядок проведения предварительной оценки для определения ООРА и ОУРА не должен касаться районов, уже предложенных в качестве ООРА или ОУРА.

(154) Председатель КООС сообщил, что Комитет также поддержал документ Великобритании, Испании, Новой Зеландии и США, в котором представлен Проект Кодекса поведения при осуществлении деятельности на наземных участках геотермической активности в Антарктике. Комитет поддержал предложение СКАР пересмотреть проект Кодекса при консультативной поддержке КОМНАП и повторно представить окончательную версию для рассмотрения на заседании КООС XIX.

(155) Комитет рассмотрел отчет Аргентины о результатах исследования, касающегося охраны ископаемых остатков в Антарктике. Он отметил научную ценность ископаемых остатков и важность обеспечения их охраны и принял решение о дополнительном обсуждении этих вопросов на будущем заседании.

Сохранение антарктической флоры и фауны (Пункт 10 повестки дня КООС)

Карантин и неместные виды

(156) Председатель КООС сообщил, что в рамках данного пункта повестки дня Комитет поддержал предложение Великобритании, Новой Зеландии и Франции пересмотреть Руководство по неместным видам и организовал МКГ, которую будет возглавлять Великобритания, чтобы начать пересмотр.

(157) Комитет рассмотрел документ Аргентины с отчетом об исследованиях по определению присутствия неместных видов, занесенных естественными путями. Комитет отметил, что рассмотрение этих вопросов можно продолжить при пересмотре Руководства по неместным видам.

Прочие вопросы, связанные с Приложением II

(158) Председатель КООС сообщил, что Комитет рассмотрел разделы документа СКАР о причинении беспокойства диким животным (Рабочий документ WP 27), которые не были рассмотрены при обсуждении применения БПЛА в рамках пункта повестки дня 8b. На основании предоставленной СКАР информации Комитет принял решение рекомендовать КСДА: регулярно пересматривать значения минимального расстояния приближения, указанные в существующих руководствах КСДА, на основе новых данных научных исследований; обязательно применять осторожный подход во всех случаях ведения деятельности в непосредственной близости к дикой природе, а также проводить дальнейшие исследования для обеспечения принятия управленческих решений на базе всех доступных данных.

(159) Участники Совещания поблагодарили КООС и одобрили его рекомендации по теме предотвращения беспокойства диких животных.

(160) Председатель КООС сообщил, что Комитет рассмотрел документ Австралии, Великобритании, Новой Зеландии, Норвегии и США, в котором содержится информация об анализе Ключевых орнитологических территорий (КОТ) в Антарктике, недавно проведенном Международной Ассоциацией по защите птиц птиц и сохранению их среды обитания BirdLife International. Комитет признал важность отчета о КОТ, имеющего

значительную актуальность для рассмотрения вопроса охраны и управления Антарктикой.

(161) Следуя рекомендации КООС, Совещание приняло Резолюцию 5 (2015 г.) *Ключевые орнитологические территории в Антарктике*.

(162) Как депозитарий для АКАП и страна, в которой организован и работает Секретариат АКАП, Австралия заявила, что представит отчет о КОТ на рассмотрение АКАП в соответствии с Резолюцией.

Отчеты об инспекциях (Пункт 12 повестки дня КООС)

(163) Председатель КООС сообщил, что в рамках данного пункта повестки дня Комитет рассмотрел документ, в котором содержится информация об инспекциях, проведенных Великобританией и Чешской Республикой, и одобрил наблюдения инспекционной группы касательно в целом высокого уровня осведомленности о положениях Протокола по охране окружающей среды, а также важных примеров добросовестной практики.

Выборы должностных лиц (Пункт 14 повестки дня КООС)

(164) Председатель КООС сообщил, что Комитет переизбрал г-жу Полли Пенхэйл (Polly Penhale), США, на второй двухлетний срок на должность заместителя Председателя КООС и поздравил г-жу Пенхэйл с назначением на эту должность.

Подготовка заседания КООС XIX (Пункт 15 повестки дня КООС)

(165) Председатель КООС сообщил, что Комитет принял Предварительную повестку дня

КООС XIX. Чтобы отразить обсуждения по пункту 7 повестки дня, Комитет изменил пункт 7 повестки дня заседания КООС XIX на «Влияние изменения климата на окружающую среду Антарктики» и добавил два подпункта: 7a. «Стратегический подход» и 7b. «Реализация и пересмотр Рабочей программы ответных мер в отношении изменения климата».

(166) Участники Совещания поблагодарили г-на Юэна Мак-Айвора за превосходное руководство и за обеспечение предоставления четких и понятных рекомендаций КООС для КСДА. Они высоко оценили

обширную и важную работу КООС, а также большое значение того, чтобы рекомендации КООС своевременно рассматривались и применялись в работе КСДА.

Пункт 9. Материальная ответственность: выполнение Решения 4 (2010 г.)

(167) Соединенные Штаты Америки как Правительство-депозитарий Договора об Антарктике и Протокола по охране окружающей среды к Договору об Антарктике сообщили о том, что 12 Консультативных Сторон сообщили об одобрении ими Приложения VI (Информационный документ IP 40).

(168) Стороны представили обновленную информацию о статусе ратификации ими Приложения VI и реализации положений Приложения VI в законодательстве своих стран. Из Сторон, которые одобрили Приложение VI (Австралия, Великобритания, Испания, Италия, Нидерланды, Новая Зеландия, Норвегия, Перу, Польша, Финляндия, Швеция и ЮАР) и/или приняли необходимые законодательные меры для реализации Приложения VI (Российская Федерация), пять Сторон сообщили, что они применяют законодательство своих стран по реализации Приложения VI, ожидая вступления в силу Приложения VI (Нидерланды, Норвегия, Российская Федерация, Финляндия и Швеция).

(169) Большинство других Сторон сообщили, что они находятся в процессе реализации положений Приложения VI в законодательстве их стран. Некоторые Стороны сообщили о выполненной межсессионной работе, в том числе Япония, которая провела обширное исследование возможностей реализации в своем законодательстве. Несколько Сторон отметили, что реализация может быть завершена во время текущего законодательного периода. Некоторые Стороны сообщили о продолжающихся межведомственных и межотраслевых консультациях.

(170) Российская Федерация представила Рабочий документ WP 33 *О проблемах одобрения Приложения 6 «Материальная ответственность в случае наступления чрезвычайных экологических происшествий» Протокола по охране окружающей среды к Договору об Антарктике.* Выражая обеспокоенность общей недостаточностью продвижения к введению в действие Приложения VI, в данном документе Секретариату предлагается взять на контроль статус одобрения Приложения VI теми Консультативными Сторонами, которые еще не завершили процесс одобрения.

(171) Новая Зеландия представила Рабочий документ WP 36 *Приложение VI к Протоколу по охране окружающей среды к Договору об Антарктике. Следующие шаги*, подготовленный совместно с Нидерландами, Финляндией и Швецией. Она порекомендовала КСДА принять решение относительно обязательства, содержащегося в Решении 4 (2010 г.), касательно рассмотрения возможности возобновления переговоров об ответственности в соответствии со Статьей 16 Протокола. Кроме того, она призвала Стороны, которые ещё не одобрили Меру 1 (2005 г.), предоставить Секретариату информацию для тематического обсуждения вопроса о продвижении на XXXIX КСДА.

(172) Совещание поблагодарило Российскую Федерацию, Новую Зеландию, Нидерланды, Финляндию и Швецию за представленные ими документы. Были определены два важных вопроса, поднятых в Рабочих документах WP 33 и WP 36. К ним относились: продвижение вперед процесса одобрения и введения в действие Приложения VI к Протоколу и установления сроков возобновления переговоров в соответствии со Статьей 16 Протокола согласно Решению 4 (2010 г.).

(173) На Совещании было решено продолжать контроль реализации Приложения VI. Некоторые Стороны не сочли правильным или необходимым предложение о том, чтобы Секретариат собирал или запрашивал информацию о реализации Приложения VI.

(174) Стороны, которые уже одобрили Приложение VI к Протоколу, а также Стороны, которые реализовали положения Приложения VI в законодательстве своих стран или были в процессе их реализации, предложили обменяться опытом с другими Сторонами.

(175) Некоторые Стороны отметили, что важно уделить первостепенное внимание вступлению в силу Приложения VI, прежде чем сосредоточивать внимание на дополнительных обсуждениях, касающихся полномасштабной ответственности. Некоторые Стороны высказали мнение о том, что дополнительные специализированные дискуссии на следующем совещании не нужны.

(176) Отмечая наличие других международных механизмов, разработанных для реализации восстановительных мероприятий и ликвидации экологического ущерба, Совещание согласилось пригласить при содействии Исполнительного Секретаря представителя Международного фонда для компенсации ущерба от загрязнения нефтью в качестве эксперта для участия в следующем КСДА. Совещание отметило, что

этот эксперт мог бы поделиться опытом работы Международного фонда для компенсации ущерба от загрязнения нефтью, рассказать об имеющихся преимуществах и недостатках этой работы и о том, как она отличается от механизмов, предусмотренных в Приложении VI.

(177) После дискуссий Совещание приняло Решение 5 (2015 г.) *Материальная ответственность, возникающая в результате чрезвычайных экологических ситуаций.*

Пункт 10. Безопасность и деятельность в Антарктике

Авиационные вопросы

(178) СКАР представил Рабочий документ WP 27 Расстояния приближения к диким животным в Антарктике со ссылкой на Вспомогательный документ BP 22 A Meta-Analysis of Human Disturbance Impacts on Antarctic Wildlife. Рабочий документ WP 27 был подготовлен в ответ на просьбу, поступившую от КООС XVII, и в нем рассматривается более 60 научных исследований, проведенных на 21 биологическом виде. Мета-анализ показал, что вмешательство человека оказало значительное отрицательное воздействие на диких животных Антарктики. СКАР отметил, что на сегодняшний день существует мало научных свидетельств о характере или степени воздействия лагерных стоянок или БПЛА на диких животных в Антарктике. СКАР также отметил, что по всему миру ведутся исследования с целью получить информацию, которая позволит понять воздействие БПЛА на диких животных, а также это может быть полезно для информационной поддержки антарктической политики в данном регионе. Он рекомендовал КООС призвать Участников провести дальнейшие исследования с целью установить научно обоснованные правила определения расстояний приближения к диким животным в Антарктике; призвать Участников, использующих БПЛА в районах сосредоточения диких животных, оказать поддержку исследованиям воздействия БПЛА; а также призвать Участников не допускать запуска БПЛА на расстоянии менее 100 м от диких животных и не допускать приближения БПЛА к диким животным по вертикальной траектории, пока не появится информация применительно к Антарктике.

(179) КОМНАП представил Рабочий документ WP 22 *Применение БПЛА в Антарктике — факторы риска и преимущества*, в котором изложены

практические преимущества использования БПЛА национальными антарктическими программами для поддержки научной деятельности, операционной деятельности и логистики. КОМНАП отметил наличие явных преимуществ использования этой технологии в Антарктике, к которым, помимо прочего, относится обеспечение безопасности жизнедеятельности и поддержка научных исследований. В одной из рекомендаций, предложенных в документе, говорится о том, что Национальные антарктические программы и другие операторы, работающие в антарктическом регионе, должны приложить все усилия для сбора и обмена информацией по использованию БПЛА в районе действия Договора об Антарктике и для открытого обмена этими данными с целью ускорить разработку необходимых научно обоснованных правил, стандартов и рекомендаций. КОМНАП также отметил, что на очередном ежегодном общем заседании КОМНАП, которое будет проходить в августе 2015 года, будет проведена сессия, посвященная БПЛА.

(180) МААТО представила Информационный документ IP 88 *IAATO Policies on the use of unmanned Aerial Vehicles (UAVs) in Antarctica.* МААТО отметила, что после 26-го заседания МААТО в Роттердаме были введены в действие новые руководящие принципы касательно использования БПЛА и опыта операторов, в том числе запрет их использования в рекреационных целях в прибрежных районах. МААТО выделила критерии, по которым она примет общее использование БПЛА своими членами. МААТО также отметила, что ее члены согласились учесть информацию касательно законодательных требований к использованию БПЛА, летной эксплуатации и пилотированию БПЛА, летным ограничениям, природоохранным ограничениям и отчетности.

(181) Совещание поблагодарило СКАР, КОМНАП, МААТО и Соединенные Штаты Америки за представленные ими документы. Рассматривая эти материалы, Стороны подняли ряд вопросов, касающихся преимуществ от использования БПЛА в Антарктике и важности учета рисков, связанных с использованием БПЛА, для материально-технического обеспечения и научной деятельности, а также поделились собственным опытом по использованию и правилам использования БПЛА.

(182) Что касается преимуществ, связанных с использованием БПЛА для научной деятельности, Франция отметила сложности, связанные с доступом в Особо охраняемые районы, и возможное использование БПЛА для минимизации воздействия на окружающую среду, связанного

с научным мониторингом. Франция также предложила использовать БПЛА в логистических целях, в том числе для навигации в районах с ледовым покровом и обнаружения расколов в прибрежных районах, а также подчеркнула важность наличия правил использования БПЛА. Отмечая потенциальную возможность использования БПЛА для передачи массивов данных быстрее, чем по спутниковой связи, США отметили насущную необходимость определения множества новых потенциальных возможностей использования БПЛА. Стороны широко признали значительные преимущества от использования БПЛА.

(183) Многие Стороны обратили особое внимание на риски, связанные с использованием БПЛА, а Аргентина выразила обеспокоенность касательно уже имеющихся случаев утери БПЛА в связи с рекреационной деятельностью в Антарктике. Стороны согласились со СКАР в существовании значительной нехватки научной информации по использованию БПЛА и поддержали рекомендации КОМНАП по обмену информацией касательно использования БПЛА.

(184) Сообщая о своей деятельности с применением БПЛА, Аргентина отметила, что она не использовала БПЛА возле популяций пингвинов, учтя информацию от своих экспертов о том, что пингвины могут ошибочно принять БПЛА за хищников. Соединенные Штаты Америки особо отметили, что они запретили нерегулируемое использование БПЛА в своей программе, а Великобритания рассказала о своей программе всестороннего обучения и тщательного контроля использования БПЛА. Другие Стороны сообщили Совещанию о том, что они находились в процессе разработки норм и правил использования БПЛА.

(185) Совещание выразило общую поддержку использованию БПЛА и признало БПЛА важным инструментом будущего. Оно также согласилось с необходимостью дальнейших исследований. Совещание поприветствовало инициативы КОМНАП в этой сфере деятельности и выразило желание рассмотреть разрабатываемое КОМНАП руководство по использованию БПЛА.

(186) Австралия высказала мнение, что Совещание может пожелать рассмотреть планирование в Многолетнем стратегическом плане работы будущего обсуждения разработок, касающихся БПЛА. Это могло бы помочь обеспечить переоценку состояния дел в свете рекомендаций от таких органов как МААТО, КОМНАП, КООС и СКАР, а также рассмотреть будущие ответные действия и следующие шаги, которые должно предпринять КСДА.

(187) По данному пункту повестки дня также были представлены и приняты следующие документы:

- Информационный документ IP 55 *Antarctic Flight Information Manual (AFIM)* (КОМНАП). В документе описан прогресс обновлений по переформатированию Руководства по полетной информации для Антарктики (AFIM) в электронном виде.

- Информационный документ IP 82 *A risk-based approach to safe operations of unmanned aircraft systems in the United States Antarctic Program (USAP)* (США). В этом документе сообщалось об использовании беспилотных авиационных комплексов (UAS, БПЛА) Антарктической программой США, об использовании руководств по эксплуатации и об оценке риска эксплуатации БПЛА, выполненной Национальным научным фондом с целью проверки и информационного обеспечения разрабатываемых руководств.

- Информационный документ IP 83 *Guidance on unmanned aerial system (UAS) use in Antarctica developed for applications to scientific studies on penguins and seals* (США). В данном документе изложен опыт, полученный США в ходе эксплуатации БПЛА в Антарктике. В нем описана работа, проведенная Программой США по морским живым ресурсам Антарктики (AMLR) с целью содействия работе программы мониторинга экосистемы АНТКОМ путем использования БПЛА для изучения морских котиков и пингвинов. В нем описано выполнение жесткой процедуры обучения и выбора БПЛА перед началом полевых операций. США представили данный документ в качестве полезной справочной информации для тех, кто рассматривает вопросы предоставления разрешений на применение БПЛА в Антарктике.

Поисково-спасательные работы

(188) Новая Зеландия представила Информационный документ IP 52 *Joint Search and Rescue Exercise in the Antarctic*. В нем содержится информация о теоретических учениях по SAR в Антарктике, проведенных в феврале 2015 года. В учениях использовались действующие компоненты с целью проверки существующих протоколов, планов действий в чрезвычайных ситуациях и линий связи между терпящими бедствие судами, Спасательно-координационным центром Новой Зеландии (RCCNZ) и МААТО. Новая Зеландия подчеркнула разницу между SAR в море Росса и SAR на Антарктическом полуострове. Она отметила, что расстояние между судами, нуждающимися в помощи,

и ближайшей службой SAR, скорее, будет большим в море Росса, чем на Антарктическом полуострове.

(189) МААТО также отметила, что помимо несомненной ценности обучения и проверки систем эти многонациональные многосторонние учения по SAR были чрезвычайно полезны для построения доверия и понимания различных перспектив, а также поприветствовала возможность работы с другими спасательно-координационными центрами (СКЦ) на учениях по SAR в будущем.

(190) Совещание поблагодарило Новую Зеландию и МААТО за информацию и за организацию учений по SAR. США отметили значительный эффект и растущее внимание к SAR после работы Специальной рабочей группы по SAR на XXXVI КСДА.

(191) Аргентина отметила недавнее заключение соглашения между пятью СКЦ стран, ответственных за координацию SAR в Антарктике, и АНТКОМ, которое обеспечило для СКЦ доступ к более полной информации о текущем положении дел в конкретных местах аварий или происшествий.

(192) КОМНАП представил Информационный документ IP 60 *COMNAP Search & Rescue Workshop III*, в котором содержится предварительное уведомление о намерениях провести III Семинар КОМНАП по SAR в Вальпараисо, Чили, в 2016 году. Семинар будет носить практический и технический характер для дальнейшего усовершенствования эффективной координации мероприятий по SAR.

(193) Совещание поблагодарило КОМНАП и подчеркнуло свою поддержку касательно проведения семинара. Чили подтвердила свою готовность организовать проведение семинара, а МААТО отметила свое желание оказать содействие по мере необходимости.

(194) США отметили, что они помогали в реагировании на чрезвычайную ситуацию, о которой сообщило плывущее под флагом Австралии *FV Antarctic Chieftain* в феврале 2015 года (Информационный документ IP 51). Австралия поприветствовала и одобрила помощь США при этом происшествии.

(195) По данному пункту повестки дня также были представлены и приняты следующие документы:

- Информационный документ IP 51 *Search and Rescue Incident: Antarctic Chieftain (2015)* (Новая Зеландия). В нем сообщается о мерах, предпринятых в ответ на чрезвычайную ситуацию, о которой сообщило плывущее под флагом Австралии *FV Antarctic Chieftain* в феврале 2015 года.

- Вспомогательный документ ВР 9 Polish Sailing Yacht Accident at King George Island (Antarctic Peninsula) (Польша).

- Вспомогательный документ ВР 11 *Vig sima Tercera Expedici n Cient fica del Per a la Ant rtida (ANTAR XXIII) (Перу).*

- Вспомогательный документ ВР 16 *Desarrollo y aplicaci n de eco-materiales para un prototipo habitable de emergencia en la Ant rtida* (Эквадор).

- Вспомогательный документ ВР 18 *Results of an Investigation into the Aircraft Incident Mount Elizabeth, Antarctica on January 23, 2013* (Канада).

Морские вопросы

(196) Германия представила Информационный документ IP 61 *Improving Sea Ice Information in Antarctica.* В нем сообщается о 15-м заседании Международной рабочей группы по картографированию льдов (IICWG) на тему «Информация о льдах в Южном океане: статус, вызовы и будущее», проведенном в Пунта-Аренас, Чили, 20-25 октября 2014 года. Германия отметила участие организаций южного полушария, которые предоставили информацию о льдах в водах Антарктики. Пять стран, отвечающих за распространение метеорологической информации по Антарктике (антарктическим метобластям), согласились выпускать регулярно обновляемый бюллетень по околополярной кромке льда для распространения через Глобальную морскую систему связи при бедствии (ГМССБ, GMDSS). Также Германия отметила прогресс в совместном картографировании льдов Антарктики. Она пригласила Стороны на следующее заседание Международной рабочей группы по картографированию льдов, которое состоится 19-23 октября 2015 года в Германии.

(197) АСОК представила Информационный документ IP 113 *Next Steps for Vessel Management in the Southern Ocean.* В нем представлена обновленная информация по положениям и ограничениям Международного кодекса для судов, эксплуатируемых в полярных водах (Полярного кодекса). АСОК сообщила, что Часть 1 Кодекса и соответствующие поправки к Международной конвенции по охране человеческой жизни на море (СОЛАС) были приняты в ноябре 2014 года, а вступление их в силу

ожидается 1 января 2017 года. АСОК проинформировала Совещание о том, что 2-й этап работы, который должен начаться в 2016 году, будет сосредоточен на включение в Полярный кодекс положений, применимых к судам, не соответствующим требованиям Конвенции СОЛАС. АСОК отметила, что перед началом работы понадобится информация о количестве таких судов, не соответствующих требованиям Конвенции СОЛАС, в полярных водах и отчеты об авариях и происшествиях, в том числе потребовавших поисково-спасательные операции, начиная с 2010 года. Она призвала Стороны оказать официальное содействие во 2-м этапе разработки обязательного Полярного кодекса, внося свой вклад в процесс сбора информации путем предоставления ИМО копий соответствующих документов и отчетов КСДА.

(198) Стороны поблагодарили АСОК за обновление информации, а некоторые Стороны выразили готовность поддержать 2-й этап разработки Полярного кодекса, а также предоставить ИМО необходимую информацию. США отметили, что Новая Зеландия, ЮАР и Исландия представили документ на заседании ИМО в июне 2015 года, в котором запрашивались данные о происшествиях в полярных водах.

(199) Информационный документ IP 56 *COMNAP Sea Ice Challenges Workshop* (КОМНАП) был принят как представленный. В нем описывался семинар на тему «Проблемы и трудности, связанные с состоянием морских льдов», прошедший в Хобарте (Австралия) в мае 2015 года. Основной задачей было определить масштабы проблем и трудностей, которые эти тенденции представляют для национальных антарктических программ, и определить и обсудить потенциальные решения. Была запланирована публикация отчета по результатам проведения семинара.

(200) Ссылаясь на Информационный документ IP 56, США поблагодарили КОМНАП за документ и отметили преимущества семинара в части сведения краткосрочных оперативных и долгосрочных климатических перспектив применительно к прогнозированию состояния морских льдов. США отметили, что будут ожидать публикации отчета по результатам проведения семинара.

Гидрография

(201) Колумбия представила Информационный документ IP 28 *Contribuci n de Colombia a la Seguridad Mar tima en la Ant rtica*. Она отметила свой проект «Морские научные исследования для безопасности в морской

среде Антарктики в 2014 – 2018 гг.», в ходе которого предусмотрено строительство гидродинамических моделей дрейфующих льдов и траектории перемещения пролитых нефтепродуктов по морю. В соответствии с Рабочим документом WP 39 Колумбия выразила желание сотрудничать с другими Сторонами, используя данные, добытые в ходе проведенной ею экспедиции. Она также выразила желание получить доступ к данным по атмосферным моделям, упомянутым в Рабочем документе WP 39. В колумбийском проекте предусмотрена еще одна гидрографическая экспедиция для обновления навигационных карт пролива Жерлаш. Колумбия отметила, что это является вкладом в гидрографию района, по которому ранее не было никакой информации, и поблагодарила Чили и Великобританию за оказанную ими поддержку.

(202) Чили поблагодарила Колумбию за информацию и отметила поддержку, которую Колумбия оказала Чили в ходе ее гидрографической экспедиции. Чили выразила мнение, что перевод Информационных документов IP 26 и IP 28 на английский язык облегчил бы анализ этих документов Сторонами.

(203) Австралия представила Информационный документ IP 44 *Australia's Antarctic Hydrographic Surveys*. В документе упомянута Резолюция 5 (2014 г.) о сотрудничестве в области гидрографического обследования и картографирования. Австралия также призвала к укреплению связей и сотрудничества между национальными антарктическими программами и национальными гидрографическими службами для содействия совещанию в вопросах безопасности, а также операционных, экологических и научных вопросах в Антарктике.

(204) Информационный документ IP 33 *The role of the United Kingdom in charting the waters of the Antarctic* (Великобритания) был принят как представленный. В нем обобщена недавняя работа Гидрографической службы Великобритании, Антарктического управления Великобритании и ВМФ Великобритании.

(205) Новая Зеландия сослалась на Информационные документы IP 33 и IP 44, отметив, что она опирается на оценку гидрографического риска в море Росса и на побережье Новой Зеландии и намеревается представить результаты этой работы на XXXIX КСДА.

Прочие вопросы

(206) Новая Зеландия представила Информационный документ IP 50 *Damage to the Observation Hill Cross (HSM 20)*, в котором сообщалось о

повреждении ИМП 20 «Крест на горе Обсервейшен» и о предпринятых ответных мерах. К ним относилось обвинение новозеландского служащего в повреждении креста согласно Дисциплинарному акту Вооруженных сил 1971 года (AFDA). С точки зрения правительства Новой Зеландии, такой исход был приемлемым, так как одновременно доносил ценное сообщение до ведома персонала, находящегося на станции Скотт-Бейс, касательно важности креста на горе Обсервейшен и других памятников на полуострове Росса.

(207) Великобритания выразила признательность Новой Зеландии за предпринятые ею действия по данному вопросу.

(208) По данному пункту повестки дня также были представлены и приняты следующие документы:

- Информационный документ IP 74 *Waste Water Management in Antarctica COMNAP Workshop* (КОМНАП). В нем сообщалось о «Семинаре по усовершенствованию удаления и очистки сточных вод на антарктических станциях», проведенном в Новой Зеландии в августе 2014 года. На семинаре обсуждались вопросы, связанные с системами удаления и очистки сточных вод, используемыми на антарктических станциях.

- Информационный документ IP 15 *Proposed routes for all-terrain vehicles based on impact on deglaciated area of James Ross Island* (Чешская Республика). В нем сообщалось об использовании впервые внедорожных транспортных средств чешской экспедицией в 2015 г. для поддержки полевых лагерей доставкой научно-технических грузов и продуктов питания.

(209) В рамках данного пункта повестки дня были также представлены следующие документы:

- Вспомогательный документ ВР 2 *Cooperation Visit to Stations/ Bases Facilities in Antarctica* (Бразилия).

- Вспомогательный документ ВР 3 *XXXIII Brazilian Antarctic Operation* (Бразилия).

Пункт 11. Туризм и неправительственная деятельность в районе действия Договора об Антарктике

Обзор политики в области туризма

(210) Новая Зеландия представила Рабочий документ WP 24 *Принятие стратегического подхода к экологически обоснованному управлению туризмом и неправительственной деятельностью в Антарктике*, подготовленный совместно с Великобританией, Норвегией и Нидерландами. Признавая меры, принятые на предыдущих КСДА для обзора политики в области туризма, в данном документе отмечается недостаток прогресса в консолидации этой работы и продвижению к установке приоритетов для будущих дискуссий. В нем признается, что туризм в Антарктике расширяется, а туристическая деятельность разносторонне развивается. Авторы документа призвали КСДА принять дальновидный, упреждающий подход к управлению туризмом и неправительственной деятельностью в Антарктике с целью создания проекта рабочей программы по разработке стратегического подхода к управлению туризмом.

(211) Новая Зеландия, Великобритания, Норвегия и Нидерланды порекомендовали поручить Секретариату изучить и обобщить все дискуссии и документы КСДА, связанные с принятием Общих принципов в 2009 г. и в дальнейшем, касательно всех аспектов антарктического туризма, включая определение неразрешенных вопросов и проблем, касающихся туризма в Антарктике. Сюда также должны войти проведенные дискуссии и материалы, представленные во время заседания Специальной рабочей группы по вопросам компетентных органов на XXXVIII КСДА. Секретариат необходимо попросить предоставить отчет на XXXIX КСДА (2016 г.); создать МКГ после проведения дискуссий на XXXIX КСДА (2016 г.) для определения приоритетных вопросов и разработать проект рабочей программы для рассмотрения на XL КСДА (2017 г.); а также внести согласованные приоритетные вопросы в Многолетний стратегический план работы КСДА.

(212) Совещание поблагодарило Новую Зеландию, Великобританию, Норвегию и Нидерланды за документ и согласилось с важностью попытки создать сбалансированное стратегическое видение безопасного и экологически ответственного управления туризмом в Антарктике.

66

(213) Франция при поддержке Канады отметила целесообразность создания справочника существующих нормативных положений, принятых КСДА по вопросам туризма. Помимо обеспечения обзора нормативных положений, такой справочник также мог бы выявить недостающую информацию. Некоторые Стороны отметили, что самой важной задачей является определение приоритетов, в частности необходимо определить, на каких конкретных темах касательно туризма следует заострить внимание на следующих совещаниях, руководствуясь Рабочими документами, представленными заблаговременно перед совещаниями.

(214) АСОК поблагодарила соавторов Рабочего документа WP 24 и отметила, что туризм является темой для обсуждений на КСДА с 1960-х годов, при этом прогресс был достигнут с принятием Резолюции 7 (2009 г.). АСОК также отметила, что, по ее мнению, пора переходить от стратегического обсуждения вопросов туризма к стратегическим действиям.

(215) Ссылаясь на Информационный документ IP 104 rev.1, представленный Индией, и существующие обзоры, некоторые Стороны выразили мнение, что Совещание может продвигаться вперед, учредив МКГ до XXXIX КСДА.

(216) Совещание попросило Секретариат изучить и обобщить все дискуссии и документы КСДА, связанные с принятием Общих принципов в 2009 г. и впоследствии, обо всех аспектах антарктического туризма. Секретариат попросили предоставить отчет на XXXIX КСДА с полученной в ходе изучения обобщенной информацией и предоставить ее для информирования МКГ перед XXXIX КСДА. В данном отчете также должны быть определены неразрешенные вопросы и проблемы, касающиеся туризма в Антарктике, включая вопросы, возникшие в ходе заседания Специальной рабочей группы по вопросам компетентных органов на XXXVIII КСДА. Секретариат отметил, что он выполнит запрошенное задание до конца сентября 2015 года.

(217) Совещание также согласилось создать МКГ по разработке стратегического подхода к экологически ответственному управлению туризмом и неправительственной деятельностью в Антарктике, которая представит отчет о своей работе на XXXIX КСДА. МКГ должна получить следующее Техническое задание:

1. Принимая во внимание Рабочий документ WP 24, Информационный документ IP 104 rev.1 XXXVII КСДА и Общие принципы антарктического туризма (2009 г.), а также в свете существующих рекомендаций КСДА/КООС, определить приоритетные вопросы

и недостающую информацию по антарктическому туризму, на основании чего на XXXIX КСДА могла бы быть проведена тематическая дискуссия по определению ограниченного количества приоритетных вопросов и недостающей информации.

2. Выполняя эту работу, участники МКГ должны учесть, помимо прочего:

- отчет Секретариата, запрошенный XXXVIII КСДА;
- доклад Межсессионной контактной группы по «нерешенным вопросам» в сфере антарктического туризма, работавшей в 2011/12 г.
- результаты исследования в области туризма, проведенного Комитетом по охране окружающей среды (2012 г.), и предпринимаемые действия для выполнения его рекомендаций;
- доклад Специальной рабочей группы по вопросам компетентных органов (2015 г.); а также
- существующие документы и рекомендации КСДА/КООС/СЭДА.

3. Предоставить отчет на XXXIX КСДА.

(218) Далее было принято решение о следующем:

- Наблюдатели и Эксперты, участвующие в КСДА, будут приглашены для участия в работе.
- Исполнительный секретарь будет открывать форум КСДА для работы МКГ и окажет содействие работе МКГ.
- Новая Зеландия и Индия будут совместно выступать в качестве конвинеров.

(219) Российская Федерация представила Рабочий документ WP 32 *О возможностях мониторинга экстремального туризма и неправительственных экспедиций в Антарктике*, в котором отмечена нелогичность в требованиях к выдаче разрешений Сторонам и не-Сторонам. Упомянув о недавних происшествиях, в связи с которыми понадобилось проведение поисково-спасательных операций, Российская Федерация привлекла внимание к неофициальной туристической деятельности, связанной с экстремальным туризмом, и деятельности неправительственных организаций в Антарктике. В некоторых случаях логистическая поддержка, обеспечивающая доступ в Антарктику, предоставлялась туристическими операторами, не имеющими

официальных разрешений. Российская Федерация предложила перед началом летних антарктических сезонов предоставлять Секретариату и правительствам стран последнего порта по пути следования в Антарктику перечень тех российских граждан и организаций, которые получили подобные разрешения на осуществление деятельности в Антарктике. Она отметила, что позволит портовым властям определять российских граждан и организации, у которых нет разрешений Российской Федерации. Российская Федерация отметила, что это действие не будет ограничивать деятельность иностранных туристических операторов, и призвала Стороны, столкнувшиеся с аналогичной проблемой, присоединиться к данной инициативе.

(220) Совещание поблагодарило Российскую Федерацию за предоставленные ею материалы. Была также подчеркнута важность двустороннего обмена информацией и отмечен Информационный документ IP 75, в котором описан контроль туристической деятельности, осуществляемой гражданами Франции, отправляющимися из Чили. Новая Зеландия отметила, что при выдаче разрешений для осуществления деятельности в регионе моря Росса Сторонам было бы целесообразно связываться с Новой Зеландией или другими органами власти, у которых есть опыт работы в особых условиях окружающей среды этого региона.

(221) Аргентина и Чили отметили, что, хотя для стран последнего порта по пути следования в Антарктику было бы желательно и целесообразно предоставление дополнительной информации, это не умаляет ответственность государств за действия их граждан.

(222) Совещание также особо отметило важность и ценность СЭОИ как жизненно важного инструмента для контроля туристической деятельности и предложило варианты усовершенствования системы. Был озвучен призыв к Сторонам своевременно предоставлять всю информацию. Таким образом, информация, представленная в СЭОИ, ни в коей мере не уменьшает ответственность государства регистрации судна.

(223) Российская Федерация поблагодарила Стороны за комментарии, обратив внимание на их полезность. Она отметила, что обеспокоенность, выраженная в документе, касалась, в частности, неправительственной деятельности и что идеальным решением для всех Сторон было бы создание национальных процедур и законодательства о выдаче разрешений.

(224) Эквадор предоставил Рабочий документ WP 51 *Как заняться решением проблемы коммерческих туристических судов, плавающих под флагом третьей стороны в районе действия Договора об Антарктике*. В нем выделен вопрос туристических судов, плавающих под флагом стран, не являющихся Стороной Договора, в частности судов, зарегистрированных под флагом государства «удобной регистрации», которые заходят в район действия Договора об Антарктике. Эквадор подчеркнул необходимость выработки решения, которое позволило бы Сторонам контролировать все, что происходит в водах в районе действия Договора об Антарктике, и предотвращать происшествия.

(225) Совещание поблагодарило Эквадор за межсессионную работу и за практическую ценность данных, представленных в документе. Было выражено согласие, что регулярный и эффективный контроль судов, заходящих в антарктический регион, является жизненно важным для охраны окружающей среды.

(226) Отмечая, что с 1 января 2017 года для судов, соответствующих требованиям Конвенции СОЛАС, вступает в силу Полярный кодекс, некоторые Стороны напомнили о всесторонних мерах по охране окружающей среды и обеспечению безопасности под эгидой ИМО. Принимая во внимание, что некоторые не соответствующие требованиям Конвенции СОЛАС частные суда, которые используются для туризма в районе действия Договора об Антарктике, могут потенциально быть такими же большими по размерам, как некоторые суда, соответствующие требованиям Конвенции СОЛАС, несколько Сторон сказали, что они всецело поддерживают призывы к ИМО касательно разработки нового этапа работы, после Кодекса полярного судоходства, на котором была бы урегулирована деятельность судов, не соответствующих требованиям Конвенции СОЛАС.

(227) Канада отметила, что она выдала разрешения на туристическую деятельность в Антарктике судам, плавающим под флагом государства, не являющегося Стороной Договора, а также сообщила о своих требованиях для получения разрешения, включая страховку и сертификацию ИМО, и призвала Стороны пользоваться сертификацией и нормативными положениями ИМО для управления своими собственными процессами выдачи разрешений. Канада упомянула положительные результаты инспекций туристических судов, имеющих разрешения, выданные Канадой IP 57. США также отметили, что вся их туристическая деятельность, по которой были выданы разрешения

на посещение Антарктики, осуществлялась на судах, плавающих под флагом стран, не являющихся Стороной Договора; при этом никаких проблем не возникало.

(228) Эквадор поблагодарил Стороны за комментарии и подчеркнул, что Совещание должно найти более мощный механизм взаимодействия между ИМО и Системой Договора об Антарктике, чтобы помочь Сторонам обеспечить их предупредительные системы.

(229) Собрание подтвердило, что ИМО является подходящим органом для решения вопросов безопасности и охраны окружающей среды, связанных с морским судоходством, и призвало Стороны работать с ИМО по этим вопросам. Оно также призвало Стороны доводить до сведения Собрания информацию, касающуюся проблем в области туризма.

(230) Индия представила Информационный документ IP 104 rev.1 *Towards a Comprehensive, Proactive and Effective Antarctic Tourism Policy: Turning Recommendations into Action.* Она отметила, что многие вопросы, связанные с регулированием антарктического туризма, остаются на повестке дня КСДА на протяжении нескольких десятилетий. Применяя стратегический подход, она выразила мнение, что КСДА могло бы использовать преемственность в своей организации. Она отметила, что это способствовало бы исключению повторения одних и тех же дебатов по определенным вопросам с одной стороны, а в других случаях выделило бы срочные вопросы для продолжения дискуссий. Индия также предложила КСДА провести тематическое обсуждение о том, как лучше всего закрепить документально, официально оформить и ввести в действие меры по урегулированию вопросов туристической деятельности, которые накопились за десятилетия на различных КСДА.

(231) Совещание поблагодарило и поздравило Индию с обширным анализом, представленным в Информационном документе IP 104 rev.1, и признало его крайне важным материалом для решения задач Секретариата. Многие Стороны одобрили рекомендации, содержащиеся в документе, и поддержали разработку стратегического подхода на поэтапной основе. Некоторые Стороны отметили, что рекомендации будут способствовать проведению более конкретных мероприятий, в том числе реализации многих из представленных рекомендаций в виде Мер.

(232) АСОК напомнила Сторонам, что некоторые из мероприятий, определенных в документе, еще не были полностью готовы, отметив,

что, например, Рекомендация XVIII-1 еще не вступила в силу, и одна Консультативная Сторона еще должна ее ратифицировать.

(233) Франция представила Информационный документ IP 37 *French measures to increase the security of tourism and non-governmental activities in the Antarctic,* в котором отмечается, что компетентные органы Франции столкнулись с растущим количеством заявок касательно деятельности, несущей в себе высокий уровень риска для человеческой жизни. Франция отметила, что она одобрила Меру 4 (2004 г.) в августе 2008 г. Она также напомнила, что на XXXVII КСДА Стороны рекомендовали предпринять действия для реализации Меры 4 в их национальном законодательстве в ожидании вступления Меры в силу. Для решения этого вопроса и обеспечения соответствия с мерами и резолюциями, принятыми в соответствии с нормативными положениями, принятыми КСДА, она сообщила о приказе, изданном 12 февраля 2015 года, который согласовывался с Резолюциями 6 (2014 г.) и 7 (2014 г.). В приказе устанавливалось, что: руководители экспедиций должны оценивать риски запланированной деятельности, а также оказание медицинской помощи, эвакуацию, расходы и страховки; в ходе выдачи разрешений Национальный компетентный орган должен учитывать вопросы безопасности. Отмечая, что граждане Франции подавали аналогичные заявки Компетентным органам других Сторон, Франция призвала Стороны реализовать Меру и укреплять сотрудничество и СЭОИ в этой области.

(234) Германия представила Информационный документ IP 65 *Alleged Solo Expedition to the South Pole by a German National,* в котором описано сотрудничество между Компетентными органами и логистическими компаниями в связи с якобы проводившейся экспедицией на Южный полюс гражданина Германии Мартина С. в январе 2015 года. Отмечая, что проведение несанкционированной экспедиции в Антарктике является административным правонарушением по национальному законодательству, Германия уведомила Совещание о том, что ей пришлось закрыть административное производство в данном случае в связи с недостатком доказательства того, что экспедиция действительно состоялась. Германия поблагодарила все участвовавшие Стороны, а также логистические компании, к которым она обращалась за консультациями и информацией для получения ясности по данному вопросу, и подчеркнула, что этот пример продемонстрировал важность укрепления сотрудничества между Сторонами при обмене информацией и организации туристических экспедиций в Антарктику.

(235) МААТО поблагодарила Германию за предоставление этого хорошего примера сотрудничества и взаимодействия между различными заинтересованными сторонами в рамках Договора об Антарктике.

(236) АСОК представила Информационный документ IP 109 *Antarctic Tourism and Protected Areas*, в котором рассмотрены вопросы динамики антарктического туризма и предполагаемое воздействие на окружающую среду. Она отметила, что в документе рассматривается взаимосвязь между охраняемыми районами в широком смысле, а также регулирование и управление туристической деятельностью, и порекомендовала Сторонам учитывать стратегическое использование ООРА и ОУРА для регулирования туристической деятельности в настоящее время и в будущем. Она признала, что ОУРА являются одним из лучших инструментов управления туристической деятельностью, в том числе на субрегиональном уровне. Она отметила, что для этого может оказаться целесообразным расширение территории ОУРА. Она также выразила мнение о том, что можно определять новые ООРА для охраны от туристической деятельности участков, которые соответствуют критериям Статьи 3(2) Приложения V к Протоколу по охране окружающей среды.

(237) Новая Зеландия поприветствовала более стратегический подход к этому вопросу и выразила мнение о том, что эту цепочку рассуждений можно расширить на конкретные примеры районов, которые потенциально оказались под угрозой в связи с ростом туристической деятельности в Антарктике. Великобритания добавила, что ОУРА могут быть полезным инструментом для управления туристической деятельностью во внутренних районах Антарктики, где также проводятся научные исследования и другие виды деятельности. МААТО согласилась, что стратегический подход к использованию охраняемых районов и других инструментов управления участками является важным для решения всех вопросов, связанных со всеми видами деятельности человека в Антарктике, а не только с деятельностью неправительственных организаций.

Деятельность яхт и другая деятельность в Антарктике

(238) Великобритания представила Рабочий документ WP 18 *Инспекция яхт по Договору об Антарктике и Протоколу по охране окружающей среды,* в котором сообщается об инспекциях яхт в Антарктике в течение 2005 г., 2012 г. и сезона 2014/15 г., а также о яхте, которая отказалась от

инспекции. Она отметила, что в соответствии со Статьей VII Договора права доступа для инспекций ограничены «пунктами разгрузки и погрузки груза или персонала в Антарктике». Она также отметила, что нежелательно следовать за яхтами или ждать пока они пристанут к берегу, чтобы провести проверку. Поэтому Великобритания настойчиво обратилась к Сторонам с просьбой высказать свои мнения относительно того, целесообразно ли уточнить, что инспекции яхт могут проводиться в то время, когда яхты находятся в местах потенциальной высадки на берег или стоят на якоре в местах, где возможна высадка, независимо от того, находилась ли яхта в процессе «разгрузки-погрузки грузов или высадки-посадки персонала».

(239) Великобритания отметила, что некоторые Стороны проводили инспекции яхт на протяжении многих лет. Она также отметила, что все яхты, проинспектированные британскими наблюдателями, приветствовали этот процесс, особенно яхты, которые являются членами МААТО. Великобритания сообщила, что кроме яхты, не имеющей разрешения, которая отказалась от инспекции в сезоне 2015 г., больше никаких проблем, связанных с инспекцией яхт, не возникало. Великобритания выразила мнение, что в результате инспекций яхт был получен значительный объем полезной информации, и призвала другие Стороны также проводить инспекции яхт по мере возможности.

(240) Рабочая группа по правовым и институциональным вопросам отдельно обсудила юридический смысл данного документа (см. пункты 84-87).

(241) Совещание поблагодарило Великобританию за представление этого полезного документа, который послужил основой обширных дискуссий по правовым вопросам. Великобритания отметила, что она продолжит привлекать другие Стороны к дальнейшему обсуждению в межсессионный период, прежде чем определить, стоит ли продолжать работу над этим предложением, и если да, то каким образом.

(242) Новая Зеландия представила Информационный документ IP 49 *The unauthorized voyage of* SV Infinity *(2014): Next Steps*, подготовленный совместно с Германией. В документе представлена обновленная информация по мерам, предпринятым Новой Зеландией и Германией в связи с несанкционированным плаванием *п/с «Инфинити»* в 2014 г., о котором Новая Зеландия впервые сообщила на XXXVII КСДА в Информационном документе IP 48. Новая Зеландия отметила, что, несмотря на то что *п/с «Инфинити»* нарушило национальное законодательство, она не могла предпринять меры без экстрадиции

– меры, которую она в данном случае не сочла целесообразной или правильной. В документе отмечается, что против немецкого капитана *п/с «Инфинити»* было возбуждено судопроизводство в связи с несанкционированным входом в ООРА 159 и что это судопроизводство находится в процессе рассмотрения. Сторонам дана рекомендация быть готовыми к несанкционированным плаваниям в районе действия Договора об Антарктике, обмениваться информацией и сотрудничать друг с другом для оказания по мере возможности поддержки в проведении судопроизводства в соответствии с национальными законодательствами.

(243) Германия пояснила, что, несмотря на то, что она возбудила судопроизводство против капитана *п/с «Инфинити»* за несанкционированный вход в ООРА 159, она не может принять никаких дополнительных мер касательно: (1) несанкционированного входа в район действия Договора об Антарктике, так как плавание было организовано не в Германии и происходило не на территории Германии; (2) повреждения исторической хижины, входившей в состав ИМП 22, в связи с недостатком доказательств, что повреждения были нанесены экипажем *п/с «Инфинити»*.

(244) Совещание отметило полезность данного отчета, представленного Германией и Новой Зеландией, а также отметило, что связанные с ним правовые вопросы, будут обсуждены во всей полноте во время работы Специальной рабочей группы по вопросам компетентных органов.

(245) Германия представила Информационный документ IP 64 rev. 1 *The yacht Sarah W. Vorwerk within the Antarctic Treaty area during the season 2014/2015*, подготовленный совместно с Аргентиной. В нем представлен фактический отче о деятельности яхты *«Сара В. Форверк»*, которая зарегистрирована в Германии и не является членом МААТО, с голландским капитаном, который подозревается в совершении несанкционированного плавания в район действия Договора об Антарктике. Сообщается, что в предыдущие годы судну выдавались разрешения от властей Германии, однако ввиду того, что капитан более не является гражданином Германии, а плавание организовывалось не с территории Германии, в данном случае Германия более не является Компетентным органом. Отмечается, что к выполненным видам деятельности также относилось подводное плавание возле острова Десепшен (Тейля). В соответствии с Протоколом по охране окружающей среды и национальным имплементирующим

законодательством экспедиция на яхте *«Сара В. Форверк»* должна была предоставить в Компетентный орган уведомление о намерении совершить экспедицию в Антарктику и ОВОС. Было признано, что группа лиц провела значительные промежутки времени в море без регистрации, что затрудняет определение именно того Компетентного органа, который должен был выдать им разрешения на плавание в Антарктику. Яхта *«Сара В. Форверк»* наблюдалась в Антарктике, однако не ясно, какая Сторона выдала ей разрешение. В документе выражена обеспокоенность касательно несанкционированной деятельности в районе действия Договора об Антарктике и содержится рекомендация заинтересованным Сторонам рассмотреть возможности дальнейшей проработки данного конкретного эпизода.

(246) Несколько Сторон отметили важность данного документа для регистрации сложностей, которые могут возникнуть в случаях с высокомобильными яхтами. Они отметили, что вопросы юрисдикции могут привести к возникновению сложностей в реализации обязательного соблюдения национального законодательства. Они подчеркнули, что сотрудничество между Сторонами имеет большое значение для понимания ситуации, чтобы обеспечить заблаговременную выдачу разрешений на проведение деятельности и решить все вопросы, связанные с такими плаваниями.

(247) Аргентина отметила, что капитан яхты *«Сара В. Форверк»* несколько раз въезжал в страну в качестве туриста и не сообщал властям о своей предполагаемой деятельности, что очень затрудняет привлечение к ответственности. Она также подчеркнула ценность сотрудничества по данным вопросам.

(248) МААТО поблагодарила Стороны за проведенную ими контрольную работу по яхтам, не соответствующим требованиям. Она ответила, что такая контрольная работа представляет важность для ответственных операторов.

(249) Совещание поблагодарило Германию, Аргентину, Великобританию и Новую Зеландию за представление этих документов. Было отмечено, что для всех Сторон было полезным узнать о случаях несанкционированных экспедиций и отметить сложность этих вопросов. Было также отмечено, чтоб более сложные правовые вопросы, касающиеся юрисдикции, будут обсуждены в Специальной рабочей группе по вопросам компетентных органов.

(250) МААТО представила Информационный документ IP 86 IAATO *Guidelines for Sea Kayaking and Underwater activities*. Описанное в документе Руководство МААТО по катанию на каяках и подводной деятельности в море было принято на 26-м заседании МААТО в Роттердаме, которое прошло 28-30 апреля 2015 года, и будет включено в состав Руководства по осуществлению деятельности МААТО в Антарктике на сезон 2015/16 г. и далее. МААТО упомянула в руководстве учтены рекомендации инспекций в рамках Договора, проведенных Чешской Республикой и Великобританией. Франция и Великобритания поблагодарили МААТО за руководство.

(251) Совещание поблагодарило МААТО за представленный ею документ. Некоторые Стороны особо отметили ценность использования такого руководства для обеспечения общих стандартов среди туристических операторов, в то же время признавая, что отдельные операторы должны сохранить за собой полную ответственность за безопасное проведение такой деятельности.

(252) Великобритания особо поприветствовала ссылку МААТО на рекомендацию, содержащуюся в Рабочем документе WP 19 rev. 1, которая призывала МААТО разработать отраслевые руководства по ряду видов деятельности, предпринимаемой пассажирам круизных судов (например, катание на каяках, ныряние с маской и трубкой и подводное плавание).

(253) Франция сообщила Совещанию, что, приняв руководство во внимание, она сохраняет за собой право применять более строгие нормативные требования, чем требования МААТО.

Деятельность, связанная с местами высадки на берег

(254) МААТО представила Информационный документ IP 85 *Report on IAATO Operator Use of Antarctic Peninsula Landing Sites and ATCM Visitor Site Guidelines, 2013-2014 and 2014-15 Season*. МААТО подтвердила, что ее члены по-прежнему заинтересованы в обеспечении лучшего понимания применения разработанных КСДА Правил поведения для посетителей участков посетителями, не являющимися членами МААТО.

(255) Новая Зеландия и США представили Информационный документ IP 102 *Antarctic Site Inventory: Results from long-term monitoring*. В нем представлена обновленная информация по результатам проекта инвентаризации антарктических участков (ASI) по состоянию на

февраль 2015 года. Отмечено, что в рамках проекта ASI наблюдалось быстрое изменение популяций пингвинов Папуа, антарктических пингвинов и пингвинов Адели в западной части Антарктического полуострова, при этом отмечался быстрый рост популяций пингвинов Папуа и их расширение в южном направлении, в то время как популяция двух других видов значительно уменьшилась.

(256) Великобритания особо отметила важность проекта ASI с точки зрения получения данных, имеющих ценность для текущей работы КСДА.

(257) АСОК отметила, что инвентаризация участков является дополнительным ценным механизмом для информирования руководителей туристической деятельностью.

(258) Аргентина представила Информационный документ 128 *Areas of tourist interest in the Antarctic Peninsula and South Orkney Islands region. 2014/2015 austral summer season.* Аргентина сообщила о распространении посещений туристов на регион Антарктического полуострова и Южных Оркнейских островов по данным о плаваниях, совершенных судами во время летнего сезона 2014/15 г. с выходом из порта Ушуая. Она отметила, что со времени XXXIV КСДА она предоставляла информацию о распространении посещений туристов на регион Антарктического полуострова и Южных Оркнейских островов. Она особо отметила, что в данном документе представлена информация о наиболее посещаемых районах в этом регионе.

(259) Аргентина представила Информационный документ IP 132 *Туристическая деятельность на научной станции Браун. Оценка, анализ и меры управления*, в котором содержится обновленная информация о разработке аргентинской программы контроля за туристической деятельностью на научной станции Браун. В нем также отмечено, что станция является одной из наиболее часто посещаемых в Антарктике и что все посещения станции осуществлялись в соответствии с Общим руководством для посетителей Антарктики, принятым Резолюцией 3 (2011 г.). Аргентина проинформировала Совещание о том, что она уже предприняла меры для усовершенствования управления посетителями на станции Браун, включая маркировку троп и осмотр пассажиров с судов. Она отметила важность сотрудничества с туристическими операторами и между ними для содействия работе по усовершенствованию управления туристической деятельностью. Она особо отметила необходимость установления требований к посетителям

для обеспечения проведения всех посещений в соответствии с экологическими мерами.

(260) Совещание поприветствовало документы, представленные МААТО, Новой Зеландией, США и Аргентиной. Было отмечено, что во всех документах содержится ценная информация.

Обзор туризма в Антарктике в сезон 2014/15 гг.

(261) МААТО представила Информационный документ IP 53 IAATO *Overview of Antarctic Tourism: 2013-14, 2014-15 Season and Preliminary Estimates for 2015-16 Season.* Предварительные цифры показывают, что общая картина в сезон 2014/15 гг. (36 702 человека) сопоставима с прогнозом, данным в Информационном документе IP 103 на XXXVII КСДА, и слегка отличается в меньшую сторону по сравнению с окончательными цифрами за сезон 2013/14 гг. (37 405 человек). В прогнозе на 2015/16 гг. указано, что цифры возрастут примерно до 40 029 человек преимущественно вследствие появления двух новых пассажирских судов вместительностью 200 человек и возрастания количества воздушных круизов. Также особо отмечено распределение количества туристов по национальности и обращено внимание на то, что эта цифра сильно зависит от валового внутреннего продукта страны. Среди членов МААТО по-прежнему преобладают туристические операторы из частного сектора. Все коммерческие операторы пассажирских судов, соответствующих требованиям Конвенции СОЛАС, которые ведут туристическую деятельность в районе действия Договора об Антарктике, являются членами МААТО.

(262) Великобритания отметила, что один наземный оператор – Arctic Trucks – недавно перешел под юрисдикцию Компетентного органа Великобритании. Несколько Сторон особо отметили целесообразность того, чтобы все операторы работали под юрисдикцией стран, реализовавших положения Протокола по охране окружающей среды.

(263) Несколько Сторон отметили рост количества воздушных туристических круизов в последнее время и выразили обеспокоенность в связи с такими изменениями. Некоторые Стороны задали МААТО вопросы касательно ее будущих планов по перезаправке судов топливом и бункеровке топлива и материалов в связи с этим ростом.

(264) МААТО пояснила, что ни один из ее операторов не осуществлял ни перезаправку топливом в Антарктике, ни бункеровку топлива или

материалов. Она отметила, что ни один из ее операторов не выражал желания изменить существующую практику в этом отношении.

(265) В ответ на вопрос от АСОК касательно роста количества туристических полевых лагерей по сравнению с предыдущим годом за счет появившихся новых операторов, перечисленных в отчете МААТО, и района операций White Desert и Arctic Trucks МААТО пояснила, что не было основано ни одного нового полевого лагеря. Великобритания сообщила Совещанию, что с удовольствием предоставляет информацию об этой деятельности заинтересованным Сторонам и Наблюдателям.

(266) Совещание поприветствовало этот документ и поблагодарило МААТО за предоставление такой полезной информации Сторонам. Совещание призвало МААТО полноценно участвовать в МКГ по разработке стратегического подхода к экологически ответственному управлению туризмом и неправительственной деятельностью в Антарктике.

(267) Болгария поблагодарила МААТО за логистическую поддержку, оказанную Болгарскому антарктическому институту.

(268) Великобритания представила Информационный документ IP 96 *Data Collection and Reporting on Yachting Activity in Antarctica in 2014-15*, подготовленный совместно с МААТО. В нем сообщалось о количестве яхт, замеченных в Антарктике в течение последнего сезона. Данные были получены из отчетов британской группы на станции Порт-Локрой. Великобритания, МААТО и другие суда предоставили дополнительные данные. По сравнению с предыдущим годом общее количество замеченных яхт несколько увеличилось. В документе отмечается рост количества яхт, не имеющих разрешений. Было замечено шесть таких яхт. Три яхты, не имеющих разрешения, были зарегистрированы под флагом государств, которые имплементировали Протокол по охране окружающей среды; три яхты были зарегистрированы под флагом государств, которые не присоединились к Протоколу по охране окружающей среды. В документе содержится призыв к Сторонам продолжать обмениваться информацией о деятельности яхт, которым они выдали разрешения, в том числе с использованием функции СЭОИ Информация до начала сезона (Pre-Season Information) и отчетов о посещении участка в соответствии с Резолюцией 5 (2005 г.). МААТО по-прежнему будет рада получать информацию о яхтах операторов, не являющихся членами МААТО, которые получили разрешения.

(269) Несколько Сторон отметили, что присутствие в Антарктике яхт, не получивших разрешение, становится все более и более возрастающей проблемой. Франция указала на серую зону туризма, в которой ведется несанкционированная деятельность с участием операторов, не являющихся членами МААТО и возможно зарегистрированных под флагом государства «удобной регистрации». Они отметили, что некоторые капитаны по всей видимости ничего не знали ни об опасностях навигации, ни о трудностях проведения SAR в водах Антарктики. Они отметили, что SAR обременяют ресурсы Национальных антарктических программ, туристических судов, имеющих разрешение и легально действующих промысловых судов.

(270) В ответ на вопрос АСОК касательно коммерческой деятельности яхт операторов, не являющихся членами МААТО, последняя сообщила, что половина из яхт операторов, не являющихся членами МААТО, которые имеют разрешение, регулярно, хотя и не круглогодично, совершала чартерные рейсы в водах Антарктики

(271) Совещание поблагодарило МААТО и Великобританию за представленные ими документы. Совещание признало, что рассмотрение вопросов, касающихся деятельности яхт в Антарктике, является высокоприоритетной темой, которая должна оставаться на повестке дня. Совещание признало, что технические функции СЭОИ в текущий момент находились на пересмотре, и попросило Секретариат ежегодно для каждого сезона создавать на сайте страницу с перечнем яхт, судов и самолетов, имеющих разрешение.

(272) Аргентина представила Информационный документ IP 126 *Report on Antarctic tourist flows and cruise ships operating in Ushuaia during the 2014/2015 Austral summer season*. В документе содержится информация о круизных судах, проходящих через Ушуаю, в том числе об их количестве и пассажировместимости. Также были указаны национальности туристов, количество членов экспедиций и государства регистрации судов, ведущих деятельность в Антарктике. Всего в Антарктику через Ушуаю попали 36 625 пассажиров на борту 28 судов. Общее количество пассажиров было на 1,4 % меньше, чем в сезон 2013/14 гг. Аргентина прокомментировала, что информация была основана на декларациях судов, предоставленных портовым властям Аргентины.

(273) Аргентина представила Информационный документ IP 127 rev. 1 *Non-commercial pleasure and/or sport vessels that travelled to Antarctica through Ushuaia during the 2014/2015 season*. Аргентина отметила, что после

XXXVI КСДА она предоставляла информацию по некоммерческим рекреационным судам, совершающим туры в Антарктику через Ушуаю. В документе сообщалось о: количестве прогулочных или спортивных катеров, вышедших в Антарктику из Ушуаи; продолжительности сезона; определенных парусных судах; а также количестве и национальности людей, путешествующих на борту этих парусных судов в Антарктику.

(274) Совещание поблагодарило Аргентину за предоставление этой полезной информации. МААТО также отметила, чтоб сбор данных из множества источников бел полезен в целях проверки и для обеспечения точности информации.

Специальная рабочая группа по вопросам Компетентных органов

Пункт 1: Введение

(275) На XXXVI КСДА было принято Решение 5 (2013 г.) *Многолетний стратегический план работы (МСПР) для Консультативного совещания по Договору об Антарктике*, предназначенное для дополнения Повестки дня и выполнения роли вспомогательного средства для КСДА в определении первоочередных вопросов с целью обеспечения более эффективной и плодотворной работы. XXXVII КСДА решило провести специальное заседание по вопросам компетентных органов, касающимся туристической и неправительственной деятельности в Антарктике, а также посредством Решения 3 (2014 г.) обновило Многолетний стратегический план работы. Было принято решение создать на XXXVIII КСДА на один день Специальную рабочую группу. В задачи Специальной рабочей группы входило: обеспечить Сторонам, Наблюдателям и Экспертам возможность обмена опытом в конкретных рассматриваемых областях; обсудить реализацию Протокола по охране окружающей среды; а также обсудить области унификации для определения будущего направления.

(276) Заседание Специальной рабочей группы по вопросам компетентных органов на XXXVIII КСДА было проведено в понедельник, 8 июня 2015 года в г. Софии, Болгария. Председателем Специальной рабочей группы была Биргит Ньостад (Birgit Nj stad) (Норвегия) (Документ Секретариата SP 16 rev.1).

(277) Для Специальной рабочей группы были представлены и приняты следующие документы:

i. Информационные документы, обобщающие национальные процессы выдачи разрешений

- Информационный документ IP 4 *Special WG on Competent Authorities issues: Summary of the United Kingdom's Antarctic Permitting Process* (Великобритания). В данном документе сообщается о реализации положений Договора об Антарктике и Протокола по охране окружающей среды (включая Приложения I-VI) в законодательстве Великобритании посредством принятия Антарктических актов Великобритании от 1994 г. и 2013 г. и соответствующих Антарктических нормативных положений.

- Информационный документ IP 6 rev. 1 *Special WG on Competent Authorities issues: Summary of Japan's Certification Process of Antarctic Activity* (Япония). В данном документе описан японский процесс сертификации деятельности в Антарктике и последние тенденции. В нем также сообщается о некоторых сложностях, с которыми Япония столкнулась в процессе сертификации, несмотря на малое количество ежегодных заявлений, поданных неправительственными операторами.

- Информационный документ IP 36 *Special WG on Competent Authorities session - Brief summary of the French competent authority domestic process* (Франция). В документе описан процесс выдачи разрешений Компетентным органом Франции.

- Информационный документ IP 38 *Special WG on Competent Authorities Issues - Summary of South Africa's Antarctic Authorisation Process* (ЮАР). В данном документе сообщается об Акте ЮАР по Договору об Антарктике № 60 от 1996 г., посредством которого Договор об Антарктике и Протокол по охране окружающей среды интегрированы в законодательство ЮАР. В документе также описан процесс ЮАР по выдаче разрешений для осуществления деятельности в Антарктике.

- Информационный документ IP 72 *Proceso de autorizaci n de actividades no gubernamentales en la Ant rtica.* [Процесс выдачи разрешений для осуществления неправительственной деятельности в Антарктике] (Чили). В данном документе сообщается о процессе выдачи разрешений, применимом к неправительственной деятельности, осуществляемой гражданами Чили или организуемой на территории Чили, для обеспечения соответствия положениям Протокола по охране окружающей среды и дополнительным правилам по охране окружающей среды Антарктики.

- Информационный документ IP 81 *Special WG on Competent Authorities issues - Summary of the United States Framework for Regulation of Antarctic Tourism* (США). В данном документе представлен обзор действующих в США руководящих принципов для регулирования деятельности туристических экспедиций США в Антарктику. США реализовали положения Протокола посредством принятия законов и нормативных положений и заинтересованы в сведении к минимуму воздействия на окружающую среду, оказываемого туристами и туристическими операторами из США.

- Информационный документ IP 108 *Special WG on Competent Authorities Issues - Summary of Canada's Antarctic Permitting System* (Канада). В данном документе сообщается о канадском Акте об охране окружающей среды Антарктики (AEPA) (2003 г.) и соответствующих Нормативных положений по охране окружающей среды Антарктики, посредством которых реализованы положения Договора об Антарктике и Протокола. В документе также сообщается о количестве разрешений, выдаваемых ежегодно антарктическим туристическим операторам, научным экспедициям и экспедициям экстремального туризма.

- Информационный документ IP 117 *Special WG on Competent Authorities issues - Summary of Parties' competent authority domestic process* (Норвегия). В данном документе представлен обзор кратких сводок по национальному процессу, которые Стороны представили Специальной рабочей группе по вопросам компетентных органов. Также отмечено, что ответы представили 13 из 37 Сторон, ратифицировавших Протокол по охране окружающей среды.

ii. Информационные документы, содержащие описание примеров и опыта, имеющих отношение к повестке дня Специальной рабочей группы по вопросам компетентных органов.

- Информационный документ IP 35 *Special WG on Competent Authorities session - French issues and experiences of relevance to the paragraphs III to VII of the agenda* (Франция). В данном документе рассмотрены вопросы, имеющие отношение к Компетентному органу Франции, в связи с пунктами повестки дня Специальной рабочей группы по вопросам компетентных органов III, IV, V, VI и VII.

- Информационный документ IP 54 *Special WG on Competent Authorities Issues - Agenda Item V - Development of Domestic Guidance on Emergency Preparedness, Response Planning and Insurance*

Requirements (Measure 4 (2004)) (Новая Зеландия). В документе представлена информация о национальном руководстве Новой Зеландии для лиц, подающих заявки по вопросам готовности к чрезвычайным ситуациям, планирования мер реагирования и требований по страхованию (Мера 4 (2004 г.).

- Информационный документ IP 58 *Special Working Group on Competent Authorities issues - Examples and Issues from the United Kingdom* (Великобритания). В данном документе описаны некоторые примеры недавних вопросов, возникших при работе Компетентного органа Великобритании в связи с реализацией положений Договора и Протокола: заявления на проведение дополнительных видов деятельности экспедициями, получившими разрешение от другой Консультативной Стороны; заявления, связанные с относительно необычными или потенциально очень рискованными видами деятельности; заявления, связанные с активами или операторами от лиц, не имеющих отношения к Сторонам Договора об Антарктике; а также деятельность представителей Великобритании в Антарктике, на которую не было получено заявление.

- Информационный документ IP 66 *Special Working Group on Competent Authorities session – German contribution* (Германия). В данном документе отмечены некоторые вопросы, в числе которых: вопрос о том, отказывали ли другие Стороны в выдаче разрешений на экстремальную туристическую деятельность в прошлом; а также какие специальные оговорки и условия по выдаче разрешений использовались Сторонами для урегулирования такой деятельности.

- Информационный документ IP 75 *Special WG on Competent Authorities session - An illustration of successful cooperation between NCAs* (Чили и Франция). В данном документе сообщается об опыте деятельности, осуществлявшейся гражданами Франции в течение сезона 2014/15 г. После отказа Национального органа Франции в выдаче разрешения на осуществление деятельности экспедиция попыталась получить разрешение у Компетентного органа Чили. Благодаря хорошей связи и сотрудничеству между чилийскими и французскими органами деятельность была проконтролирована и в конечном итоге проведена в соответствии с антарктическими нормативными положениями.

- Информационный документ IP 95 *Special WG on Competent Authorities session - Implementing the Madrid Protocol. Dutch experiences and questions for the ATCM workshop of Competent Authorities* (Нидерланды). В данном документе сообщается о процессе реализации положений Договора и Протокола в голландском законодательстве посредством принятия Акта об охране Антарктики от 1998 г.

- Информационный документ IP 107 *Special WG on Competent Authorities Issues - Recent Canadian Permitting Issues* (Канада). В данном документе сообщается о недавно выданных Канадой разрешениях на морской туризм, летную поддержку научных исследований и одиночную экстремальную экспедицию. В ходе выдачи разрешений Канада выявила ряд областей, в которых возможно была бы целесообразна дополнительная руководящая или координационная поддержка других Сторон. Сюда относятся экстремальный туризм, использование БПЛА, участие граждан Канады в турах, организованных другими Сторонами, подбор выгодной юрисдикции и деятельность, связанная с национальными базами.

- Информационный документ IP 123 *Special WG on competent Authorities session - Experiences and examples from the Norwegian competent authorities* (Норвегия). Норвегия считает, что совместная оценка всех аспектов деятельности могла бы обеспечить лучший подход к вопросам, подлежащим рассмотрению. Сюда относятся воздействие на окружающую среду, планы действий в чрезвычайных ситуациях и страхование.

iii. Другие документы, представленные КСДА, которые могут послужить материалом для дискуссий на заседании Специальной рабочей группы

- Информационный документ IP 37 *French measures to increase the security of tourism and non-governmental activities in the Antarctic* (Франция). В данном документе сообщается, что в соответствии с нормативными положениями, принятыми КСДА, и ввиду растущего количества заявок, касающихся деятельности, сопряженной с высоким уровнем риска для человеческой жизни, Компетентный орган Франции утвердил приказ от 12 февраля 2015 года, в котором установлено, что руководители экспедиций должны оценивать риски запланированной деятельности, а Национальный компетентный орган в ходе выдачи разрешений должен учитывать вопросы безопасности.

- Информационный документ IP 49 *The unauthorised voyage of the* SV Infinity *(2014): Next Steps* (Новая Зеландия и Германия). В документе описано несанкционированное плавание п/с «Инфинити» в море Росса в начале 2014 г. и представлена обновленная информация по мерам, предпринятым Новой Зеландией и Германией в связи с этим плаванием.

- Информационный документ IP 64 rev. 1 *The yacht* Sarah W. Vorwerk *within the Antarctic Treaty area during the season 2014/2015* (Германия и Аргентина). Данный документ был представлен со ссылкой на пункт 4 Статьи 13 Протокола касательно обмена информацией по деятельности, влияющей на реализацию положений Протокола. В документе представлен фактический отчет о деятельности п/с «Сара В. Форверк». Существует подозрение, что в декабре 2014 года яхта совершила плавание в районе действия Договора об Антарктике без разрешения.

- IP 65 *Alleged Solo Expedition to the South Pole by a German National* (Германия). В документе описано сотрудничество между Компетентными органами, Сторонами и логистическими компаниями в связи с якобы проводившейся экспедицией на Южный полюс гражданина Германии Мартина С. в январе 2015 года.

Пункт 2: Взгляды с перспективной точки зрения туристических операторов (заявителей) Международной ассоциации антарктических туристических операторов (МААТО)

(278) МААТО предоставила обзор вопросов по Компетентным органам с перспективной точки зрения туристических операторов (заявителей), отметив, что деятельность операторов МААТО была оценена 14 разными Компетентными органами. Было проведено сопоставление различные подходов Компетентных органов в сфере деятельности членов МААТО, при этом МААТО отметила, что разные подходы создали некоторые затруднения, однако и дали определенные преимущества с точки зрения поддержки Системы Договора об Антарктике. МААТО отметила, что с ее перспективной точки зрения главным аспектом в обеспечении успешной работы системы выдачи разрешений является хорошая связь со всеми заинтересованными сторонами, так как это обеспечивает прозрачность и четкое понимание различных функций и сфер ответственности.

(279) Совещание поблагодарило МААТО за презентацию и за предоставленную ценную информацию и аналитические материалы, отметив, что в целом это послужит хорошим материалом для дальнейших обсуждений.

Пункт 3: С какими вопросами сталкивались Компетентные органы Сторон при работе с мероприятиями при участии представителей нескольких государств и (или) организаций?

Пункт 4: С какими вопросами сталкивались Компетентные органы Сторон при работе с мероприятиями, в рамках которых различные аспекты деятельности обрабатывались (утверждались, разрешались) разными национальными органами?

(280) Совещание обсудило ряд вопросов, с которыми сталкивались Национальные компетентные органы (НКО), связанных с определением факта выдачи разрешения на осуществление деятельности другим НКО и способов предотвращения двойной выдачи разрешения или отсутствия разрешения. К их числу относятся:

- вопрос выдачи нескольких разрешений;

- качество механизмов связи между НКО;

- ограничения СЭОИ касательно необходимой информации по Компетентным органам, сведениям об экспедиции, выдаче разрешений, информации по отказам в выдаче разрешения и обновленного перечня контактных данных НКО;

- необходимость рассмотрения вопроса подбора выгодной юрисдикции и судов, плавающих под флагом третьей стороны;

- трудности с доступом к перечням отказов в выдаче разрешения и понимание причин таких отказов;

- целесообразность для НКО предоставлять информацию Сторонам, отвечающим за координацию SAR в Антарктике, касательно планируемой деятельности, которая будет происходить в их районе;

- проблемы связанные с обязательным исполнением соответствующих положений национального законодательства;

- отсутствие прогресса в ратификации Приложения VI к Протоколу по охране окружающей среды;

- посещение станций при участии нескольких НКО;

- выдача разрешений, непосредственно связанных с экстремальной спортивно-туристической деятельностью; а также

- затруднения, связанные с экспедициями, состоящими как из неправительственных, так и правительственных посетителей.

(281) Ввиду признания вопроса связи и своевременного уведомления об осуществлении деятельности общей темой и обеспокоенностью, присущей всем Сторонам, было достигнуто обширное соглашение о продолжении работы по обновлению СЭОИ с целью обеспечения большего удобства работы с ней, большей актуальности и многогранности. Было высказано мнение, что СЭОИ следует использовать для разработки еще более доступной подробной информации по: выдаче разрешений на осуществление деятельности; контактной информации Компетентных органов; санкционированной деятельности, в которой принимают участие граждане из государств разных Сторон; а также для разработки перечня отказов в выдаче разрешения на осуществление деятельности. Стороны также порекомендовали разместить контактную информацию Компетентных органов на веб-сайте Секретариата. Также было предложено укрепить связь с НКО, отвечающими за координацию SAR в Антарктике.

(282) Секретариат проинформировал Совещание о том, что у него есть возможности и средства для расширения контактной базы данных с целью внесения в нее динамичной и подробной контактной информации Компетентных органов согласно предложениям Сторон.

(283) Совещание обсудило ряд вопросов о том, как определить, какой НКО отвечает за выдачу разрешения на осуществление конкретного вида деятельности. Совещание отметило, что не всегда понятно, какой НКО отвечает за выдачу разрешения на осуществление предлагаемой неправительственной деятельности, и отметило сложности, возникавшие, например, при обращении как минимум в два НКО касательно выдачи разрешения на один и тот же вид деятельности.

(284) Было отмечено, что в случае с круизными судами и наземным туризмом, как правило, ответственным лицом считался оператор, а не отдельные туристы. Более сложно определить ответственное лицо было в случае небольших экспедиций, таких как плавание на яхтах, единичная деятельность и экстремальный туризм.

(285) Некоторые Стороны также отметили сложности в привлечении своих граждан к ответственности за несанкционированную деятельность. К сложностям, связанным с привлечением к ответственности граждан, не имеющих разрешения, относились: обращение с лицами с несколькими гражданствами, ограничения в национальном законодательстве, которое регулирует только деятельность, организованную в собственной стране, а также разные уровни участия организаторов деятельности

и ответственных за ее осуществление. Одним из предложений было обсудить на Совещании нормативный документ, например Меру по сохранению АНТКОМ 10-08 (2009 г.), который послужил бы основой обеспечения соответствия граждан договаривающейся стороны мерам по сохранению АНТКОМ. Еще одним предложением было рассмотреть понятие «незаконного, незарегистрированного и нерегулируемого» туризма.

(286) В случаях, когда в получении разрешения на осуществление деятельности участвовали операторы из более чем одной Стороны, Совещание отметило важность двухсторонней связи между соответствующими НКО. Это должно быть сделано в дополнение к использованию СЭОИ.

(287) К возможным вариантам действий по данному вопросу относилось рассмотрение таких мер, как: последующий контроль граждан, участвующих в несанкционированной деятельности; сообщение о результатах наблюдений в полевых условиях и мониторинг несанкционированной деятельности; изучение масштабов несанкционированной деятельности; разработка принципов обмена данными между НКО, в том числе случаев начала обмена данными; а также скоординированное и своевременное предоставление отчетов через СЭОИ.

(288) Совещание отметило ряд примеров, которые демонстрируют, что тот или иной вид деятельности зачастую определялся как сочетание одного или нескольких отличительных подвидов деятельности. Также было отмечено, что с перспективной точки зрения НКО было важно обеспечить надлежащее рассмотрение всех аспектов деятельности и в то же время обеспечить, чтобы ни один из аспектов деятельности не рассматривался более чем одной Стороной.

(289) Основываясь на предыдущем опыте и обмене информацией, Стороны подняли различные вопросы, касающиеся определения подвидов деятельности и выдачи на них разрешений. К их числу относятся:

- учет различных национальных процедур и законодательства НКО;

- внесение поправок в заявления о получении разрешения на осуществления вида деятельности после выдачи разрешения; а также

- разработка принципов на случай необходимости взаимосвязи и консультаций с другими Сторонами.

(290) Совещание отметило, что после получения уведомления о подобном подвиде деятельности НКО иногда может быть сложно определить, рассматривался ли такой подвид деятельности в составе вида деятельности, на который уже выдано разрешение, или же его следует рассматривать как отдельный вид деятельности, на который необходимо отдельное разрешение. Это может быть особо сложной задачей, если первоначальный (больший) вид деятельности был утвержден другой Стороной. Несколько Сторон выразили обеспокоенность в связи с тем, что одна часть деятельности может быть тесно связана с другими частями деятельности таким образом, что определить, кто отвечает за деятельность, представляется сложным. Был приведен ряд примеров, таких как запоздалые заявки на использование БПЛА или заявки на дополнительное разрешение плавания и подводного плавания.

(291) Совещание считает, что вид деятельности может быть определен как «подвид деятельности», если он выходит за рамки основного вида деятельности, на который изначально получено разрешение, или если это – вид деятельности, в котором лицо, запросившее изначальное разрешение, не имеет контролирующей компетенции, например в случае неправительственной научной деятельности с использованием туристических судов для выполнения работы на берегу. В этом и аналогичных случаях может потребоваться отдельное разрешение на подвид деятельности, а это может оказаться проблематичным, если операторы с неохотой подают заявление на получение дополнительного разрешения или переподают заявление. Некоторые Стороны отметили, что при разделении видов деятельности возникают определенные риски касательно процесса контроля всех осуществляемых видов деятельности. Совещание признало сложности, связанные с выдачей разных разрешений для аналогичных или взаимосвязанных видов деятельности, и тот факт, что в принципе НКО должны, насколько это возможно, оценивать все виды деятельности в совокупности.

(292) Совещание отметило ценность отчетов о посещении, предусмотренных в Резолюции 6 (2005 г.) в Форме Отчета о посещении участка Антарктики, для определения степени соответствия предложенной деятельности и состоявшейся деятельности. Отчеты о посещениях также использовались в качестве основания для оценки обновления разрешений. Совещание поприветствовало дальнейшее обсуждение отчетов о посещении и возможности более широкого обмена этой информацией.

(293) Совещание провело плодотворные дискуссии по видам деятельности, в которые входили несколько подвидов деятельности. Была достигнута общая договоренность, что в процессе выдачи разрешения или уведомления лучше всего будет рассматривать вид деятельности во всей его совокупности, однако было признано, что это не всегда возможно. Совещание также обсудило необходимость всестороннего рассмотрения планов действий в чрезвычайных ситуациях для экспедиций, включая услуги по страхованию и SAR.

(294) Совещание обсудило обстоятельства, которые могли бы обеспечить возможность подбора выгодной юрисдикции. Было отмечено, что у Сторон имеются нюансы в интерпретации и реализации положений Протокола по охране окружающей среды, которые могут привести к различиям в стандартах и критериях оценки. Также было отмечено, что в случаях, когда в каком-либо виде деятельности должны участвовать граждане нескольких государств, можно назначить организатора, который мог бы обратиться за разрешением к Стороне, где существует наибольшая вероятность положительного результата подачи заявления. Совещание отметило, что участникам какого-либо вида деятельности, которые могут продемонстрировать, что эта деятельность уже получила разрешение от другой Стороны, не требуется получение разрешения от своей собственной Стороны. Установив, что такая деятельность фактически получила необходимые разрешения, для выдачи разрешения или уведомления Компетентному органу может потребоваться связаться с коллегами в Компетентном органе другой Стороны, но может оказаться слишком поздно отменять процесс рассмотрения заявления.

(295) Совещание отметило существование положительных и отрицательных аспектов, связанных с подбором выгодной юрисдикции. Эта практика может продуктивно использоваться для установления над операторами из стран, которые не реализовали положения Протокола по охране окружающей среды, контроля Сторон, которые их реализовали. Также было отмечено, что обсуждение подбора выгодной юрисдикции было целесообразным, однако масштаб данного вопроса был не совсем понятен. Признавая, что подбор выгодной юрисдикции является важной темой, Совещание отметило необходимость дальнейшего изучения масштаба данного вопроса. Совещание выразило мнение, что оно сможет с готовностью разработать способы реализации двух предложенных механизмов с целью уменьшения негативного подбора выгодной юрисдикции посредством увеличения обмена информацией. Совещание выразило обеспокоенность тем, что такие вопросы,

скорее всего, только возрастут по мере дальнейшей диверсификации человеческой деятельности в Антарктике и дальнейшей разработки национальных руководящих принципов касательно оценки различных видов деятельности в Антарктике. Кроме этого, было отмечено, что подбор выгодной юрисдикции также мог бы быть актуальным вопросом в случае, когда участники деятельности из одного государства ищут возможность получить разрешение в другом государстве ввиду того, что их национальные процедуры/требования/стратегии считаются ограниченными.

(296) Состоялся обмен информацией и опытом, в ходе которого Стороны обсудили один яркий пример подбора выгодной юрисдикции организатором потенциально рискованной экстремальной туристической деятельности. Участвовавшие Стороны отметили, что эффективное взаимодействие и сотрудничество стали решающим фактором, обеспечившим то, чтобы эта деятельность в Антарктике не состоялась. Стороны также отметили важность сотрудничества с соответствующим MRCC при получении такого заявления. Они также отметили, что в этом случае организатор осуществил две неудачных попытки получить разрешение в Компетентном органе одной Стороны. Эта Сторона затем четко уведомила других, что в удовлетворении заявления было отказано по ряду причин, в том числе связанных с вопросами безопасности и материальной ответственности. Затем еще одна Сторона обнаружила участников этой деятельности в последнем порту по пути следования в Антарктику, где им сообщили, что у них не было необходимого разрешения на эту деятельность. После этого организатор попытался подать заявление Компетентному органу этой второй Стороны. Заявление принято не было, и экспедиция в Антарктику не попала.

(297) Совещание обсудило два потенциальных механизма усовершенствования взаимосвязи для уменьшения частоты случаев потенциально негативного подбора выгодной юрисдикции. Первый предусматривает добавление в СЭОИ механизма, предупреждающего все НКО об отказе удовлетворения заявления, чтобы сообщить о возможном подборе выгодной юрисдикции. Было отмечено, что такое официальное уведомление было очень кстати в приведенном выше примере. Второй механизм предусматривает создание неофициального механизма для Компетентных органов для обсуждения потенциально проблематичных экспедиций перед принятием официального решения. Было высказано мнение, что это можно обеспечить, создав на веб-сайте СДА защищенный паролем форум, посвященный этому вопросу, к

которому будут иметь доступ только Компетентные органы. Совещание согласилось, что обсуждение экспедиций на таком раннем этапе могло бы решить многие вопросы еще до их возникновения.

(298) Совещание подчеркнуло важность взаимодействия и обмена информацией в случаях участия в какой-либо деятельности граждан или организаций из разных государств. Ранее уже была признана необходимость взаимодействия между НКО и Сторонами в таком случае, что в последний раз было выражено в Резолюции 3 (2004 г.). В Резолюции Сторонам была дана рекомендация: обмениваться информацией о деятельности, которая потенциально может иметь последствия для других Сторон; проводить необходимые консультации с соответствующими Сторонами в процессе оценки такой деятельности и, по мере возможности, до принятия решения о санкционировании этой деятельности или выдачи разрешения на ее проведение; а также назначить для Секретариата по одному контактному лицу, ответственному за информацию о туризме и неправительственной деятельности в Антарктике. Ввиду вопросов, упомянутых Сторонами, было высказано мнение о том, что все еще есть возможности усовершенствования реализации этих резолюций.

(299) Руководствуясь Резолюцией 3 (2004 г.) *Туризм и неправительственная деятельность: расширение сотрудничества между сторонами* и Резолюцией 6 (2010 г.) *Совершенствование координации поиска и спасания на море в районе действия Договора об Антарктике,* Совещание отметило, что обе эти резолюции представляют ценность, однако их можно обновить для улучшения взаимодействия. В частности, Совещание отметило, что в Резолюции 3 (2004 г.) содержится перечень контактных лиц от каждой Стороны, ответственных за туристическую деятельность, однако не во всех случаях эти контактные лица являются Компетентными органами. Ссылаясь на Резолюцию 6 (2010 г.) Совещание отметило, что было бы также целесообразно разместить эту информацию и перечень контактных данных пяти антарктических RCC на веб-сайте Секретариата Договора об Антарктике.

(300) На основании этого обмена мнениями Совещание выразило мнение, что решением этого вопроса было бы создание перечня контактных данных Компетентных органов и всеобъемлющего перечня контактных данных пяти соответствующих MRCC и RCC. Также была отмечена целесообразность изучения способов обмена опытом, полученным после завершения различных случаев.

Пункт 5: С какими вопросами сталкивались Компетентные органы Сторон при оценке вопросов безопасности, связанных с деятельностью?

(301) Совещание отметило рост деятельности в Антарктике. Также было отмечено, что новые виды деятельности, особенно связанные со спортом и экстремальным туризмом, представляли риски и что у Компетентных органов может быть недостаточно информации о сопутствующих рисках. Совещание также отметило, что податели заявлений часто недооценивали сопутствующие риски, что требовало более глубокого изучения вопроса со стороны НКО и более широкого взаимодействия с подателями заявления по этой теме. Совещание отметило примеры сотрудничества между НКО, в которых присутствовал подбор выгодной юрисдикции в связи с отказами в выдаче разрешения, и согласилось, что расширение сотрудничества между НКО было главной задачей для недопущения потенциально рискованных несанкционированных экспедиций в Антарктику.

(302) Совещание отметило, что в свете Резолюции 4 (2004 г.) выявление «достаточного опыта» при оценке заявлений может представлять определенные трудности. Было отмечено, что понимание термина «достаточный опыт» могло бы стать основным фактором для понимания некоторых аспектов безопасности предлагаемой деятельности. Стороны также отметили, что по мере диверсификации видов деятельности оценка заявлений и определение обеспечения безопасности участников и охраны окружающей среды может представлять все большие трудности. Некоторые Стороны привели примеры ситуаций, в которых оценка безопасности деятельности была затруднительной. Совещание отметило, что пяти соответствующим MRCC и RCC придется играть крайне важную роль в обеспечении безопасности участников и окружающей среды, и к ним можно обратиться за консультацией. Некоторые Стороны отметили, что каждый отдельный вид деятельности должен оцениваться на предмет конкретного риска и сравниваться с матрицами оценки риска, разработанными для этой цели. Стороны также выразили мнение, что для отдельных видов деятельности для обеспечения их всесторонней оценки может потребоваться дополнительная информация, касающаяся рисков, например специальные сертификаты медицинской экспертизы. МААТО отметила, что она уже разработала образец такого медицинского контрольного перечня для своих Членов, подчеркнув важность того,

что операторы должны знать своих клиентов и предлагаемый вид деятельности, чтобы соответствующим образом подстроить под них свои средства медицинской экспертизы. Совещание признало, что для лиц, осуществляющих деятельность, важно быть осведомленными о ситуации и особенностях полевых условий и быть максимально автономными в части как предотвращения чрезвычайных ситуаций, так и реагирования на них в случае их возникновения. Совещание отметило, что потенциально рискованная деятельность, осуществляемая неправительственными организациями, также представляет риск для Национальных антарктических программ. Было отмечено, что в случае возникновения чрезвычайной ситуации может потребоваться отвлечение ресурсов Национальных антарктических программ от их основных задач для оказания помощи в чрезвычайной ситуации.

(303) Среди возможных решений этих вопросов было предложено пересмотреть Специальные правила поведения для посетителей участков и включить в них определение рисков, связанных с деятельностью на воде, а также разработать руководства для оценки осуществления конкретных видов деятельности в Антарктике.

(304) Была отмечена важность и необходимость продолжения дискуссий и обмена информацией на Совещании. Совещание признало необходимость дальнейших дискуссий для понимания элементов Меры 4 (2004 г.), в том числе необходимость лучшего понимания или определения терминов «достаточный опыт» и «достаточные медицинские требования». Ссылаясь на Резолюцию 7 (2014 г.), Совещание также призвало Стороны ввести в действие Меру 4 (2004 г.), чтобы ее положения могли быть полностью реализованы. Совещание выразило намерение изучить возможность разработки нового руководства для анализа видов деятельности.

(305) Сторонам также была дана рекомендация контролировать социальные медиа, такие как веб-сайты или блоги экспедиций, для получения информации о неправительственной деятельности. НКО также была дана рекомендация сообщать актуальную информацию своим коллегам.

(306) Признавая, что многие НКО разработали руководства или условия/оговорки в разрешениях, связанных с процедурами оценки, Совещание отметило целесообразность обмена такими инструментами и сочло подходящим для этой цели форум по обмену информацией. Это можно реализовать с помощью списка рассылки Компетентных органов.

МААТО напомнила Сторонам об информационном документе IP 72 rev.1, представленном на XXV КСДА, в котором были перечислены различные руководства, имеющиеся у ее членов, и отметила свое желание участвовать во всех видах обмена информацией. Совещание отметило ценность отраслевых руководств МААТО, прошедших экспертную оценку, и призвало МААТО продолжать обмениваться руководствами с КСДА, чтобы НКО могли использовать их для оценки предложений от операторов, не являющихся членами МААТО.

Пункт 6: Какие вопросы/проблемы, имеющие большее значение/интерес и касающиеся различных типов деятельности, решили Компетентные органы Сторон?

(307) Совещание обсудило ряд вопросов, с которыми столкнулись НКО при оценке растущей диверсификации новых видов деятельности. К их числу относятся:

- отсутствие руководств или информации по видам деятельности, с которыми конкретные НКО ранее не сталкивались, таким как катание на лыжах с кайтом, ныряние с маской и трубкой и спортивное рыболовство;
- способы работы с лицами в Национальных антарктических программах, участвующими в рекреационной деятельности;
- потенциально рискованная экстремальная туристическая деятельность, замаскированная в заявлении как научная деятельность;
- отсутствие согласованной позиции между Сторонами Договора, особенно что касается потенциально рискованной деятельности для окружающей среды и безопасности окружающей среды;
- существование различных типов деятельности, которые добавились к разнообразию поведения и взаимодействия с окружающей средой;
- сложность регулирования и прогнозирования типов взаимодействия с окружающей средой в отношении новых видов деятельности;
- необходимость всестороннего описания видов деятельности;
- необходимость рассмотрения суммарного воздействия при оценке предлагаемого спектра деятельности;
- сложности, связанные с недопущением проведения несанкционированных экспедиций; а также
- диверсификация инициаторов деятельности.

(308) Совещание предложило сконцентрировать внимание на риске, а не на конкретных типах деятельности, отметив согласованность этого подхода с положениями Протокола по охране окружающей среды. Совещание также определило распространение требований и применимость Протокола к новым инициаторам деятельности в районе действия Договора об Антарктике как важный шаг в решении вопроса диверсификации инициаторов.

(309) Некоторые Стороны отметили, что существование активов и операторов от лиц, не имеющих отношения к Сторонам Договора об Антарктике, представляет собой непреходящую проблему для всестороннего урегулирования деятельности в Антарктике.

(310) Отметив сложность этих вопросов, Совещание предложило продолжить их рассмотрение и обсуждение в будущем.

Пункт 7: Столкнулись ли Компетентные органы Сторон с проблемами/вопросами при рассмотрении деятельности в свете цели и принципов Протокола и других соответствующих рекомендаций КСДА?

(311) Совещание рассмотрело, каким образом НКО учли общие принципы Протокола по охране окружающей среды, установленные в Статье 3 (1). Так как в Протоколе нет особых указаний о том, как внедрить эти принципы в санкционирование деятельности, Совещание отметило, как диверсификация разрешенных в Антарктике видов деятельности создала дополнительные сложности для НКО. Совещание обсудило случаи, в которых деятельность не поощрялась или было отказано в выдаче разрешений на основании принципов Протокола и других соответствующих рекомендаций КСДА.

(312) Совещание рассмотрело примеры случаев, когда выдача разрешения была отложена или в выдаче было отказано в результате того, что деятельность не согласовывалась с принципами, изложенными в Статье 3 (1) Протокола. Некоторые НКО прокомментировали, что они не поощряли заявления на осуществление деятельности, которая не согласовывается с их национальными руководящими принципами и законодательством. Другие стороны отказали в выдаче разрешения по ряду причин, включая вопросы соблюдения процедуры, вопросы безопасности, потенциального воздействия на окружающую среду и нарушения законодательства, связанные с ценностями первозданной

природы и эстетическими ценностями. Некоторые Стороны отметили, что первозданные ценности Антарктики, включая ценности дикой природы и эстетические ценности, были включены в национальное законодательство, после чего проинформировали о работе НКО. Дальнейшее определение ценностей, охраняемых согласно Протоколу, таких как дикая природа, и информация о роли этих ценностей в оценке деятельности в Антарктике помогут НКО в процессе выдачи разрешений, в частности в свете диверсификации деятельности в Антарктике.

(313) Совещание отметило необходимость учесть существующую работу и рекомендации в дальнейших обсуждениях по Компетентным органам с особым учетом материалов СЭДА по туристической и неправительственной деятельности (2004 г.) СЭДА по управлению туристической деятельностью на судах в районе действия Договора об Антарктике (2009 г.) и Исследования КООС в области туризма (2012 г.).

(314) Также было высказано мнение, что в дополнение к предупредительному подходу следует рассмотреть упреждающий подход в отношении вновь возникающих вопросов. Например, новые тенденции в воздушном туризме, которые создали ряд сложностей, отличающихся от рассмотренных в рекомендациях по результатам работы СЭДА по управлению туристической деятельностью на судах в районе действия Договора об Антарктике (2009 г.).

Пункт 8: Подведение итогов и заключительные комментарии

(315) Специальная рабочая группа дала НКО возможность обмена опытом и информацией по ряду имеющих отношение к делу вопросов и сложных задач, с которыми столкнулись НКО при рассмотрении неправительственной деятельности в Антарктике. Совещание отметило целесообразность предоставления возможности для такого обмена с определенными интервалами в будущем.

(316) Совещание пришло к заключение, что необходимо разработать: перечни контактных данных Компетентных органов и пяти соответствующих RCC; более всеобъемлющее руководство для оценки различных типов деятельности; принципов взаимодействия между НКО; форум для обмена информацией между Компетентными органами; доработку СЭОИ для расширения ее полезных функций для Компетентных органов; понимание и руководящие принципы по

Мере 4 (2004 г.); информирование других НКО о неразрешенной или несанкционированной деятельности как в части официального отказа в выдаче разрешений, так и по тем операторам, которые намеревались осуществить деятельность, однако их от нее отговорили; а также увеличить информационно-просветительскую работу с новыми инициаторами деятельности в Антарктике.

(317) Совещание отчиталось по постоянным вопросам касательно: работы с участниками деятельности, которые не являются гражданами Сторон, выдавших разрешение на деятельность; а также способов подачи судебных исков против таких лиц.

(318) Совещание также отметило ценность использования отчетов о посещениях при рассмотрении этих вопросов, а также целесообразность вступления в силу Меры 4 (2004 г.).

Пункт 12. Инспекции в рамках Договора об Антарктике и Протокола по охране окружающей среды

(319) Великобритания представила Рабочий документ WP 19 rev.1 *Общие рекомендации по результатам совместных инспекций проведенных Великобританией, и Чешской Республикой в соответствии со Статьей VII Договора об Антарктике и Статьей 14 Протокола по охране окружающей среды*, и сослалась на Информационный документ IP 57 *Report of the Joint Inspections Undertaken by the United Kingdom and the Czech Republic under Article VII of the Antarctic Treaty and Article 14 of the Environmental Protocol*. Оба документа были подготовлены совместно с Чешской Республикой. Великобритания сообщила о совместной инспекции в рамках Договора об Антарктике, проведенной в регионе Антарктического полуострова в течение сезона 2014/15 г. Великобританией и Чешской Республикой. Инспекции проводились на 12 научно-исследовательских станциях, одном неправительственном сооружении, одном убежище, шести круизных судах и пяти яхтах. Всего было определено 26 рекомендаций. Ряд из них носили общий характер и предоставлялись на основании программы инспекций, при этом было отмечено, что они представляются актуальными в общем, помимо конкретных рекомендаций для отдельных станций и судов, содержащихся в полном отчете об инспекциях. Рекомендации были распределены по следующим областям: персонал и обучение; научные исследования; логистика и инфраструктура; безопасность транспорта

и связи; обучение и порядок действий в чрезвычайных ситуациях; управление окружающей средой; медицинские вопросы; туризм.

(320) Совещание поблагодарило авторов за документ и поздравило Чешскую Республику с участием в ее первой инспекции в такой короткий срок после того, как она стала Консультативной Стороной в 2014 году. Стороны признали расходы, время и логистику, необходимые для проведения инспекции, и отметили, что совместные усилия при проведении инспекций были примером духа сотрудничества в сердце Системы Договора об Антарктике.

(321) Некоторые Стороны сообщили об особых рекомендациях, представленных в Информационном документе IP 57. Что касается инспекций на Германской антарктической принимающей станции (GARS) О'Хиггинс, Германия вновь озвучила информацию о том, что станция О'Хиггинс не использовалась для военной деятельности и не обрабатывала данные в военных целях. Чили сообщила о специальном проведенном ею курсе обучения, в который входило специальное обучение по Договору об Антарктике и мерах по охране окружающей среды.

(322) В ответ на рекомендации, содержащиеся в Информационном документе IP 57, Украина сообщила о текущих разработках на своей станции, включая план расширения функциональных возможностей и модернизации станции до 2020 года. Она отметила, что замечания инспектора были изучены, а по выданным рекомендациям были предприняты необходимые меры. Норвегия отметила, что комментарии Украины отражают разные возможности разных Сторон в части ответа на рекомендации, и высказала мнение, что эти возможности должны учитываться в отчетах об инспекциях.

(323) Украина также отметила о предоставлении правил поведения для посетителей участков, касающихся ее станции, а МААТО отметила ценность этих правил поведения.

(324) Бразилия поблагодарила Великобританию и Чешскую Республику за проведенную работу, которая дала очень положительные результаты по бразильской станции. Бразилия признала полезность инспекций в той мере, что они направлены на укрепление целей и задач Договора об Антарктике и Протокола. Бразилия сообщила о нанесенных ею совместно с Аргентиной визитах вежливости на семь станций, которые описаны во Вспомогательном документе ВР 2. Бразилия подчеркнула рекомендательный характер отчетов об инспекциях, которые

отражают мнение инициаторов инспекций и могут быть приняты во внимание проинспектированными Сторонами по их собственному усмотрению.

(325) Австралия поприветствовала отчет об инспекциях двух австралийских яхт и процесс консультаций, проведенных впоследствии инспектирующими сторонами.

(326) Ссылаясь на Рекомендацию 9 из Рабочего документа WP 19 rev.1, некоторые Стороны порекомендовали другим быть осторожными с поощрением научной деятельности на туристических судах или в рамках туристических экспедиций и отметили тенденцию, отмечающуюся среди туристических операторов, продвигать научный элемент своей программы как способ оправдания своих экспедиций. Нидерланды особо упомянули недавнее происшествие со смертельным исходом с двумя полярниками в Арктике во время путешествия, которое проходило якобы как научное, однако на самом деле в большей части являлось экстремальным туристическим походом. В ответ на Рекомендацию 9 МААТО выразила солидарность с обеспокоенностью Нидерландов, однако отметила большое значение гражданской науки и выразила надежду, что совместная работа разрешительных органов и операторов поможет решить эти вопросы без угрозы потенциалу гражданской науки в целом.

(327) Несколько Сторон и АСОК подчеркнули важность предоставления Сторонами последующей информации по рекомендациям КСДА, содержащимся в отчетах об инспекциях, и в качестве хорошего примера привели Вспомогательный документ BP 14 из Индии. Аргентина отметила ценность существующей процедуры инспекций, которая позволила проинспектированным Сторонам дать свои комментарии по проекту отчета, и указала, что самым лучшим вариантом обратной связи является последующий контроль с обсуждением на КСДА.

(328) Несколько Сторон выразили сомнения касательно Рекомендации 7, содержащейся в Рабочем документе WP 19 rev.1, особо отметив, что объем инспекций должен быть ограничен согласно положениям Статьи 14 Протокола по охране окружающей среды и не должен распространяться на комментарий по научной деятельности Национальных антарктических программ. Другие Стороны отметили, что в Статье VII Договора об Антарктике разрешается проведение более обширных инспекций, чем в Статье 14, и подчеркнули, что сам инспектор и должен принимать решение об объеме инспекций в контексте Системы Договора об

Антарктике. Касательно Рекомендации 11 Аргентина отметила, что хотя это и было желательным, но Стороны не всегда имели возможность использовать возобновляемую энергию. Аргентина также выразила некоторую обеспокоенность касательно Рекомендации 20, отметив что для станций с разным количеством персонала могут подходить разные системы сбора и отведения сточных вод.

(329) Совещание выразило благодарность Великобритании и Чешской Республике за проведение этих инспекций и за работу по составлению этого отчета. Было также достигнуто согласие о том, что рекомендации, содержащиеся в отчетах об инспекциях, отражают мнение инициаторов инспекций и могут быть приняты во внимание проинспектированными Сторонами по их собственному усмотрению.

Пункт 13. Вопросы науки, научного сотрудничества и содействия

(330) Великобритания представила рабочий документ WP 16 *Роль Антарктики в процессах глобального изменения климата*, подготовленный совместно с Норвегией. В документе предлагается, чтобы КСДА до 21-й Конференции Сторон (COP21) РКИК ООН, которая состоится в Париже в декабре 2015 г., принял новую Резолюцию, направленную на дальнейшее привлечение внимания к важности проведения научных исследований и приобретения специальных знаний и опыта по проблемам изменения климата в Антарктике, а также поощрения национальных антарктических программ к продолжению этой столь необходимой работы с целью углубления понимания и возможности более точного прогнозирования динамики глобального изменения климата. В документ также включён проект Резолюции о роли Антарктики в процессах глобального изменения климата, содействии представителям национальных антарктических программ в совместной работе со СКАР по вопросу определения наилучших способов продвижения и популяризации научных исследований международного сообщества в области изучения изменения климата в Антарктике на 21-й Конференции Сторон (COP21).

(331) В ответ на первоначальные опасения некоторых Сторон о том, что такая Резолюция может выйти за рамки мандата КСДА, некоторые Стороны подчеркнули, что при обсуждении вопросов изменения климата в рамках КСДА внимание должно быть сосредоточено только на последствиях изменения климата в Антарктике и что не следует рассматривать

вопросы, которые относятся к мерам по уменьшению воздействия на окружающую среду или какие-либо другие аспекты, относящиеся к сути переговоров об изменении климата в контексте РКИК ООН. В ответ Великобритания и Норвегия акцентировали внимание на том, что цель проекта резолюции заключается в том, чтобы подчеркнуть важность научных исследований климата, проводимых в Антарктике. В намерение не входила формальная передача Резолюции конкретному органу вне рамок КСДА. Великобритания также разъяснила, почему данное предложение не было представлено КООС, отметив, что рабочий документ WP 16 относится к вопросу поддержки научных исследований изменения климата, а не последствий изменения климата.

(332) Участники Совещания поблагодарили Великобританию и Норвегию и согласились с тем, что научные исследования изменения климата, проводимые в Антарктике, играют важную роль в углублении нашего понимания результатов воздействия изменения климата. АСОК также поддержала Резолюцию и отметила важность руководящей роли КСДА в проведении научных исследований изменения климата в Антарктике.

(333) Совещание приняло Резолюцию 6 (2015 г.) *Роль Антарктики в процессах глобального изменения климата.*

Будущие программы

(334) СКАР представил Информационный документ IP 20 *Outcomes of the 1st SCAR Antarctic and Southern Ocean Science Horizon Scan*, в котором сообщается о результатах проекта, направленного на выявление наиболее важных научных вопросов, касающихся Антарктики, которые необходимо рассматривать в течение следующих двух десятилетий и далее. Он проинформировал Стороны о том, что более 70 мировых ведущих учёных, политических деятелей и разработчиков стратегий, занимающихся вопросами Антарктики, сформулировали 80 научных вопросов высшего приоритета, разделённых на шесть широких областей. Кроме того, СКАР отметил, что для ответа на эти вопросы будет необходимо обеспечить долгосрочное стабильное финансирование научных исследований, доступ в Антарктику в течение всего года, применять новейшие технологии, усиливать защиту региона, расширять международное сотрудничество и улучшать коммуникацию между всеми заинтересованными сторонами.

(335) КОМНАП представил Информационный документ IP 59 *The COMNAP Antarctic Roadmap Challenges (ARC) project,* который является продолжением сканирования горизонта, инициированного СКАР. Проект ARC выявил проблемы технического и логистического характера, связанные с проведением таких исследований. В документе рекомендуется рассмотреть результаты на семинаре в г. Тромсё (2015 г.), на котором будет подготовлен итоговый документ по национальным антарктическим программам, освещающий возможные технологические и логистические потребности будущих научных программ на территории, подпадающей под действие Договора об Антарктике.

(336) Участники Совещания поблагодарили СКАР и КОМНАП и выразили им признательность за выполнение этих проектов. Было отмечено, что проекты обеспечили углубление знаний о Южном океане и Антарктике не только для антарктического научного сообщества, но и для всего мира.

Международное научное сотрудничество

(337) Австралия представила Информационный документ IP 116 *East Antarctic / Ross Sea Workshop on Collaborative Science,* подготовленный совместно с Китаем. В документе предлагается провести два семинара по совместным научным исследованиям Восточной Антарктики и моря Росса в г. Хобарте (Австралия) в 2016 г. и в Китае в 2017 г. с целью оказания помощи странам, осуществляющим активные научные исследования в районе Восточной Антарктики и моря Росса, в планировании основных совместных многонациональных научно-исследовательских проектов на 2017-2018 гг. и далее. На первом семинаре будут определены основные научно-исследовательские проекты, которые могут быть выполнены, а на втором семинаре внимание будет сосредоточено на вопросах логистики. Австралия попросила национальные антарктические программы, выразившие желание принять участие в семинарах, связаться с их организаторами.

(338) Участники Совещания поблагодарили Австралию и Китай и выразили признательность за эту инициативу содействовать международному сотрудничеству в области научных исследований в Антарктике.

(339) Представляя Информационный документ IP 116, Австралия сослалась на первоочерёдность Многолетнего стратегического плана работы при сопоставлении и сравнении стратегических научных приоритетов

с целью определения возможностей сотрудничества. Австралия отметила, что содействие международному сотрудничеству в проведении в Антарктике научных исследований мирового значения является основополагающей целью Договора об Антарктике. Австралия выразила поддержку КСДА, играющему большую роль в определении общих научных целей и продвижении международного сотрудничества по достижению данных целей. Австралия предложила КСДА продолжить рассмотрение данного вопроса с целью оказания помощи отдельным Сторонам в выборе направления их научных программ, избегания дублирования работы и эффективного определения и координации проектов, требующих международного сотрудничества.

(340) Румыния представила три документа с отчётом о своём сотрудничестве в Антарктике с другими Сторонами: Информационный документ IP 91 *Cooperation between Romania and Korea (ROK) in Antarctica*, Информационный документ IP 135 *Cooperation of Romania with Australia in Antarctica* и Информационный документ IP 136 *Cooperation of Romania with Bulgaria in the Antarctic field*. Румыния поблагодарила Республику Корея, Австралию и Болгарию за совместную работу.

(341) Германия представила Информационный документ IP 63 *EU-PolarNet – Connecting Science with Society*, подготовленный совместно с Бельгией, Болгарией, Францией и Португалией. В документе сообщается о пятилетней европейской программе поддержки и координации EU-PolarNet. С 2015 по 2020 гг. в рамках программы EU-PolarNet будут разработаны и представлены стратегические рамки и механизмы определения научных приоритетов, будет оптимизировано использование полярной инфраструктуры и организованы новые формы партнёрства, которые приведут к совместной разработке проектов полярных исследований. В программу включены все основные исследовательские институты и организации, занимающиеся в Европе формированием полярной инфраструктуры. Результаты будут представлены лицам, формирующим политику и принимающим решение, при этом цель заключается в совместной разработке европейской программы полярных исследований. Координацию программы EU-PolarNet осуществляет институт Альфреда Вагнера, расположенный в г. Бремерхафене, а в дальнейшем проект будет поддерживаться Европейским советом по полярным исследованиям.

(342) Республика Корея представила Информационный документ IP 70 *Report from Asian Forum of Polar Sciences to the ATCM XXXVIII*. В документе

сообщается о том, что Азиатский форум полярных исследований (существующая десять лет азиатская организация, которая занимается полярными исследованиями и сотрудничеством) стал важной средой для коллективных усилий по обмену информацией, сотрудничества в области научных исследований и логистики между азиатскими институтами полярных исследований. Республика Корея сообщила, что членами AFoPS являются четыре Консультативные Стороны и одна Неконсультативная Сторона, а Председателем в настоящее время является Корея. Она отметила, что AFoPS готовит новые инициативы в рамках проекта СКАР по сканированию горизонта и, несмотря на то, что инициативы носят региональный характер, они направлены на расширение связей с антарктическим сообществом. И наконец Республика Корея выразила поддержку инициативам, предложенным Австралией и Китаем в Информационном документе IP 116.

(343) СКАР подтвердил свои обязательства по усилению связей и расширению дискуссий с AFoPS.

(344) Уругвай представил информационный документ IP 125 *"From East to West" initiative*. В документе содержится приглашение персоналу и учёным, работающим в Восточной Антарктике, посетить уругвайские станции в Западной Антарктике. В документе также рассматривается вопрос различия научных и рабочих условий в восточных и западных районах Антарктики, а также то, что совместное использование объектов оказалось полезным инструментом для уменьшения последствий воздействия деятельности человека на окружающую среду и для содействия сотрудничеству, к которому стремятся Стороны. Уругвай поблагодарил за рекомендацию и поддержал КОМНАП в этом вопросе. Уругвай призвал Стороны присоединиться к этой инициативе и сделал аналогичное предложение посетить свои антарктические объекты и проводить на них научные исследования.

(345) Участники Совещания отметили множество хороших примеров международного научного сотрудничества между Сторонами, приведённых в данных документах.

Национальная научная деятельность

(346) Российская Федерация представила Информационный документ IP 67 *Российские исследования подледникового озера Восток в сезоне 2014–2015 гг.* В документе напоминается о том, что 5 февраля 2012 г.

российские учёные первыми в мире вскрыли озеро Восток. Подробные сведения о вскрытии и предварительные научные результаты были зафиксированы в следующих документах, представленных Российской Федерацией: Информационный документ IP 74 *Результаты российских работ по проникновению в подледниковое озеро Восток в сезоне 2011–2012 гг.* XXXV КСДА и Информационный документ IP 49 *Результаты исследований подледникового озера Восток и буровых операций в глубокой ледяной скважине станции Восток в сезоне 2011-2012 гг.* XXXVI КСДА. Российская Федерация отметила, что бурение продолжалось в течение полевых сезонов 2012-2013 гг., 2013-2014 гг. и 2014-2015 гг. 25 января 2015 г путём бурения было произведено второе вскрытие поверхностного слоя подледникового озера Восток. Результаты показали, что российские буровики овладели технологией управления подъёмом уровня воды в скважине и что они способны регулировать этот процесс во время повторного бурения «ледяных пробок», которые образуются в конце каждого антарктического сезона до исследования характеристик водяного столба озера. Российская Федерация выразила надежду, что предварительные научные результаты будут представлены на XXXIX КСДА.

(347) В ответ на запрос Франции о причинах непредоставления КООС данного информационного документа в этом году Российская Федерация напомнила Совещанию, что она передала КООС несколько документов, касающихся потенциального влияния процесса бурения на окружающую среду, и что рекомендации КООС были приняты во внимание. Участники Совещания с одобрением встретили сообщение о будущих обновлениях научных результатов Российской Федерацией.

(348) Индия представила Информационный документ IP 100 *Antarctic Lakes and Global Climate Perspectives: The Indian Footprint.* В документе сообщается о долгосрочных палеонтологических исследованиях, внимание которых направлено на озёра оазиса Ширмахера и холмов Ларсеманн в Восточной Антарктике.

(349) Колумбия представила информационный документ IP 23 *Primera Expedición Científica Colombiana a la Antártica 2014/15. [First Colombian Scientific Expedition to Antarctica 2014/2015].* В документе сообщается о первой колумбийской научной экспедиции в Антарктику летом во время сезона 2014-2015 гг. и отмечается, что экспедиция приняла во внимание рамки, установленные колумбийской научной антарктической программой. Научные проекты осуществлялись в

областях физической, химической и биологической океанографии, а также морской биологии в районе пролива Жерлаш. Другие проекты относились к области морского проектирования и физиологии человека. Полученные данные и образцы были обработаны и результаты были широко опубликованы. Колумбия рассматривает международное сотрудничество как приоритетный компонент в данной экспедиции и выражает благодарность Бразилии, Чили, Эквадору, Аргентине и Республике Корея за их поддержку. Основываясь на положительном опыте работы, приобретённом ВМС и ВВС Колумбии, а также на хорошей командной научной работе, выполненной в Антарктике, Колумбия отметила, что она будет продолжать научную работу, используя собственную логистику или налаживая сотрудничество с другими странами.

(350) Колумбия также представила информационный документ IP 26 *Agenda Cient fica Ant rtica de Colombia 2014 – 2035. [Antarctic Scientific Affairs Agenda of Colombia 2014-2035]* В данном документе представлена научная антарктическая программа Колумбии, включая цели, стратегические приоритеты и план действий. Программа, составленная с учётом проекта СКАР по сканированию горизонта и при участии университетов, исследовательских центров, неправительственных организаций и институтов страны, определяет приоритеты в восьми областях научных исследований.

(351) Венесуэла представила информационный документ IP 47 *VIII Campaña Venezolana a la Antártida 2014-2015 [VIII Venezuelan Antarctic Campaign 2014-2015]*, в котором сообщается о восьмой венесуэльской антарктической кампании, которая проводилась с октября 2014 г. по март 2015 г. Венесуэла выразила благодарность Аргентине и Чили за их сотрудничество при проведении кампании.

(352) Канада представила информационный документ IP 134 *Update on the Canadian Polar Commission and Canadian High Arctic Research Station (CHARS) Project.* В документе содержатся обновлённые данные о работе Канады по созданию национальной программы антарктических исследований под руководством Полярной комиссии Канады. В нём также приведены обновлённые сведения о слиянии Полярной комиссии Канады с проектом строительства научно-исследовательской станции в Канадском Заполярье (CHARS) с целью создания нового правительственного агентства, называемого Polar Knowledge Canada (Знания о Полярной Канаде), которое продолжит работу по подготовке

национальной программы антарктических исследований для Канады. Агентство Polar Knowledge Canada будет исследовать возможности партнёрства с национальными программами других стран с целью облегчения доступа к существующим объектам инфраструктуры и логистики Антарктики и, в свою очередь, обеспечения доступа к существующим канадским объектам инфраструктуры и логистики в Арктике.

(353) Португалия представила информационный документ IP 3 *Portugal's Antarctic Science and Policy Activities: a Review*, в котором даётся краткий обзор деятельности в Антарктике, проводимой Португалией с 2005 г. Помимо приверженности отличной науке, Португалия привлекла внимание к своей информационно-просветительской деятельности (Информационный документ IP 2). Португалия также отметила, что её национальная полярная программа присоединилась к КОМНАП в качестве Наблюдателя в 2015 г.

(354) Финляндия представила информационный документ IP 25 *Finland's Antarctic Research Strategy 2014*, в котором приведена информация о её Стратегии антарктических исследований 2014, обновлённой Финским координационным комитетом для проведения антарктических исследований. Она подчеркнула, что со времени предыдущей стратегии 2007 г. в данной стратегии учтены условия и приоритеты национальных и международных научных исследований окружающей среды. Финляндия отметила, что Академия наук Финляндии выделила 2,5 миллиона евро на научные исследования в Антарктике на 2015-2016 гг.

(355) Япония представила информационный документ IP 30 *Japan's Antarctic Research Highlights 2014–15*. Данный документ знакомит с тремя выбранными темами японской антарктической научно-исследовательской экспедиции прошлого сезона. Среди них были наблюдения за атмосферными явлениями, проведённые с помощью экономически эффективной гибридной системы БПЛА и воздушного шара, которые в автономном режиме вернулись в Сёва после наблюдения и сбора данных об аэрозолях, распылённых на высоте до 23-х километров. Другим видом деятельности было завершение строительства самой большой в Антарктике атмосферной радарной системы PANSY. При запланированном пополнении топлива система будет проводить непрерывное наблюдение за ветрами на высоте до 500 километров над станцией Сёва в течение примерно 12 лет, немногим более одного солнечного цикла. Это должно внести значительный

вклад в разработку моделей общей циркуляции. Третьей была тема наблюдения за состоянием морского льда вокруг навигационного района плавания ледокола «Ширазэ» с помощью спутниковых снимков и бортового датчика толщины льда.

(356) Австралия представила Информационный документ IP 115 *Australian Antarctic Science Program: highlights of the 2014/15 season*. В данном документе обсуждаются исследования Австралийской антарктической программы, проводимые в рамках «Стратегического плана научной деятельности Австралии в Антарктике на период с 2011-2012 гг. по 2020-2021 гг.». В плане предлагаются целевые мероприятия в рамках четырёх тем научных исследований: процессы изменения климата; наземная и прибрежная экосистемы: изменение окружающей среды и её и сохранение; экосистемы Южного океана: изменение окружающей среды и её и сохранение; междисциплинарные науки. В плане подчёркнуто широкое международное сотрудничество по Австралийской антарктической научной программе.

(357) Индия представила Информационный документ IP 99 *Recent Developments in Indian Ice-core Drilling Program in Dronning Maud Land, East Antarctica*. Индия подчеркнула, что одной из основных целей индийской программы бурения ледяных кернов является реконструкция климата Антарктики за последние два тысячелетия с использованием кернов, извлечённых на мелководье и из скважин средней глубины в береговой части Земли Королевы Мод.

(358) СКАР представил Информационный документ IP 98 *Report on the 2014-2015 activities of the Southern Ocean Observing System (SOOS)*. В данном отчёте описываются достижения Системы наблюдения за Южным океаном (SOOS) в 2014 г. и запланированные мероприятия на 2015 г.

(359) Малайзия представила Информационный документ IP 130 *XXXIV SCAR Biennial Meetings including the 2016 Open Science Conference, 19-31 August 2016, Kuala Lumpur, Malaysia*. Малайзия отметила, что она выступала в роли принимающей стороны XXXIV совещания СКАР, которые созываются раз в два года, а также выступит в роли принимающей стороны для Открытой научной конференции, которая будет проходить с 19 по 31 августа 2016 г. в Куала-Лумпуре.

(360) В рамках данного пункта повестки дня были также представлены и приняты как есть следующие документы:

- Информационный документ IP 14 *Research Activity Report Czech Antarctic Expedition to James Ross Island Jan-Feb 2015 (Czech Republic).* В данном документе приведён краткий обзор деятельности, связанной с долгосрочными и краткосрочными проектами, выполненными во время чешской антарктической экспедиции на остров Джеймса Росса (станция Мендель) в январе-феврале 2015 г., в том числе проектов по дисциплинам: климатология, ледники и вечная мерзлота, гидрология и лимнология, наземная биология, наука об окружающей среде и медицинская наука.

- Информационный документ IP 79 *Chilean Antarctic Science Program: Evolution and challenges* (Чили). В документе описывается интенсивное развитие экологии суши и прибрежных районов в рамках чилийской антарктической программы с упором на экофизиологию. Поэтому воздействие изменения климата на наземный прибрежно-морской градиент рассматривалось в качестве основного вопроса. Текущие проблемы включали не только состояние и тенденции, а также реакцию популяций, сообществ и экосистем на изменение климата. Для проведения таких исследований потребовались дополнительные усилия многопрофильных и многонациональных групп.

- Информационный документ IP 94 *Climate Change in Antarctica* (Великобритания). В документе представлен графический материал, подготовленный Антарктическим управлением Великобритании, иллюстрирующий общую картину и масштабы климатических изменений, имеющих место в Антарктике и в акватории Южного океана.

(361) В рамках данного пункта повестки дня были также представлены следующие документы:

- Вспомогательный документ BP1 *Резюме лекции СКАР: закисление Южного океана* (СКАР).

- Вспомогательный документ BP 4 *The Scientific Committee on Antarctic Research (SCAR) Selected Science Highlights for 2014/15* (СКАР).

- Вспомогательный документ BP 5 *Action Plan: Development of the Brazilian Antarctic science* (Бразилия).

- Вспомогательный документ BP 8 Report from the Republic of Korea on Its Cooperation with the Consultative Parties and the Wider Polar Community (РеспубликаКорея).

- Вспомогательный документ ВР 10 *Actividades del Programa Nacional Antártico Perú periodo 2014 – 2015. [Activities of the Peruvian National Antarctic Program 2014-2015.]* (Перу).

- Вспомогательный документ ВР 15 *Síntesis de biodiesel a partir de aceite producido por microalgas antárticas. [Synthesis of biodiesel from the oil produced by Antarctic microalgae.]* (Эквадор).

- Вспомогательный документ ВР 24 *Determinación del marco de referencia geodésico oficial de la Estación Maldonado* (Эквадор).

- Вспомогательный документ ВР 25 *Implementación de UAV's en la generación de cartografía oficial de la Estación Maldonado* (Эквадор).

Пункт 14. Последствия изменения климата для режима управления в районе действия Договора об Антарктике

(362) США представили Рабочий документ WP 39 *Общие приоритеты научных исследований и сотрудничества: систематические наблюдения и моделирование в Южном океане*, подготовленный совместно с Австралией. США напомнили, что один из приоритетов Многолетнего стратегического плана работы касается сотрудничества и наращивания научного потенциала, в особенности в отношении вопросов изменения климата. Была подчёркнута роль Южного океана в глобальном климате и продуктивности, а также роль, которую играют индикаторы изменения в Южном океане. Было отмечено, что неполнота данных ограничивает понимание, и поэтому возникает необходимость в международном сотрудничестве при наблюдениях и моделировании в Южном океане. США призвали Стороны поддержать Систему наблюдения за Южным океаном (SOOS) и принять в ней участие. Соединённые Штаты также инициировали проект «Наблюдение за климатом и уровнем концентрации углерода в Южном океане и моделирование процессов» (SOCCOM), что стало их вкладом в SOOS, и пригласили принять в нём участие. SOCCOM включает в себя обширную программу наблюдений, проводимых с помощью роботизированной системы наблюдений, позволяющей создать беспрецедентную базу данных для моделирования. Соединённые Штаты сообщили Сторонам, что подробные сведения о деятельности SOOS после последнего КСДА приведены в Информационном документе IP 98.

(363) Участники Совещания поблагодарили Соединённые Штаты и Австралию и подтвердили решающее значение долгосрочных наблюдений и моделирования для более глубокого понимания Южного океана и прогнозирования будущих изменений Южного океана и климата Земли. Португалия подчеркнула значение данного исследования для МГЭИК и его связь с проектом СКАР по сканированию горизонта. Многие Стороны сообщили об их вкладе в SOOS и призвали другие Стороны внести свой вклад в сотрудничество в области долгосрочных наблюдений и моделирования Южного океана.

(364) Аргентина высказала своё мнение, отметив, что с научной точки зрения термин «Южный океан» используется только для обозначения океанов, окружающих Антарктику. Она также указала на то, что с политической или юридической точки зрения разные страны имеют несколько различных точек зрения на значение данного термина, что подтверждается отсутствием его определения в МГО.

(365) Напомнив о Многолетнем стратегическом плане работы КСДА, и в частности о Решении 3 (2014 г.), Австралия сослалась на Документ Секретариата SP 7 *Меры, принятые КООС и КСДА в ответ на рекомендации СЭДА по изменению климата*. Австралия призвала Стороны рассмотреть Рекомендации 9 – 17 СЭДА, на которые даётся ссылка в Документе Секретариата SP 7, которые были признаны приоритетными для обсуждения на XXXVIII КСДА. Она также предложила добавить действие в Многолетний стратегический план работы для XXXIX КСДА и призвала проанализировать состояние знаний об изменении климата в Антарктике. В целом, по мнению Австралии, КСДА может с пользой реализовать ряд рекомендаций СЭДА, поощряя проведение соответствующих исследований в рамках национальных программ и СКАР. Относительно Рекомендации 9, Австралия предложила КСДА продолжать приветствовать вклад ВМО, её участие в работе и предоставление отчётов КСДА. Относительно Рекомендации 14 СЭДА, Австралия предложила, чтобы обсуждение Рабочего документа WP 39 вызывало соответствующую реакцию КСДА на рекомендацию Сторонам поощрять сотрудничество и разработки комплексных систем непрерывного наблюдения.

(366) Великобритания согласилась с Австралией и также отметила, что Рекомендации 12 и 13 относятся к сотрудничеству в вопросах разработки комплексных моделей земной системы и согласованного наблюдения

антарктической системы из космоса, которые рассматриваются в Рабочем документе WP 39.

(367) Бразилия напомнила о том, что Совещанию следует ограничить обсуждения изменения климата последствиями изменения климата в Антарктике и не выходить за рамки его мандата.

(368) Участники Совещания согласились продолжить рассмотрение Рекомендаций, изложенных в Документе Секретариата SP 7.

(369) В рамках данного пункта повестки дня были также представлены и приняты как есть следующие документы:

- Информационный документ IP 92 *Antarctic Climate Change and the Environment – 2015 Update* (СКАР). В документе представлены обновлённые данные о последних достижениях в вопросе понимания изменения климата и его воздействия на антарктический континент и Южный океан. Обновлённые данные основаны на материале, включённом в Отчёт по изменению климата Антарктики и окружающей среды.

- Информационный документ IP 110 *Climate Change 2015: A Report Card* (АСОК). В документе представлено обобщение выводов, основанных на свежих данных научных исследований, относительно настоящих и будущих изменений климата в Антарктике.

- Информационный документ IP 114 *The Antarctic Treaty System, Climate Change and Strengthened Scientific Interface with Relevant Bodies of the United Nations Framework Convention on Climate Change (UNFCCC)* (АСОК). В документе отмечается, что Система Договора об Антарктике должна играть важную роль в популяризации антарктических исследований, связанных с изменением климата, среди сообщества, занимающегося проблемами изменения климата, включая РКИК ООН.

Пункт 15. Вопросы просвещения

(370) Болгария представила Рабочий документ WP 52 *Доклад сопредседателей семинара по вопросам образовательной деятельности, София, Болгария, май 2015 года*, подготовленный совместно с Бельгией, Бразилией, Чили, Португалией и Великобританией. В документе сообщается о семинаре по вопросам образовательной и информационно-просветительской деятельности, проведённом 31 мая 2015 г. В нём

115

отмечается, что в семинаре приняли участие 97 представителей от 37 Сторон, Наблюдателей и Экспертов. Болгария сообщила о том, что на семинаре были представлены 26 устных презентаций, 19 стендовых презентаций и 22 документа, направленных на то, чтобы: узнать больше об информационно-просветительской деятельности; обсудить возможность организации виртуального форума, посвящённого просветительской деятельности и обсудить 25-ю годовщину подписания Протокола по охране окружающей среды на XXXIX КСДА в Чили.

(371) Болгария отметила, что участники семинара рекомендовали организовать форум КСДА, посвящённый вопросам информационно-просветительской деятельности, и предложили организовать его в форме МКГ. Болгария подчеркнула, что данный форум объединит усилия на максимальное увеличение влияния 25-й годовщины подписания Мадридского протокола.

(372) Участники Совещания отметили, что на семинаре были представлены следующие документы:

- Рабочий документ WP 47 *Семинар по вопросам образовательной и просветительской деятельности: отчёт об итогах неформальных дискуссий по подготовке публикации, посвящённой 25-й годовщине Мадридского Протокола (Аргентина). В данном документе представлен отчёт об* итогах неформальных дискуссий и рекомендация КООС: отметить достигнутые успехи в процессе неформальных консультаций; рассмотреть различные предложения участников; продолжить данное обсуждение во время Семинара по вопросам образовательной и информационно-просветительской деятельности; проанализировать возможность придания формальных рамок процессу разработки публикации к следующему межсессионному периоду.

- Информационный документ IP 2 *Workshop on education and outreach - Portugal's Antarctic education and outreach activities* (Португалия). В данном документе кратко изложены сведения об информационно-просветительской деятельности, проводимой Португалией с 2005 г. при подготовке к Международному полярному году (2007 – 2008 гг.), в том числе привлечение национальных образовательных организаций, Ассоциации молодых полярных исследователей и Международного объединения работников образования в области полярных исследований. В документе также приведена информация о конкретных проектах, которые показывают выполнение Португалией обязательств по информационно-просветительской деятельности, относящейся к полярным регионам и КСДА.

- Информационный документ IP 9 rev. 1 *Workshop on education and outreach - making an impact: national Antarctic program activities which facilitate education and outreach* (КОМНАП). В данном документе отмечается, что в программы членов КОМНАП включено выполнение обязательств по просветительской работе и информирование о деятельности в Антарктике на национальном уровне. В документе представлена собранная и обобщённая информация об информационно-просветительской деятельности, проводимой в рамках каждой национальной антарктической программы. Результаты продемонстрировали значительные объёмы информационно-просветительской деятельности, которые проводятся в настоящее время в рамках национальных антарктических программ или проведение которых стало возможным в партнёрстве с национальными антарктическими программами. В документе также обсуждается роль КОМНАП в поддержке национальных антарктических программ в вопросах обмена информацией и идеями по информационно-просветительской деятельности, коммуникации и привлечения общественности.

- Информационный документ IP 17 *Workshop on education and outreach - APECS-Brazil E&O activities during the XXXVII Antarctic Treaty Consultative Meeting* (КСДА) (Бразилия). В данном документе сообщается о роли Ассоциации молодых полярных исследователей Бразилии (APECS-Brazil) и её деятельности в 2014 г. В частности, в документе отмечено: «I. Научная поездка: Бразилия и Договор об Антарктике»; «XII Международная полярная неделя»; «II Семинар о карьерном росте», который был проведён в октябре в Южной Бразилии одновременно с фотовыставкой «Взгляд на замёрзший континент», организованной Бразилией и Португалией. В документе также содержится информация о «Праздновании дня Антарктики» и проекте «Программа обучения: исследователь-работник образования и работник образования-исследователь».

- Информационный документ IP 18 *Workshop on education and outreach - cultural contest - "Brasil in Antarctica"* (Бразилия). В данном документе сообщается об общенациональном культурном конкурсе под названием «Бразилия в Антарктике», организованном ВМС Бразилии. Для углубления понимания важной роли континента будущими поколениями в качестве целевой аудитории были выбраны учащиеся в возрасте от 15 до 19 лет. Сообщение о конкурсе и поездке было передано по самому крупному телевизионному каналу Бразилии, и информация была донесена до широкой и разнообразной аудитории.

- Информационный документ IP 31 *Workshop on education and outreach - UK's Antarctic education and public engagement programmes* (Великобритания). В данном документе сообщается о том, что информационно-просветительская деятельность является важной частью общей политики Великобритании в отношении Антарктики. Основные партнёры Великобритании в сфере изучения Антарктики, в том числе Foreign & Commonwealth Office, Антарктическое управление Великобритании, Институт полярных исследований имени Скотта и британский траст-фонд «Антарктическое наследие», преследуют общую цель: обратить внимание различных секторов общества на проблему понимания всемирного научного значения Антарктики и целей проведения научных исследований, а также привлечь их к работе в рамках Системы Договора об Антарктике.

- Информационный документ IP 43 *Workshop on education and outreach - education and outreach activities of the United States Antarctic Program (USAP)* (США). В данном документе сообщается о поддержке Американской антарктической программы (USAP) информационно-просветительской деятельности на МПГ 2007-2009 гг. и различных мероприятий, поддержку которых продолжает осуществлять USAP вместе с другими организациями. В документе также сообщается о поддержке, которую оказывают СКАР и КОМНАП информационно-просветительской деятельности, и об их участии в этой деятельности, включая усилия по донесению данных из полярных районов непосредственно в классные комнаты и по развитию международного сотрудничества для учёных на ранних этапах их карьеры.

- Информационный документ IP 48 *Taller sobre educación y difusión - proyecto libro digital juguemos en la Antártida. [Workshop on education and outreach: digital book project "Let's play in Antarctica"]* (Венесуэла). С целью содействия развитию информационно-просветительской деятельности по Антарктике Венесуэла представила электронную книгу «Let's play in Antarctica» (Давайте играть в Антарктику), педагогический инструмент, предназначенный для мотивирования детей к приобретению знаний об Антарктике. В электронной книге представлены основы знаний о научной деятельности в Антарктике для детей дошкольного и младшего школьного возраста.

- Информационный документ IP 62 *Workshop on education and outreach - whom, how and what do we reach with Antarctic education and outreach?* (Германия). В данном документе сообщается о давней традиции информационно-просветительской деятельности по Антарктике в Германии. Более 30 лет полярные исследователи стараются донести до широкой общественности информацию о захватывающей жизни диких животных, об отдалённой окружающей среде Южного океана и Белого континента. В данном документе сообщается о разнообразных программах, направленных на привлечение внимания и интереса широкой общественности к Антарктике, а также о программах в специальном формате, разработанных с целью усилить взаимодействие школ и научных учреждений и экспертов, занимающихся вопросами Антарктики.

- Информационный документ IP 73 *Taller sobre educación y difusión - principales actividades de divulgación y educación del programa chileno de ciencia antártica. [Workshop on education and outreach: principal Antarctic science outreach and education activities of the Chilean Antarctic Program]* (Чили). В документе сообщается об основных аспектах работы Чили в рамках информационно-просветительской деятельности по научным исследованиям в Антарктике, проводимой в сферах образования, культуры и научной журналистики, об эффективности совместной работы и сотрудничества с различными научными учреждениями внутри страны и за рубежом.

- Информационный документ IP 76 *Workshop on education and outreach - Antarctic education & outreach in Italy before and after the 4th International Polar Year* (Италия). В данном документе сообщается о неослабевающем интересе Италии к образовательной и обучающей деятельности по Антарктике и полярным объектам, инициированной группой учёных и занимающимися логистикой сотрудниками с самого начала реализации итальянской «Национальной программы научных исследований в Антарктике», а также о положительных результатах международного сотрудничества в этой области после участия в четвёртом МПГ.

- Информационный документ IP 87 *Workshop on education and outreach - using education to create a task force for Antarctic conservation* (МААТО). МААТО сообщила о том, что она в течение длительного периода отстаивала важность информационно-просветительской деятельности и в рамках своих постоянно действующих образовательных программ популяризировала в Антарктике и за её пределами работу, проводимую по Договору об Антарктике, среди широкой аудитории, большую часть которой представляли страны, поддерживающие свои национальные антарктические программы. В документе кратко изложены компоненты образовательной программы МААТО: перед поездкой, по дороге в Антарктику, в Антарктике, по дороге домой и далее.

- Информационныйдокумент IP 89 *Workshop on education and outreach – New Zealand ICE-REACH: inspiring communities to connect with Antarctica* (НоваяЗеландия). В данный документ включён краткий отчёт о работе трёх организаций, расположенных в Крайстчерче, – новозеландских воротах в Антарктику, который объединяет вопросы национальных и международных связей, а также инициативы в области просветительской и образовательной работы: Антарктической службы Новой Зеландии, занимающейся информационно-просветительской деятельностью по Антарктике; городского совета Крайстчерча, занимающегося организацией фестиваля NZ IceFest, посвящённого Антарктике, который проводится раз в два года; и Центра антарктических исследований «Гейтуэй Антарктика» в Университете Кентербери, организовавшего среду обучения мирового уровня. В документе также сообщается о дальнейшей информационно-просветительской деятельности в Новой Зеландии.

- Информационныйдокумент IP 90 *Workshop on education and outreach - education and outreach in the Australian Antarctic Programme* (Австралия). В данном документе рассматривается различная деятельность в сфере средств массовой информации, связи с общественностью и образования, проводимая Австралийской антарктической службой (AAD). Австралийская антарктическая служба (AAD) отвечает за выполнение австралийской антарктической программы, в том числе за ведение и координацию информационно-просветительской деятельности. Австралийская антарктическая служба (AAD) управляла взаимодействием со средствами массовой информации, связью с общественностью, мультимедийными средствами и социальными сетями, поддерживала в актуальном состоянии комплексный веб-сайт. Кроме того, Австралийская антарктическая служба (AAD) вела образовательную программу, одной из основных инициатив которой является предоставление студентам возможности виртуального посещения австралийских антарктических станций прямо в аудиториях.

- Информационныйдокумент IP 97 *Workshop on education and outreach – examples of educational and outreach activities of the Belgian scientists, school teachers and associations in 2013-2015* (Бельгия). В данном документе кратко изложены сведения об образовательной и информационно-просветительской деятельности, проводимой бельгийскими учёными, школьными учителями и ассоциациями в 2013-2015 гг. после XXXVI КСДА, для которого Бельгия выступала в качестве принимающей стороны. В документе показано выполнение Бельгией обязательств по образовательной и информационно-просветительской деятельности, связанной с исследованием антарктического континента и ролью Договора об Антарктике.

- Информационныйдокумент IP 105 *Workshop on education and outreach - Antarctic education and outreach activities in Bulgaria.* (Болгария). В данном документе отмечено, что Болгария и, в частности, Болгарский антарктический институт (BAI) признали необходимость непрерывной общественной образовательной и информационно-просветительской деятельности по полярным регионам, проводимой последние пятнадцать лет. В документе охарактеризована образовательная и информационно-просветительская деятельность, проводимая Болгарией с 2000 г., в том числе Ассоциация молодых полярных исследователей Болгарии (APECS Bulgaria) и некоторые национальные учебные заведения, привлечённые к участию в таких проектах, как «Антарктика в твоей школе», «Искусство Антарктики» и «Передача полярной научной информации».

- Информационныйдокумент IP 118 rev. 1 *Workshop on education and outreach - Norway's Antarctic education and outreach activities* (Норвегия). В данном документе представлены данные об образовательной и информационно-просветительской деятельности, проводимой Норвегией за последние годы. В документ включены две публикации по Антарктике, информация о монаршем визите в честь празднования 10-летней годовщины станции Тролл как круглогодичной станции, бесплатная база данных «Quantartica», обновление веб-сайта и информационных бюллетеней Норвежского Полярного института, разработка карт Антарктики, участие в организации Портала окружающей среды Антарктики и подготовка планируемой к выпуску белой книги Антарктики.

- Информационныйдокумент IP 120 *Workshop on education and outreach - summary of CCAMLR initiatives* (АНТКОМ). В данном документе приведён обзор инициатив АНТКОМ, относящихся к наращиванию научного потенциала, поддержке молодых профессионалов, повышению информированности и связям с общественностью. Данные инициативы, которые дополнили соответствующую деятельность, поддерживаемую некоторыми членами АНТКОМ на национальном уровне, включают партнёрство, прохождение практики, стипендии, повышение информированности и связи с общественностью, на что обращается внимание на веб-сайте КОМНАП, а также использование социальных сетей.

- Информационный документ IP 124 *Workshop on education and outreach - South Africa's Antarctic education and outreach activities* (Южно-Африканская Республика). В данном документе представлены данные об образовательной и информационно-просветительской деятельности, проводимой Южно-Африканской Республикой. Хотя южноафриканская национальная антарктическая программа (SANAP) не содержит формально структурированной стратегии образовательной и информационно-просветительской деятельности, она в полной мере и эффективно использовала возможности, которые возникали время от времени, а также во время ежегодных событий, устраиваемых в честь какого-либо праздника. В документе сообщается о деятельности, относящейся к сбору библиотечных фондов, экспонатов и материалов, о взаимодействии со средствами массовой информации, работе со школами и о другой соответствующей деятельности.

- Информационный документ IP 129 *Workshop on education and outreach – Argentina's Art Programme and International Cooperation. Art in Antarctica, a ten-year project* (Аргентина).

- Вспомогательныйдокумент ВР 7 *Workshop on education and outreach – poster abstract on education and outreach activities of the United States Antarctic Program (USAP)* (США).

- Вспомогательныйдокумент ВР 19 *Taller sobreeducaci n y difusi n - el temaant rtico en los textos del nivelsecundario del Ecuador. [Workshop on education and outreach: Antarctica in high school text books in Ecuador]* (Эквадор).

- Вспомогательныйдокумент ВР 20 *Uruguayan Antarctic Institute: Outreach, Culture and Education Program* (Уругвай).

- Вспомогательныйдокумент ВР 21 *Workshop on Education and Outreach – Poster Abstract On Education And Outreach Activities Of Bulgarian Antarctic Institute (BAI)* (Болгария).

- Вспомогательныйдокумент ВР 23 *Workshop on Education and Outreach - First Uruguayan Antarctic Research School: training the next generation of Uruguayan Antarctic researchers* (Уругвай).

- Вспомогательныйдокумент ВР 26 *Report on the ATCM XXXVIII Workshop on Education and Outreach* (Болгария, Бельгия, Бразилия, Чили, ПортугалияиВеликобритания).

(373) Участники Совещания поблагодарили Болгарию за организацию семинара и подчеркнули важное значение расширения Сторонами

образовательной и информационно-просветительской деятельности. Австралия отметила свою заинтересованность в улучшении работы виртуальных форумов, посвящённых сотрудничеству, и в изучении различных подходов к образовательной и информационно-просветительской деятельности. Многие Стороны, МААТО и АСОК выразили свою заинтересованность в участии в МКГ.

(374) Участники Совещания приняли решение организовать МКГ по образовательной и информационно-просветительской деятельности со следующими рабочими заданиями:

- Содействовать сотрудничеству и поддержке на национальном и международном уровне.

- Разрабатывать и реализовывать инициативы по вопросам образовательной и информационно-просветительской деятельности и делиться их результатами с целью продвижения научных исследований и их результатов, инициативы по охране окружающей среды и работе Сторон Договора об Антарктике, связанной с управлением районом действия Договора об Антарктике, в качестве образовательного и информационно-просветительского инструмента для усиления важности Договора об Антарктике и Протокола по охране окружающей среды к этому Договору.

- Признать существование родственных экспертных групп по вопросам образовательной и информационно-просветительской деятельности и поощрять сотрудничество с этими группами.

- Обеспечить координацию образовательных и информационно-просветительских мероприятий, связанных с празднованием 25-й годовщины подписания Мадридского протокола.

- Представить предварительный отчёт в Рабочую группу по операционным вопросам на XXXIX КСДА.

(375) Далее было принято решение о следующем:

- Наблюдатели и эксперты, присутствующие на КСДА, будут приглашены для участия в работе.

- Исполнительный секретарь будет открывать форум КСДА для работы МКГ и окажет содействие работе МКГ.

- Болгария будет выступать в качестве конвинера и на следующем КСДА сделает доклад о ходе работы МКГ.

(376) Информационный документ IP 101 *COMNAP practical training modules: Module 2 – non-native species* (КОМНАП) также был представлен в рамках пункта повестки дня 15. В данном документе представлен второй модуль обучения, названный «Неместные виды», разработанный во время Ежегодного общего совещания КОМНАП в 2013 г. группой экспертов по обучению КОМНАП в результате определения областей, представляющих общий интерес для национальных антарктических программ.

Пункт 16. Обмен информацией

(377) Австралия представила Рабочий документ WP 14 *Отчет Межсессионной контактной группы по пересмотру требований к обмену информацией.* МКГ была создана на XXXVII КСДА для проведения комплексного анализа существующих требований к обмену информацией и определения любых дополнительных требований. В документе Австралия еще раз напомнила о том, что в соответствии с договоренностью, достигнутой на XXXVII КСДА, задачей МКГ являлось рассмотрение следующих вопросов: анализ информации, подлежащей обязательному обмену на настоящий момент; проведение анализа на предмет того, продолжает ли обмен информацией по каждому тематическому разделу оставаться актуальным и ценным для Сторон и требуется ли внесение изменений и дополнений, приведение в соответствие с современными требованиями, изменение формы представления информации, придание обязательного статуса (информации, обмен которой не является на данный момент обязательным) или исключение информации из обмена в отношении отдельных тематических разделов; рассмотрение нерешенных вопросов, относящихся к обмену информацией и перечисленных Секретариатом в Документе Секретариата SP 7; рассмотрение возможных случаев пересечения других механизмов обмена информацией (например, средств КОМНАП) с действующими требованиями КСДА; рассмотрение временных рамок обмена информацией, включая случаи, когда Стороны отдают предпочтение непрерывному обмену информацией, а не ежегодному; рассмотрение вопроса оптимального отнесения каждого вида информации к категории предсезонной, ежегодной и постоянной информации.

(378) Австралия представила обобщенные результаты обсуждения по четырем категориям информации, подлежащей обмену (с анализом тематических разделов по каждой категории): экологической, научной, операционной и прочей. Наряду с вопросами обмена информацией,

которые с большой вероятностью могут быть без труда решены на Совещании, в документе также представлена информация по вопросам, в отношении которых все еще не достигнуто очевидного согласия.

(379) МКГ выработала для КСДА следующие рекомендации: рассмотреть отчет МКГ и возможные рекомендации КООС в отношении обмена информацией по экологическим вопросам; провести обсуждение категорий и тематических разделов информации, в отношении которых предложенные незначительные изменения могут получить общую поддержку, с целью принятия решения по необходимым изменениям; провести обсуждение категорий и тематических разделов информации, в отношении которых вероятно потребуется дальнейшее обсуждение; определить необходимость продолжения работы в отношении тех или иных категорий и тематических разделов и выработать предложения по дальнейшим методам и формам работы для ее успешного выполнения.

(380) По результатам обсуждения Совещание приняло Решение 6 (2015 г.) *Обмен информацией* в качестве единого ориентира в вопросе обмена информацией между Сторонами. Материалы, касающиеся изменений и дополнений к требованиям в отношении обмена информацией, приложенные к Решению, содержатся в Приложении 1 к настоящему Отчету. На Совещании была достигнута договоренность о пересмотре и уточнении в будущем на постоянной основе единого перечня информации, подлежащей обмену между Сторонами.

(381) На Совещании была также достигнута договоренность о создании новой Межсессионной контактной группы для продолжения работы по комплексному анализу существующих требований к обмену информацией, которая была инициирована на XXXVII КСДА, с приведенным ниже Техническим заданием.

1. Проведение критического анализа разделов информации, подлежащих обязательному обмену на текущий момент, с уделением особого внимания оставшимся без изменений разделам, отнесенным к разряду требующих внимания (перечисленным в Приложении 1 к Рабочему документу WP 14, представленному на XXXVIII КСДА);

2. Выработка рекомендаций по следующим вопросам:

   a. Продолжает ли обмен информацией по этим разделам оставаться актуальным и ценным для Сторон.

   b. Требуется ли внесение изменений и дополнений, приведение в соответствие с современными требованиями, изменение формы представления информации, придание обязательного статуса (информации, обмен которой не является на данный момент обязательным) или исключение информации из обмена в отношении отдельных тематических разделов.

c. Определение временных рамок обмена информацией по этим разделам.

d. Рассмотрение вопроса оптимального отнесения каждого вида информации к категории предсезонной, ежегодной и постоянной информации.

e. Рассмотрение вопроса о возможных более эффективных способах обмена конкретными видами информации с использованием других механизмов (например, средств КОМНАП).

3. Представление отчета на АТСМ XXXIX КСДА.

(382) Кроме того, Стороны договорились о:

• обеспечении Наблюдателям и Экспертам, участвующим в КСДА, возможности участия в работе Группы;

• создании Исполнительным секретарем форума КСДА для МКГ и оказании им содействия работе МКГ;

• назначении Австралии координатором МКГ.

(383) Российская Федерация представила Информационный документ IP 68 *Российско-американские работы по удалению радиоизотопных термоэлектрогенераторов из Антарктики,* подготовленный совместно с Соединенными Штатами *Америки.* В документе Российской Федерации содержится информация о реализации совместного российско-американского проекта по вывозу радиоизотопного оборудования с нескольких российских антарктических станций. В документе отмечается, что побудительной причиной вывоза радиоизотопных термоэлектрогенераторов (РИТЭГ) явилась опасность несанкционированного использования установленных в Антарктике РИТЭГов для совершения террористических актов. Российская Федерация также выразила благодарность Аргентине и Германии за оказание содействия в выдаче разрешений на заход НЭС «Академик Федоров» в морские порты этих стран во время перехода в Санкт-Петербург для окончательного вывода оборудования из эксплуатации.

(384) Соединенные Штаты Америки подчеркнули, что данный Информационный документ является важным примером сотрудничества в вопросах контроля

над вооружениями. Он также является яркой иллюстрацией возможностей развития сотрудничества между Сторонами Договора об Антарктике вне зависимости от наличия разногласий в других областях.

(385) Совещание поздравило Российскую Федерацию с успешным вывозом радиоизотопного оборудования.

(386) Вывоз РИТЭГов был отнесен к числу примеров восстановления окружающей среды. Кроме того, были привлечено внимание к Рекомендациям VI-5 и VI-6 по вопросам контроля над радиоизотопным оборудованием, используемым в научных исследованиях, и обмена информацией об использовании радиоактивных изотопов.

Пункт 17. Биопроспектинг в Антарктике

(387) Нидерланды представили Информационный документ IP 133 *An Update on Status and Trends Biological Prospecting in Antarctica and Recent Policy Developments at the International Level*. В документе представлена обновленная информация в отношении текущего положения дел и основных направлений в области биопроспектинга (биологической разведки) в Антарктике, а также краткий обзор текущего развития соответствующей нормативно-правовой базы на международном уровне. Нидерланды отметили, что данные вопросы взяла под свой контроль Генеральная Ассамблея ООН путем создания неофициальной Рабочей группы открытого состава по изучению вопросов, связанных с сохранением и рациональным использованием морского биологического разнообразия в районах, находящихся за пределами действия национальной юрисдикции. В документе сообщается, что на девятом совещании Рабочей группы, состоявшемся ранее в 2015 г., была выработана рекомендация о принятии на 69-й сессии Генеральной Ассамблеи ООН нормативного акта, имеющего обязательную юридическую силу, в отношении сохранения биоразнообразия, находящегося за пределами действия национальной юрисдикции, в соответствии с Конвенцией ООН по морскому праву. Нидерланды подчеркнули, что Рабочая группа не исключила при этом морские живые ресурсы Антарктики, и заострили внимание на актуальности данного вопроса для КСДА.

(388) Совещание поблагодарило Нидерланды за представленную обновленную информацию. В качестве реакции на возможное вынесение на обсуждение соответствующего нормативного акта в отношении района действия

Договора об Антарктике ряд Сторон подчеркнули необходимость обсуждения вопросов по сбору и использованию биоматериалов Антарктики в рамках Системы Договора об Антарктике. Было отмечено, что Стороны должны внимательно относиться к нормативно-правовой базе Системы Договора об Антарктике и соблюдать осмотрительность при участии в дискуссиях о возможном применении иных нормативно-правовых режимов, которые могут оказаться несовместимыми с предъявляемыми требованиями. Совещание вновь подтвердило, что Система Договора об Антарктике является отвечающей требованиям структурой для решения вопросов управления сбором биоматериалов в районе действия Договора об Антарктике и их использования. Целый ряд Сторон подчеркнули важность постоянного включения вопроса о биологической разведке в повестку дня КСДА.

Пункт 18. Подготовка 39-го Совещания

a. Дата и место

(389) Совещание приветствовало любезное предложение правительства Чили принять XXXIX КСДА в Сантьяго предположительно в период с 6 по 15 июня 2016 г.

(390) В целях обеспечения возможности планирования на будущее Совещание приняло к сведению следующий предполагаемый план-график предстоящих КСДА:

- 2017 г. – Китай;
- 2018 г. – Эквадор.

b. Приглашение международных и неправительственных организаций

(391) В соответствии с установившейся практикой Совещание приняло решение о приглашении на XXXIX КСДА экспертов от следующих организаций, проявляющих научный и технический интерес к Антарктике: Секретариат АКАП, АСОК, Межправительственная группа экспертов по изменению климата (МГЭИК), МААТО, Международная организация гражданской авиации (ИКАО), МГО, ИМО, МОК, Международный фонд для компенсации ущерба от загрязнения нефтью (IOPC Funds), МСОП, ЮНЕП, РКИК ООН, ВМО и ВТО.

c. Подготовка повестки дня XXXIX КСДА

(392) Совещание одобрило предварительную повестку дня XXXIX КСДА (см. Приложение 2).

d. Организация XXXIX КСДА

(393) После обсуждения вопроса о методах работы КСДА Совещание приняло решение изменить количество постоянно действующих Рабочих групп. В 2016 г. РГ № 1 будет заниматься концептуальными, правовыми и институциональными вопросами, а РГ № 2 – вопросами операционной, научной и туристической деятельности. Кроме того, по мере необходимости может создаваться Специальная рабочая группа (РГ № 3). На 2016 г. Совещание приняло решение о создании РГ № 3 по вопросам, связанным с 25-й годовщиной подписания Протокола по охране окружающей среды.

(394) В соответствии с пересмотренными Правилами процедуры, принятыми на данном КСДА, Председатели этих групп назначаются в конце Совещания, а в случае отсутствия таких назначений – в начале очередного Совещания. Совещание приняло решение о назначении Рене Лефебера (René Lefeber), Нидерланды, Председателем РГ № 1 на 2016 г. Совещание приняло решение о назначении Максимо Гоуланда (Máximo Gowland), Аргентина, и Джейн Френсис (Jane Francis), Великобритания, Сопредседателями РГ № 2 на 2016 г. Чили, являющаяся принимающей страной очередного КСДА, согласилась решить вопрос назначения Председателя РГ № 3.

e. Лекция СКАР

(395) Принимая во внимание серию полезных лекций, прочитанных СКАР на ряде предыдущих КСДА, Совещание приняло решение пригласить СКАР прочитать еще одну лекцию по научным вопросам, относящимся к XXXIX КСДА.

Пункт 19. Прочие вопросы

(396) В отношении некорректных ссылок на территориальный статус Мальвинских островов, Южной Георгии и Южных Сандвичевых островов, содержащихся в документах данного Консультативного совещания по Договору об Антарктике, Аргентина отвергла всякие ссылки на эти острова как на отдельное от ее национальной территории самостоятельное

образование, что тем самым придает им международный статус, которого они не имеют, и подчеркнула, что Мальвинские острова, Южная Георгия и Южные Сандвичевы острова с прилегающими морскими районами являются неотъемлемой частью территории государства Аргентина. Кроме того, Аргентина считает неприемлемыми незаконную регистрацию судов так называемыми британскими властями под флагом Мальвинских островов, использование портов данных архипелагов в качестве портов приписки судов, а также любые другие односторонние действия, предпринимаемые означенными колониальными властями, которые не признаются и отвергаются Аргентиной. Мальвины, Южная Георгия и Южные Сандвичевы острова с прилегающими морскими районами являются неотъемлемой частью национальной территории Аргентины, незаконно захваченной Великобританией, и являются объектом спора о праве на суверенитет над этими территориями между Аргентинской Республикой и Соединенным Королевством Великобритании и Северной Ирландии, что признается ООН.

(397) В ответ Великобритания заявила, что не имеет сомнений по поводу своего права на суверенитет над Фолклендскими островами, Южной Георгией и Южными Сандвичевыми островами и прилегающими к ним морскими районами, о чем хорошо известно всем делегатам. В этом отношении Великобритания не сомневается относительно права правительства Фолклендских островов использовать свой регистр судоходства для судов под флагом Великобритании и Фолклендских островов.

(398) Аргентина отвергла это заявление Великобритании и снова подтвердила свою широко известную правовую позицию.

Пункт 20. Принятие Заключительного отчета

(399) Совещание приняло Заключительный отчет 38-го Консультативного совещания по Договору об Антарктике. Председатель Совещания, Посол Райко Райчев (Rayko Raytchev) выступил с заключительным словом.

Пункт 21. Закрытие заседания

(400) Совещание было закрыто в среду, 10 июня, в 12:50.

2. Отчет КООС XVIII

Содержание

Отчет Комитета по охране окружающей среды (КООС XVIII)

София, Болгария, 1 – 5 июня 2015 г.

(1) Согласно статье 11 Протокола по охране окружающей среды к Договору об Антарктике, Представители Сторон, подписавших Протокол (Австралия, Аргентина, Беларусь, Бельгия, Болгария, Бразилия, Великобритания, Венесуэла, Германия, Индия, Испания, Италия, Канада, Китай, Монако, Нидерланды, Новая Зеландия, Норвегия, Перу, Польша, Португалия, Республика Корея, Российская Федерация, Румыния, США, Украина, Уругвай, Финляндия, Франция, Чешская Республика, Чили, Швеция, Эквадор, ЮАР, Япония), с 1 по 5 июня 2015 года провели встречу в столице Болгарии г. Софии с целью предоставления консультаций и выработки рекомендаций для Сторон в связи с выполнением положений Протокола.

(2) В соответствии с Правилом 4 Правил процедуры КООС на Совещании также присутствовали представители следующих Наблюдателей:

- Сторон Договора об Антарктике, которые не являются Сторонами, подписавшими Протокол: Малайзия, Монголия, Турция и Швейцария;

- Научного комитета по антарктическим исследованиям (СКАР), Научного комитета Комиссии по сохранению морских живых ресурсов Антарктики (НК-АНТКОМ) и Совета управляющих национальных антарктических программ (КОМНАП); а также

- научных, экологических и технических организаций: Коалиции по Антарктике и Южному океану (АСОК), Международной ассоциации антарктических туристических операторов (МААТО), Международного союза охраны природы (МСОП), Программы ООН по окружающей среде (ЮНЕП) и Всемирной метеорологической организации (ВМО).

Пункт 1. Открытие заседания

(3) Председатель КООС г-н Юэн Мак-Айвор (Ewan McIvor) (Австралия) открыл заседание в понедельник 1 июня 2015 года и поблагодарил Болгарию за организацию и прием Совещания в г. Софии.

(4) Комитет выразил искренние соболезнования Бельгии в связи с печальной утратой г-на Фредерика Шимэ (Fr d ric Chemay), представителя КООС от Бельгии, который скончался в сентябре 2014 года.

(5) От имени Комитета Председатель поприветствовал Венесуэлу и Португалию, которые стали новыми Членами Комитета после их присоединения к Протоколу 31 августа 2014 года и 10 октября 2014 года, соответственно. Председатель отметил, что в состав КООС теперь входят 37 Членов.

(6) Председатель подытожил работу, предпринятую в межсессионный период, отметив факт выполнения всех мероприятий, определенных в ходе заседания КООС XVII, по которым ожидались результаты ко времени проведения заседания КООС XVIII (Информационный документ IP 121).

Пункт 2. Принятие повестки дня

(7) Комитет принял следующую повестку дня и подтвердил распределение 41 Рабочего документа (WP), 45 Информационных документов (IP), 4 Документов Секретариата (SP), а также 9 Вспомогательных документов (BP) по пунктам повестки дня:

1. Открытие заседания

2. Принятие повестки дня

3. Стратегическое обсуждение дальнейшей работы КООС

4. Работа КООС

5. Сотрудничество с другими организациями

6. Восстановительные мероприятия и ликвидация экологического ущерба

7. Последствия изменения климата для окружающей среды: стратегический подход

8. Оценка воздействия на окружающую среду (ОВОС)

   a. Проекты Всесторонней оценки окружающей среды

b. Прочие вопросы ОВОС

9. Охрана районов и планы управления

  a. Планы управления

  b. Исторические места и памятники

  c. Правила поведения для посетителей участков

  d. Пространственная охрана морской среды и меры пространственного управления

  e. Прочие вопросы, связанные с Приложением V

10. Сохранение антарктической флоры и фауны

  a. Карантин и неместные виды

  b. Особо охраняемые виды

  c. Прочие вопросы, связанные с Приложением II

11. Экологический мониторинг и представление данных об окружающей среде

12. Отчеты об инспекциях

13. Общие вопросы

14. Выборы должностных лиц

15. Подготовка следующего заседания

16. Принятие Отчета

17. Закрытие заседания

Пункт 3. Стратегическое обсуждение дальнейшей работы КООС

(8) Новая Зеландия представила Рабочий документ WP 21 *Портал окружающей среды Антарктики: завершение проекта и дальнейшие шаги* и сослалась на Информационный документ IP 11 *Antarctic Environmental Portal content development and editorial process*, подготовленный совместно с Австралией, Бельгией, Норвегией и СКАР. В документе представлен отчет о проведенной работе по завершению разработки Портала окружающей среды Антарктики со времени проведения XXXVII КСДА. Во время межсессионной работы было проведено: продвижение Портала во время открытой научной конференции СКАР в 2014 году,

в том числе проведение семинара Ассоциации молодых полярных исследователей (APECS) по Порталу; учреждение двух консультативных групп для предоставления отзывов и комментариев по аспектам Портала, а также отдельный семинар для проверки и доработки редакционного процесса. Новая Зеландия также сообщила о заключении договора с Редактором и учреждении Редакционной группы Портала, которая отвечает за разработку, пересмотр и обновление содержимого Портала. В настоящее время Редакционная группа контролирует подготовку 15 статей, имеющих непосредственное отношение к Комитету. В написании этих статей принимают участие 50 авторов из 15 стран. Новая Зеландия отметила, что Портал в настоящее время переносится в Центр антарктических исследований «Гейтуэй Антарктика» в Университете Кентербери и что для контроля работы Портала будет создано временное Правление. Новая Зеландия также сообщила о подаче заявления о финансировании в международный фонд для поддержки работы Портала в ближайшие три года.

(9)   Соавторы рабочего документа порекомендовали Комитету: одобрить завершение разработки Портала окружающей среды Антарктики и оказать свою помощь конечному продукту; рассмотреть варианты использования Портала в помощь к своим дискуссиям, консультациям для КСДА и планированию будущей приоритетной работы; рассмотреть возможность и способы участия в работе Портала путем предоставления членов Редакционной группы в будущем; а также высказать свое мнение касательно потенциального управления Порталом в будущем.

(10)   Комитет высоко оценил значительную работу по дальнейшей разработке и завершению Портала окружающей среды Антарктики, выполненную Новой Зеландией, Австралией, Бельгией, Норвегией и СКАР после заседания КООС XVII. Участники отметили динамичность реагирования сторон, участвовавших во внесении предложения, на вопросы, поднятые в ходе обсуждений на предыдущих заседаниях КООС, в частности на разработку скрупулезного редакционного процесса для обеспечения высочайшего качества научной информации, содержащейся на Портале, а также отметили сбалансированность и политическую нейтральность всего содержимого.

(11)   Что касается возможностей использования Портала для поддержки дискуссий Комитета, была достигнута договоренность, что Члены могут пользоваться информацией, содержащейся на Портале, для содействия своей работе, в том числе для разработки руководящих принципов, а

также в качестве ресурса для поддержки процессов оценки воздействия на окружающую среду и для информирования о своих подготовках к заседаниям и дискуссиям во время заседаний. Комитет отметил, что он мог бы предлагать тематические вопросы для дальнейшего их добавления на Портал в согласовании с рассматриваемыми Комитетом вопросами.

(12) Был поднят вопрос о том, каким образом в будущем будут проходить выборы Редакционной группы, и было отмечено, что будущее управление и руководство Порталом являются вопросами, к которым Комитету следует вернуться на будущих заседаниях. В связи с этим было высказано предупредительное замечание касательно будущего финансирования Портала, а также отмечена необходимость обеспечения политически нейтрального характера содержимого и управления Порталом. Было высказано предложение, чтобы окончательным принимающим учреждением Портала стал Секретариат.

(13) Комитет поприветствовал рекомендацию перенести хостинг Портала в Университет Кентербери и отметил факт реализации привлечения внешнего финансирования.

(14) Франция предложила свое содействие в переводе конкретных ресурсов на французский язык.

Рекомендации КООС для КСДА по Порталу окружающей среды Антарктики

(15) Комитет одобрил следующие рекомендации для КСДА: поприветствовать завершение проекта разработки Портала окружающей среды Антарктики, выразить свою поддержку конечному продукту и признать полезность Портала как благотворительного инструмента, помогающего Комитету быть максимально информированным о состоянии окружающей среды Антарктики.

(16) Комитет одобрил проект Резолюции по будущему использованию и управлению Порталом окружающей среды Антарктики и дал согласие направить его в КСДА на утверждение.

25-я годовщина подписания Протокола по охране окружающей среды.

(17) Норвегия представила Рабочий документ WP 44 *Симпозиум, посвященный празднованию 25-й годовщины Протокола по охране*

окружающей среды к Договору об Антарктике, подготовленный совместно с Австралией, Великобританией, Новой Зеландией, Францией и Чили. После предложения Норвегии, внесенного на заседании КООС XVII, в Рабочем документе WP 44 предлагается одновременно с 39-м КСДА и 19-м заседанием КООС провести симпозиум, с тем чтобы отпраздновать и обсудить достижения в области применения Протокола как правильного инструмента для создания основы для охраны окружающей среды Антарктики.

(18) В документе рекомендовалось, чтобы КСДА и КООС: утвердили проведение симпозиума в честь 25-й годовщины одновременно с XXXIX КСДА и заседанием КООС XIX в Чили в субботу, следующую сразу по окончании заседания КООС; приняли структуру, описанную в Рабочем документе WP 44, как отправную точку для дальнейшей разработки программы симпозиума; приняли предложение Норвегии (а также других Участников) координировать планирование и взять на себя ответственность за практическую реализацию проведения симпозиума; а также утвердили использование дискуссионного форума СДА в качестве платформы, которую Участники могут использовать для того, чтобы помочь организаторам в разработке повестки дня симпозиума.

(19) Комитет рассмотрел эти вопросы и согласился, что 25-я годовщина Протокола является важной датой, в которую представляется своевременная и актуальная возможность сосредоточить внимание на Протоколе по охране окружающей среды как на основе для управления окружающей средой Антарктики, и что симпозиум был бы полезным и подходящим средством достижения этой цели.

(20) Комитет согласился, что такой памятный симпозиум должен проводиться совместно с заседанием КООС XIX и XXXIX КСДА, и что он может состояться в субботу, следующую сразу по окончании заседания КООС.

(21) Что касается масштабности, многие Участники выразили пожелания, чтобы такой памятный симпозиум не был ограничен только внутренними празднованиями, но также был использован как возможность для привлечения внешнего внимания с целью информирования широких масс населения. Было предложено создать платформу для встречи политиков по поднятым вопросам и сделать симпозиум открытым для широкой общественности. Ряд Членов предложили разработать некий «продукт» от симпозиума, который мог бы стать информационно-

просветительской составляющей, однако подробности о том, что он мог бы из себя представлять, раскрыты не были. Также Члены выразили желание использовать возможность взглянуть на Протокол со многих ракурсов, в том числе в историческом, правовом и социальном контексте.

(22) АСОК выразила поддержку предлагаемому симпозиуму, который, по ее мнению, дает превосходную возможность оценить реализацию и эффективность Протокола на сегодняшний день, а также возможность стратегического обсуждения способов использования Протокола для решения насущных проблем в настоящее время и в будущем. АСОК предложила включить в дискуссии оценку инспекций, проведенных согласно Статье 14 Протокола, которые дают достоверную информацию о том, как положения Протокола реализуются на практике.

(23) Комитет отметил существование ряда других инициатив, ориентированных на внешнюю, информационно-просветительскую составляющую празднования 25-й годовщины. Одним из таких предложений и продуктов было создание памятной брошюры в честь 25-й годовщины, предложенное Аргентиной. На выходных перед XXXVIII КСДА/КООС XVIII на Семинаре по вопросам образовательной и информационно-просветительской деятельности было предложено учредить электронный форум по вопросам образовательной и информационно-просветительской деятельности, который использовал бы 25-ю годовщину для обеспечения возможностей для совместных образовательных и информационно-просветительских мероприятий.

(24) Комитет также отметил, что симпозиум даст возможность сосредоточить внимание как на достижениях прошлого, так и на вызовах будущего, и что на симпозиуме необходимо обеспечить баланс в презентациях и докладчиках, приглашенных на симпозиум. Также было отмечено, что симпозиум следует организовать в существующих бюджетных рамках Секретариата.

Рекомендация КООС для КСДА по симпозиуму, посвященному 25-й годовщине подписания Протокола по охране окружающей среды

(25) КООС согласился проинформировать КСДА о том, что 25-я годовщина Протокола является важной датой, в которую представляется своевременная, актуальная и ожидаемая возможность сосредоточить

внимание на Протоколе по охране окружающей среды как на основе для управления окружающей средой Антарктики, и что симпозиум был бы полезным и подходящим средством достижения этой цели.

(26) КООС также согласился сообщить КСДА, что такой памятный симпозиум должен проводиться совместно с заседанием КООС XIX и XXXIX КСДА, и что он может состояться в субботу, следующую сразу по окончании заседания КООС.

(27) КООС согласился порекомендовать учредить организационный комитет, в состав которого должны войти представители стран, внесших предложение, и других заинтересованных Участников, а также возможно бывших Председателей КООС. Этот организационный комитет должен в дальнейшем разработать программу симпозиума по возможности с учетом предложений Членов КООС касательно потенциального масштаба, баланса в презентациях и докладчиках и бюджетных рамок. Организационный комитет должен рассмотреть механизмы для предоставления Сторонам возможности давать организационному комитету рекомендации касательно разработки программы симпозиума в межсессионный период.

(28) Аргентина представила Рабочий документ WP 47 *Семинар по вопросам образовательной и просветительской деятельности: отчет об итогах неформальных дискуссий по подготовке публикации, посвященной 25-й годовщине Мадридского Протокола*. В документе представлены результаты неформальной дискуссии, проведенной Аргентиной, в том числе проект содержания для публикации и возможные способы продвижения вперед. Аргентина подчеркнула важность информирования широкой общественности о многих достижениях за последние 25 лет. Она отметила, что во время неформальной дискуссии было выражено несколько позиций касательно объема публикации. Аргентина отметила, что некоторые участники выразили мнение, что объем должен быть ограничен работой и достижениями Комитета до настоящего времени, в то время как другие считают, что в публикации должны быть отражены основные сложные задачи и цели, предстоящие в будущем. Было предложено, чтобы формат и дизайн публикации был простым и интерактивным. Аргентина порекомендовала КООС: отметить достигнутые успехи в процессе неформальных консультаций; рассмотреть различные предложения участников; проанализировать возможность придать формальные рамки процессу разработки публикации в следующем межсессионном периоде.

(29) Комитет поблагодарил Аргентину за проведение неформальных межсессионных дискуссий и поддержал создание формального процесса со сбалансированным авторством для подготовки публикации, отражающей достижения Протокола и КООС, а также проблемные вопросы, подлежащие рассмотрению в будущем. Комитет согласился, что такая публикация должна быть краткой, неполитизированной и доступной для понимания широкой аудитории.

(30) Комитет отметил, что на Семинаре по вопросам образовательной и информационно-просветительской деятельности, проведенном перед XXXVIII КСДА, обсуждался вопрос организации форума для координации информационно-просветительской деятельности, связанной с 25-й годовщиной Протокола, и что такой форум мог бы стать полезным средством распространения информации об этой публикации среди широкой аудитории.

(31) АСОК отметила, что 25-я годовщина является важной датой в истории управления Антарктикой и подходящим событием для подведения итогов по успехам и проблемным вопросам за последние 25 лет, а также для оценки таких вопросов в предстоящие годы. АСОК выразила желание предоставить информацию в процессе публикации.

(32) СКАР также выразил желание предоставить информацию в процессе публикации.

(33) Комитет решил учредить МКГ по вопросам разработки публикации в честь 25-й годовщины Мадридского протокола со следующими техническими заданиями:

1. Создать небольшую Авторскую группу для написания материала для публикации, учитывая географический баланс и разнообразие Сторон КООС в плане опыта, включая бывших председателей Комитета. Кроме того, создать Редакционную группу для составления и редактирования текста после получения рекомендаций.

2. Разработать нейтральный по тону, краткий, емкий и веб-ориентированный материал для публикации, включая визуальные и динамические инструменты, учитывая уже поставленные цели для публикации КООС.

3. Определить различные средства информационно-просветительской работы с населением.

4. Представить проект публикации на заседании КООС XIX для рассмотрения и утверждения ее запуска по случаю годовщины к октябрю 2016 г.

(34) Комитет с благодарностью принял предложение Аргентины созвать МКГ и призвал к широкому участию в этой работе во время приближающегося межсессионного периода. Комитет поприветствовал предложение Патрисии Ортузар (Patricia Ort zar) (Аргентина), которая вызвалась выступить в роли организатора этой МКГ.

Пятилетний план работы КООС

(35) Комитет рассмотрел Пятилетний план работы, принятый на заседании КООС XVII (Рабочий документ WP 5), и, согласно договоренности, достигнутой на заседании КООС XV (2012 г.), вкратце рассмотрел план работы в конце каждого пункта повестки дня.

(36) Комитет пересмотрел и обновил Пятилетний план работы (Приложение 1). К основным изменениям относились обновления по мероприятиям, согласованным во время Совещания, в том числе добавление нового вопроса об охране уникальных геологических ценностей. Комитет также принял решение снять с повестки дня ряд вопросов, по которым не определено никаких конкретных заданий (особо охраняемые виды; реагирование и планирование действий в чрезвычайных ситуациях; обновление Протокола и пересмотр Приложений; инспекции; отходы и управление энергопотреблением), отметив, что некоторые из этих вопросов были постоянными пунктами повестки дня, и что эти вопросы, равно как и все новые вопросы, могут быть добавлены в План работы в будущем.

(37) Комитет согласился, что для будущих заседаний Пятилетний план работы должен представляться в документе Секретариата совместно с планом работы КСДА.

Пункт 4. Работа КООС

(38) Председатель сослался на Документ Секретариата SP 2 *Отчет Секретариата за 2014/15 г.*, в котором подытожена деятельность Секретариата за последний год. Председатель поблагодарил Секретариат за его работу по содействию Комитету.

(39) Австралия представила Рабочий документ WP 14 *Отчет Межсессионной контактной группы по пересмотру требований к обмену информацией.*

На заседании КООС XVII Комитет отметил свою заинтересованность в участии в обсуждении требований к обмену экологической информацией. После этого XXXVII КСДА попросило КООС дать рекомендации по этим вопросам. Австралия подытожила работу межсессионной контактной группы, которая определила две широкие категории предложений по обмену информацией. В первую категорию вошли тематические разделы или категории, по которым предложено внесение очень простых изменений или уточнений одним и более участниками обсуждения без каких-либо возражений со стороны других участников и в отношении которых предполагается получение общей поддержки Сторон. Во вторую категорию вошли тематические разделы или категории, по которым не было достигнуто очевидного согласия и в отношении предложенных изменений по которым, вероятно, потребуется дальнейшее обсуждение.

(40) В документе Комитету рекомендуется: рассмотреть отчет в контексте обмена информацией по экологическим вопросам; провести обсуждение категорий и тематических разделов информации, в отношении которых предложенные незначительные изменения могут получить общую поддержку, с целью принятия решения по необходимым изменениям; а также провести обсуждение категорий и тематических разделов информации, в отношении которых, вероятно, потребуется дальнейшее обсуждение, определить необходимость продолжения работы по тем или иным категориям и тематическим разделам и выработать предложения по дальнейшим методам и формам работы для ее успешного выполнения.

(41) Комитет поблагодарил Австралию за создание МКГ и за обширный отчет по результатам обсуждений. Комитет выразил заинтересованность в дальнейшем рассмотрении изменений в требованиях к обмену информацией по экологическим вопросам. Он отметил, что при обсуждении данного документа на КСДА будет принят во внимание вклад представителей КООС, внесенный во время заседания, и выразил готовность по мере необходимости предоставлять дальнейшие рекомендации КСДА касательно обмена информацией по экологическим вопросам.

(42) Председатель напомнил, что на XXXVII КСДА был обновлен многолетний стратегический план работы, в который приоритетной задачей было добавлено усиление сотрудничества между КООС и КСДА. Председатель отметил, что у Комитета установились хорошие рабочие взаимоотношения с КСДА, при этом подчеркнув ценность Комитета в определении

возможностей для дальнейшего расширения взаимоотношений, и попросил Участников высказать свое мнение по этому вопросу.

(43) Комитет поприветствовал решение КСДА сделать первоочередным рассмотрение его взаимоотношений с КООС и выразил поддержку действиям, предпринимаемым Председателем, в число которых входят: краткий инструктаж делегаций КСДА по рассматриваемым Комитетом вопросам, которые также могут представлять интерес и важность для рассмотрения и на КСДА; использование возможностей во время заседания для координации с председателями рабочих групп КСДА и неформальной передачи результатов соответствующих обсуждений на заседании КООС, а также концентрация внимания при представлении отчета КСДА на вопросах, по которым Комитет разработал особые рекомендации для КСДА.

(44) Комитет напомнил о своей роли в качестве консультативного органа КСДА, что отражено в Статье 12 Протокола, и отметил необходимость ведения эффективного диалога между КСДА и КООС. Также Комитет отметил важность ответов на запросы консультирования от КСДА и заблаговременного заострения внимания на важных вопросах.

(45) Комитет согласился с целесообразностью запроса у КСДА отзывов и комментариев касательно методов предоставления рекомендаций Комитетом, а также того, направлены ли рекомендации на вопросы первоочередной важности для КСДА. По данному вопросу Комитет отметил, что для КСДА было бы полезно учесть приоритеты, изложенные в пятилетнем плане работы КООС.

Рекомендации КООС для КСДА по возможностям усиления сотрудничества между КООС и КСДА

(46) Комитет поприветствовал приоритет, присвоенный КСДА рассмотрению его взаимоотношений с КООС, и попросил КСДА дать отзывы и комментарии касательно возможностей расширения его подхода к предоставлению рекомендаций и обеспечения более тесной согласованности с приоритетами КСДА.

Пункт 5. Сотрудничество с другими организациями

(47) КОМНАП представил Информационный документ IP 8 *Ежегодный отчет Совета управляющих национальных антарктических программ*

146

(КОМНАП) за 2014/15 гг., который также был представлен на КСДА. КОМНАП сообщил, что новым руководителем Экспертной группы КОМНАП по вопросам окружающей среды стал д-р Ануп Тивари (Anoop Tiwari), и выразил благодарность предыдущему руководителю Группы д-ру Сандре Поттер (Sandra Potter) за годы ее работы в этой должности.

(48) Наблюдатель НК-АНТКОМ представил Информационный документ IP 12 *Report by the SC-CAMLR Observer*. Как и в предыдущие годы, документ сфокусирован на следующих пяти вопросах, представляющих взаимный интерес для КООС и НК-АНТКОМ, как определено на первом совместном семинаре в 2009 году: a) изменение климата и морская среда Антарктики; b) разнообразие видов и неместные виды в морской среде Антарктики; c) антарктические виды, требующие особой охраны; d) пространственная охрана морской среды и охраняемые районы, а также e) экосистема и мониторинг окружающей среды.

(49) В Информационном документе IP 12 представлены данные о ходе работы над этими пятью вопросами, а также некоторые важные инициативы НК-АНТКОМ, среди которых: система научных стипендий АНТКОМ и деятельность НК-АНТКОМ в отношении МОР и Уязвимых морских экосистем, а также потребность в разработке набора действующих параметров Программы АНТКОМ по мониторингу экосистем (СЕМП) как составной части программ с обратной связью по промыслу криля. Полный текст доклада, представленного на 33-м совещании НК-АНТКОМ, был размещен на веб-сайте АНТКОМ: http://www.ccamlr. org/en/meetings/27.

(50) В ответ на два вопроса Турции Наблюдатель НК-АНТКОМ сообщил, что самая последняя оценка популяции криля в районе действия Конвенции была произведена при синоптической съемке криля АНТКОМ-2000. По результатам этого исследования была получена цифра в 60 миллионов тонн криля, и НК-АНТКОМ признал, что оценка является устаревшей, но не существует данных по меньшему годовому количеству криля, которые бы свидетельствовали о какой-либо тенденции в отношении биомассы криля со времени проведения этого исследования. Наблюдатель НК-АНТКОМ также заявил, что в Комитет не поступало сведений о каких-либо неместных морских видах, и при этом отметил договоренность о том, что КООС возьмет на себя руководящую роль в отношении вопроса о неместных видах в морской среде Антарктики.

(51) СКАР представил Информационный документ IP 19 *Ежегодный отчет Научного комитета по антарктическим исследованиям (СКАР) за 2014–2015 гг.* и сослался на Вспомогательный документ BP 4 *The Scientific Committee on Antarctic Research (SCAR) Selected Science Highlights for 2014/15.* В нем приведено несколько примеров мероприятий, проведенных СКАР, включая выпуск Биогеографического атласа Южного океана, выполнение программы Научного сканирования горизонта силами СКАР (IP20) и соответствующие публикации в журналах *Antarctic Science* и *Nature*, а также создание Портала окружающей среды Антарктики. СКАР отметил прогресс в подготовке отчета по закислению Южного океана и напомнил делегатам, что это будет темой лекции СКАР на XXXVIII КСДА (BP1). СКАР также проинформировал делегатов о том, что XII Международный симпозиум по исследованиям территории Антарктики (ISAES) – 2015 пройдет с 13 по 17 июля в Гоа, а с 19 по 31 августа 2016 года в Куала-Лумпуре, Малайзия, будут проведены XXXIV совещание СКАР и Открытая научная конференция. Кроме того, СКАР отметил, что в 2018 году совещание СКАР и Открытая научная конференция пройдут с 15 по 27 июня в Давосе, Швейцария. Он также отметил, что продолжает дальнейшее развитие программ предоставления стипендий и грантов для молодых ученых и оказывает содействие укреплению научного потенциала.

(52) СКАР сообщил, что д-р Алекс Тероудс (Aleks Terauds) был назначен новым Директором Постоянного комитета СКАР по Системе Договора об Антарктике (SCATS) и что в SCATS вошли несколько новых членов.

(53) Чили представила Информационный документ IP 106 *Report by the CEP Observer to the XXXIII SCAR Delegates' Meeting*, в котором описаны наиболее важные аспекты заседания, касающиеся Комитета. Чили воспользовалась возможностью поблагодарить SCATS и д-ра Чоуна (Chown) за оказанную Комитету поддержку в прошлом и пожелать д-ру Тероудсу наибольших успехов в выполнении его заданий. Она также напомнила, что во время Открытой научной конференции СКАР SCATS организовал «зеркально отраженный симпозиум» с представлением сегодняшнего видения исследователей Антарктики по вопросам сохранения окружающей среды, биоразнообразия, мониторинга, охраняемых участков, локального воздействия, инвазивных видов и роли национальных антарктических программ, а также основных проблемных вопросов, представленных ими для Системы Договора об

Антарктике и международного научного сообщества. Она отметила, что эта информация может оказаться полезной для работы КООС.

(54) Малайзия проинформировала Комитет о том, что следующая Открытая научная конференция СКАР пройдет с 19 по 21 августа 2016 года в Куала-Лумпуре, и предложила участникам ознакомиться с дальнейшими подробностями на веб-странице конференции (http://scar2016.com/).

Назначение представителей КООС в другие организации

(55) Комитет назначил д-ра Ива Френо (Yves Frenot) (Франция) в качестве представителя КООС на 27-м Ежегодном общем совещании КОМНАП, которое пройдет в Тромсё, Норвегия, с 26 по 28 августа 2015 года, и д-ра Полли Пенхейл (Polly Penhale) (США) в качестве представителя КООС на 34-м совещании НК-АНТКОМ, которое будет проведено в Хобарте (Австралия) с 19 по 23 октября 2015 года. Председатель КООС также принял приглашение Председателя НК-АНТКОМ принять участие в Заседании НК-АНТКОМ в 2015 году.

Семинар КООС и НК-АНТКОМ

(56) Соединенные Штаты Америки представили Рабочий документ WP 6 *Предлагаемый совместный семинар КООС/НК-АНТКОМ (2016 г.) по вопросам изменения климата и мониторинга*, подготовленный совместно с Великобританией. На заседаниях КООС и НК-АНТКОМ в 2014 году была поддержана идея организовать второй совместный семинар КООС и НК-АНТКОМ в 2016 году. Оба Комитета пришли к мнению, что общей задачей семинара может быть определение воздействий изменения климата, которые с наибольшей вероятностью могут повлиять на сохранение Антарктики, а также определение существующих и потенциальных источников данных исследований и мониторинга, которые имеют значение для КООС и НК-АНТКОМ. В продолжение дискуссий, состоявшихся на XVII совещании НК-АНТКОМ, был учрежден объединенный Руководящий комитет под совместным руководством д-ра Полли Пенхейл (заместителя Председателя КООС, США) и д-ра Сьюзи Грант (Dr Susie Grant) (заместителя Председателя НК-АНТКОМ, Великобритания), куда также вошли Председатель КООС г-н Юэн Мак-Айвор (Mr Ewan McIvor) (Австралия) и Председатель НК-АНТКОМ д-р Кристофер Джонс (Dr Christopher Jones) (США). Было отмечено, что д-р Со Кавагучи (So Kawaguchi) (Австралия) и д-р Антон ван де Путте (Anton

Van De Putte) (Бельгия) также были назначены членами Руководящего комитета. Руководящий комитет обратился к членам КООС с просьбой выразить мнения по поводу предложенного Технического задания для семинара, особых пунктов повестки дня и дополнительных кандидатур в члены Руководящего комитета.

(57)   Комитет выразил активную поддержку проведению второго совместного семинара КООС и НК-АНТКОМ в 2016 году.

(58)   Комитет согласился, что предложенное в Рабочем документе WP 6 Техническое задание создает прочную базу для семинара в частности пункт ТЗ (ii), посвященный пересмотру текущих мониторинговых программ и рассмотрению потенциальных новых концепций, и пункт (iii) о разработке механизмов практического сотрудничества КООС и НК-АНТКОМ по вопросам изменения климата и мониторинга подлежат приоритетному рассмотрению. Кроме того, Комитет согласился признать необходимость проявления осторожности в ТЗ семинара и порекомендовал сосредоточить внимание на мониторинге последствий изменения климата, а не на обсуждении мер по смягчению последствий изменения климата.

(59)   Предложенный состав и рамки Руководящего комитета были признаны адекватными для эффективной работы. Также было достигнуто согласие в том, что семинар будет открытым для всех Членов КООС и всех Членов НК-АНТКОМ и что будут разосланы приглашения принять участие в семинаре всем Наблюдателям КООС и НК-АНТКОМ. СКАР и АСОК проявили интерес к посещению семинара.

(60)   Также Комитет согласился рассмотреть возможность приглашения экспертов, которые смогут поделиться опытом использования систем наблюдения и мониторинга изменений климата, например тех, которые применяются в Арктике.

(61)   Комитет согласился, что для членов КООС наиболее подходящим временем проведения совместного семинара будет непосредственно перед КСДА и заседанием КООС в Чили в 2016 году. Было отмечено, что такой график и время могут быть менее удобными для участников семинара НК-АНТКОМ, поэтому была предложена рекомендация изучить возможность выработки механизма удаленного участия для тех, кто не сможет присутствовать на семинаре лично. Учитывая, что для удаленного участия может потребоваться дополнительная финансовая и техническая поддержка, было высказано мнение, что данный вопрос стоит дополнительно изучить.

(62) Чили выразила заинтересованность в том, чтобы совместный семинар был проведен до начала совещания 2016 года, однако отметила, что в настоящий момент невозможно полностью подтвердить принятие этих обязательств. По ее мнению, решение может быть принято в конце 2015 года после проведения общего анализа и оценки стоимости необходимых сопутствующих работ по проведению КСДА и заседания КООС.

(63) АСОК сообщила, что для окружающей среды Антарктики не существует организационно-правовых границ, в частности, что касается последствий изменения климата. Было выражено мнение о необходимости сотрудничества между различными органами СДА, и АСОК горячо поддержала проведение второго совместного семинара КООС и НК-АНТКОМ.

(64) В рамках данного пункта повестки дня были также представлены следующие документы:

- Вспомогательный документ BP 4 *The Scientific Committee on Antarctic Research (SCAR) Selected Science Highlights for 2014/15* (СКАР).

- Вспомогательный документ BP 6 *Submission to the CCAMLR CEMP database of Ad lie penguin data from the Ross Sea region* (Новая Зеландия).

Пункт 6. Восстановительные мероприятия и ликвидация экологического ущерба

(65) Председатель напомнил, что на заседании КООС были разработаны рекомендации для XXXVI КСДА (2013 г.) касательно восстановительных мероприятий и ликвидации экологического ущерба согласно требованиям Решения 4 (2010 г.). Рекомендации были рассмотрены на КСДА в 2014 году, была выражена благодарность Комитету за проделанную важную работу, и было высказано мнение об отсутствии дальнейшей необходимости в новых рекомендациях. Отмечая, что согласно Решению 4 (2010 г.) на XXXVIII КСДА будут рассмотрены вопросы об ответственности за экологический ущерб, Комитет заявил о своей готовности при необходимости предоставлять рекомендации по данной теме.

(66) Бразилия представила Рабочий документ WP 49 *Мониторинг окружающей среды в Антарктике, подготовленный совместно с Аргентиной*, и сослалась на Информационный документ IP 16

Bioremediation on the Brazilian Antarctic Station area. В Рабочем документе WP 49 представлены итоги двусторонних дискуссий между Аргентиной и Бразилией, проведенных с целью обмена опытом по вопросам, связанным с экологическими рисками и мерами по восстановлению, включая биовосстановление участков Антарктики, загрязненных углеводородами. В документе описаны сложности, возникающие при определении адекватных параметров для измерения уровня загрязнения в Антарктике, поскольку некоторые существующие международные параметры не применимы к антарктической среде. По данному вопросу обе стороны предложили использовать предыдущий опыт сотрудничества по мониторингу загрязнений. В документе также отмечено важное значение работы над Руководством по очистке и обмена информацией и опытом. Бразилия и Аргентина рекомендовали Комитету: отметить и признать пользу результатов двусторонних и многосторонних семинаров, которые позволяют обеспечить более тщательный обмен мнениями и опытом; призвать Национальные антарктические программы сотрудничать по вопросам, связанным с ликвидацией экологического ущерба, а также призвать Членов и Наблюдателей включить в будущем свой опыт в Руководство по очистке в Антарктике.

(67) Многие Участники и АСОК отметили высокое качество работы, проделанной Аргентиной и Бразилией, результаты которой можно использовать при рассмотрении конкретных примеров, описанных в Руководстве по очистке, усовершенствовав мероприятия по восстановлению. Участники также высоко оценили результаты работы Австралии, представленные во Вспомогательных документах BP 12 и BP 13, отметив их ценность для исследования конкретных случаев. Новая Зеландия сообщила Комитету, что в скором времени на Портале антарктической природной среды появится обобщающий отчет о текущем уровне изученности тематики о восстановительных мерах.

(68) Некоторые участники отметили, что при проведении восстановительных работ следует учитывать ситуацию с неместными видами. Индия с одобрением отозвалась о биовосстановительных работах на местах, проведенных Бразилией, Аргентиной и Австралией, с точки зрения их экономичности, однако предостерегла о том, что использование удобрений без оптимизации дозировки может привести к интродукции неместных видов в восстанавливаемом районе, поэтому следует провести дополнительные исследования по данному вопросу. Эквадор напомнил Комитету о том, что при проведении биовосстановительных

мероприятий важно работать преимущественно с местными сообществами микробов и бактерий.

(69) АСОК отметила, что восстановительные мероприятия и ликвидация экологического ущерба являются требованиями Протокола, которые согласуются с Приложениями I, III и VI, и такие мероприятия должны проводиться в максимально возможном объеме с учетом их неблагоприятных воздействий на окружающую среду. По-прежнему до сих пор существуют примеры, когда в случаях экологического ущерба не были предприняты никакие меры. В этом контексте АСОК поблагодарила Бразилию и Аргентину за интересный документ и поддержала предложения расширить и сотрудничество, и знания о восстановлении окружающей среды.

(70) Комитет одобрил рекомендации, содержащиеся в Рабочем документе WP 49.

(71) Соединенные Штаты Америки представили Информационный документ IP 41 *Remediation and Closure of Dry Valley Drilling Project Boreholes in Response to Rising lake Levels*. В документе рассмотрены мероприятия по восстановлению и заключительные работы на двух буровых скважинах, являющихся частью проекта бурения в Сухих долинах (оазисах Земли Виктории), с целью уменьшения риска загрязнения озер и окружающей среды в Сухих долинах в результате поднятия уровня воды в озерах. США подчеркнули, что следует учитывать изменения окружающей среды при анализе статуса объектов, где ранее проводились работы.

(72) В рамках данного пункта повестки дня были также представлены следующие документы:

- Вспомогательный документ BP 12 *Remediation of fuel-contaminated soil using biopile technology at Casey Station* (Австралия).

- Вспомогательный документ BP 13 *Remediation and reuse of soil from a fuel spill near Lake Dingle, Vestfold Hills* (Австралия).

Пункт 7. Последствия изменения климата для окружающей среды: стратегический подход

(73) Великобритания и Норвегия представили Рабочий документ WP 37 *Отчет МКГ по вопросам изменения климата*. Документ содержит напоминание Комитету о том, что МКГ по вопросам изменения климата

была создана на заседании КООС XVI с целью разработки для КООС Рабочей программы ответных мер в отношении изменений климата (CCRWP). В документе отмечено, что CCRWP явилась результатом двухлетних консультаций. В CCRWP сформулирован круг вопросов, стоящих перед КООС в связи с изменением климата в Антарктике, определены мероприятия и задачи, направленные на решение возникших проблем, установлены приоритеты и сформулированы предложения относительно того, как, когда и кем должны быть предприняты действия для достижения наилучшего результата. Было также упомянуто о согласовании формулировки целей CCRWP и рассмотрении вопросов последующего управления реализацией CCRWP. Великобритания и Норвегия подчеркнули, что CCRWP следует периодически анализировать, уточнять и вносить в нее соответствующие изменения для поддержания ее в актуальном динамичном состоянии. Было также отмечено, что данная работа потребует широкого участия и вовлечения в нее Членов Комитета. Великобритания и Норвегия призвали Членов Комитета принять CCRWP и сосредоточить свои усилия на выполнении сформулированных в ней задач и мероприятий.

(74) Комитет поблагодарил Великобританию и Норвегию за руководство работой МКГ, а также всех участников МКГ за их вклад в работу. Комитет одобрил представленный содержательный отчет о результатах проведенного обсуждения, представленный в Рабочем документе WP 37.

(75) Комитет принял CCRWP с внесением незначительных поправок, касающихся учета предложений относительно применения критериев Красного списка МСОП и положений Руководства ИМО по контролю за биообрастанием корпусов судов (Приложение 2). При этом Комитет отметил, что мероприятия, включенные в CCRWP, согласуются с целями и задачами вышеупомянутых организаций; они главным образом направлены на решение задач в связи с изменением климата в Антарктике и не дублируют действия по смягчению последствий изменения климата, относящиеся к сфере ответственности других организаций. Комитет согласился с предложением о придании CCRWP статуса отдельного документа, подлежащего, при необходимости, ежегодному обновлению для поддержания его в актуальном и динамичном состоянии.

(76) Что касается остальных вопросов, определенных в Рабочем документе WP 37, которые остались за рамками программы CCRWP (воздействие сажи, озона, других короткоживущих климатических факторов,

эффективное использование энергии, возобновляемые источники энергии), Франция при поддержке Нидерландов подчеркнула важность рассмотрения вопроса об их включении в CCRWP на более позднем этапе.

(77) Что касается установления приоритетов для задач, содержащихся в рабочем плане, Аргентина отметила, что выполнение будет трудной задачей, но со временем этот вопрос возможно будет решить. Она также еще раз подчеркнула, что внимание должно быть сосредоточено на рассмотрении последствий изменения климата, и особо отметила включение в документ ссылки на методы работы, применяемые на антарктических станциях, которые не оказывают влияния на изменение климата и которые Аргентина уже просила удалить. Говоря о регулировании CCRWP, Аргентина подчеркнула необходимость найти механизм активизации участия Членов, включая перевод на четыре официальных языка, и отметила, что вспомогательная группа, вероятно, является не лучшим вариантом для решения этой задачи.

(78) АСОК предложила КСДА и КООС при необходимости использовать опыт решения задач, связанных с изменением климата в Арктике, например в работе, выполняемой экспертными группами, такой как Оценка воздействия на климат в Арктике.

(79) Комитет также признал важность максимально возможного вовлечения и участия Членов в решении вопросов, касающихся данной проблематики, и в реализации CCRWP. В этой связи Комитет согласился включить вопрос о CCRWP в повестку дня последующих заседаний и призвал Членов проработать к заседанию КООС XIX вопросы оптимальных механизмов управления и обеспечения поддержки осуществления CCRWP.

Рекомендация КООС для КСДА по Рабочей программе ответных мер в отношении изменений климата КООС

(80) Комитет одобрил проект Резолюции, выражающей намерение реализовать Рабочую программу ответных мер в отношении изменений климата в качестве приоритетной задачи, и согласился направить проект Резолюции на утверждение КСДА.

(81) Великобритания представила Рабочий документ WP 38 *Применение инструмента планирования сохранения по методу RACER (Быстрой оценки устойчивости арктической экосистемы) к району острова*

Джеймса Росса, сославшись в нем на подготовленный совместно с Чешской Республикой Информационный документ IP 34 *Results of RACER Workshop Focused on James Ross Island*. На заседании КООС XVII Комитет пришел к согласию о том, что показатель устойчивости должен стать одним из главных критериев при определении, управлении и пересмотре охраняемых районов, признал RACER в качестве одного из возможных инструментов для определения ключевых признаков, которые могут свидетельствовать об устойчивости, и призвал к дальнейшему сотрудничеству в вопросе изучения применимости методики RACER в Антарктике. В Рабочем документе WP 38 представлена информация о дальнейшей деятельности, касающейся методики RACER, в межсессионный период. Данная деятельность заключалась в определении ключевых признаков, которые с большой вероятностью могут сохранять устойчивость в условиях различных климатических сценариев. Инициаторы исследований особо подчеркнули, что использование данной методики не имеет своей целью замену, изменение или создание конфликтных ситуаций в отношении Приложения V к Протоколу.

(82) В адрес Комитета была высказана просьба принять к сведению результаты исследований по методике RACER, проведенных на острове Джеймса Росса в межсессионный период, признать их в качестве основания для определения нового охраняемого района по критерию устойчивости, а также поддержать дальнейшую работу Чешской Республики, проводимую при поддержке Великобритании и других заинтересованных Сторон, в отношении выработки предложения к КООС о первоначальном определении долины Торрент и прилегающей территории, столовой горы Джонсона и водосбора озера Монолит в качестве единого ООРА в составе нескольких участков по критерию устойчивости.

(83) Комитет поблагодарил Великобританию и Чешскую Республику за представленный отчет о проделанной работе с опробованием методики RACER на острове Джеймса Росса. Комитет поддержал рекомендации, содержащиеся в Рабочем документе WP 38, и принял к сведению информацию, представленную Великобританией и Чешской Республикой о том, что данная работа, направленная на изучение возможности определения охраняемых районов на основе критерия устойчивости, была предпринята в рамках положений Приложения V к Протоколу и не имела своей целью пересмотр этих положений.

(84) Аргентина поблагодарила Чешскую Республики и Великобританию за их работу и представленную информацию. Аргентина выразила свою заинтересованность в участии, отметив, что несколько аргентинских ученых работают на острове Джеймса Росса более 30 лет, имеют большой опыт, хорошо знают этот район и собрали большое количество данных.

(85) АСОК также поблагодарила Великобританию и Чешскую Республику и активно поддержала рекомендацию о создании ООРА в составе нескольких участков на полуострове Улу острова Джеймса Росса, который, являясь одной из самых больших свободных ото льда территорий Антарктики, все еще не включен в систему охраняемых районов. АСОК особенно высоко оценила опыт чешских ученых и других Сторон, работающих в этом районе, и отметила, что определение охраняемых районов с целью способствования устойчивости к последствиям изменения климата является задачей первостепенной важности для КСДА.

(86) Комитет отметил, что с нетерпением ожидает представления дальнейших подробных материалов в отношении предложения об определении ООРА в составе нескольких участков на острове Джеймса Росса, обратив при этом внимание на практическую полезность предоставленной возможности высказать свои соображения на данном раннем этапе. В этом отношении Соединенные Штаты Америки и Аргентина отметили важность проведения широких исследований в области различных научных дисциплин с целью дополнения результатов исследований, полученных по методике RACER, и выразили свою заинтересованность в участии в последующей работе. Чешская Республика отметила важность дополнения анализа методике RACER научными данными, а также включения участков, имеющих уникальные палеонтологические ценности в предложение об определении ООРА.

(87) Соединенные Штаты Америки представили Рабочий документ WP 39 *Общие приоритеты научных исследований и сотрудничества: систематические наблюдения и моделирование в Южном океане*, подготовленный совместно с Австралией. В документе подчеркивается, что Южный океан является важной составляющей климатической системы Земли. Имеющиеся ограниченные данные наблюдений свидетельствуют об изменениях, происходящих в Южном океане (потепление воды на определенных глубинах, опреснение, изменение океанической циркуляции, экологические изменения и закисление),

однако сами процессы и скорость их развития недоступны для глубокого понимания ввиду немногочисленности наблюдений, кратковременности этих наблюдений и неравномерности пространственного и временного отбора проб и выполнения измерений. Этот пробел в знаниях имеет немаловажные последствия в вопросах принятия ключевых решений и управления в данном районе и за его пределами.

(88) Соединенные Штаты Америки и Австралия рекомендуют Сторонам обратить внимание на важность проведения наблюдений и моделирования процессов, происходящих в Южном океане, для более глубокого понимания изменения климата, а также на необходимость усиления международного сотрудничества в этой области. Особую ценность имеет поддержка Системы наблюдения за Южным океаном (SOOS), являющейся превосходным механизмом, способствующим расширению и углублению прогресса в научных исследованиях.

(89) Соединенные Штаты Америки отметили, что они недавно приступили к реализации проекта «Наблюдение за климатом и уровнем концентрации углерода в Южном океане и моделирование процессов» (SOCCOM), целью которого является заполнение существующих пробелов в наблюдениях при помощи ныряющих буев с датчиками нового поколения. США были бы только рады участию в проекте национальных программ других стран.

(90) КОМНАП проинформировал о том, что после успешно прошедшего семинара по SOOS он инициировал создание экспертно-аналитического центра по вопросам SOOS и пригласил к участию в его работе заинтересованных Членов.

(91) АСОК напомнила Комитету о работе, проведенной АНТКОМ по вопросам, связанным с Южным океаном, и отметила, что наблюдения и моделирование в сочетании с соответствующей охраной окружающей среды и управлением под эгидой АНТКОМ и КСДА должны быть нацелены на разграничение воздействий изменения окружающей среды от воздействий, которые могут быть вызваны рыбными промыслами.

(92) Аргентина поблагодарила Австралию и Соединенные Штаты Америки за их вклад и активно поддержала документ, подчеркнув, что считает Южный океан предметом научного рассмотрения, а не политического. Аргентина также считает важным продолжение работы, направленной на более глубокое понимание экологического состояния океанов и развитие океанографических знаний об этих областях.

(93) Члены подчеркнули важность совместных научных исследований Южного океана в контексте происходящего изменения климата, которое вызывает глубокие изменения в состоянии морского льда вокруг континента и оказывает сильное влияние на логистическую деятельность национальных антарктических программ.

(94) СКАР приветствовал данный документ, отметив, что он является неизменным сторонником SOOS с момента ее возникновения и впредь будет всемерно содействовать предпринимаемой международной деятельности в области мониторинга акватории Южного океана. СКАР отметил наличие аналогичных пробелов в знаниях и в отношении наземных экологических систем Антарктики и призвал к объединению усилий в проведении работ по мониторингу и моделированию в отношении этих районов.

(95) Комитет горячо поблагодарил Соединенные Штаты Америки и Австралию за привлечение внимания к этому вопросу и поддержал рекомендации, содержащиеся в Рабочем документе WP 39. Ряд Членов Комитета выразили готовность принять участие в проводящемся мониторинге Южного океана и дальнейшей разработке SOOS.

Рекомендация КООС для КСДА по вопросу наблюдений и моделирования в Южном океане

(96) Комитет отметил взаимосвязь вопросов, рассмотренных в Рабочем документе WP 39, с повесткой дня предложенного семинара КООС/НК-АНТКОМ и с мероприятиями, предусмотренными в Рабочей программе ответных мер в отношении изменений климата в отношении поддержки и проведения долгосрочного мониторинга изменений в окружающей среде Антарктики. КООС одобрил рекомендации, представленные в данном документе.

(97) СКАР представил Информационный документ IP 92 *Antarctic Climate Change and the Environment – 2015 Update*. СКАР проинформировал об обновлении данных в отчете «Изменение климата Антарктики и окружающая среда» (АССЕ), обеспечивающих более глубокое понимание вопросов изменения климата на Антарктическом континенте и в акватории Южного океана и воздействия этих изменений на наземную и морскую биоту. СКАР подчеркнул значительный вклад недавних научных исследований в понимание воздействия климатических изменений как на физическую, так и на биологическую

окружающую среду. В этой связи СКАР особо отметил, что закисление океана в будущем может представлять одну из самых больших угроз для экосистемы Антарктики. СКАР отметил, что он постоянно обновляет данные ACCE, используя для этого вики-версию доклада. Комитет приветствовал обновление данных, представленное СКАР.

(98) Великобритания представила Информационный документ IP 94 *Climate Change in Antarctica*. В документе представлен графический материал, подготовленный Британским антарктическим управлением, иллюстрирующий общую картину и масштабы климатических изменений, имеющих место в Антарктике и в акватории Южного океана.

(99) АСОК представила Информационный документ IP 110 *Climate Change 2015: A Report Card*, в котором представлено обобщение выводов, основанных на свежих данных научных исследований, относительно настоящих и будущих изменений климата в Антарктике. АСОК подчеркнула важность поддержки Членами Комитета научных исследований.

(100) АСОК также представила Информационный документ IP 114 *The Antarctic Treaty System, Climate Change and Strengthened Scientific Interface with Relevant Bodies of the United Nations Framework Convention on Climate Change (UNFCCC)*. В документе отмечается, что Система Договора об Антарктике должна играть важную роль в популяризации антарктических исследований, связанных с изменением климата, среди сообщества, занимающегося проблемами изменения климата, включая РКИК ООН. АСОК предложила приглашать научных сотрудников МГЭИК к участию в предстоящих мероприятиях КООС и КСДА и приветствовала участие СКАР в предстоящей сессии РКИК ООН.

(101) Франция поддержала рекомендации, содержащиеся в Информационном документе IP 114, и высказала соображение о целесообразности информирования 21-й Конференции Сторон РКИК ООН о разработке CCRWP.

(102) В рамках данного пункта повестки дня были также представлены следующие документы:

- Документ Секретариата SP 7 *Меры, принятые КООС и КСДА в ответ на рекомендации СЭДА по изменению климата* (Секретариат).

- Вспомогательный документ ВР1 *Резюме лекции СКАР: закисление Южного океана* (СКАР)

Пункт 8. Оценка воздействия на окружающую среду (ОВОС)

8a) Проект Всесторонней оценки окружающей среды

(103) На совещании Комитетом не были поданы на рассмотрение никакие проекты ВООС.

(104) Италия представила Рабочий документ WP 30 *К вопросу о разработке проекта Всесторонней оценки окружающей среды в связи со строительством и эксплуатацией взлетно-посадочной полосы с гравийным покрытием в районе станции Марио Дзуккелли, Земля Виктории, Антарктика.* Италия напомнила Комитету, что этот документ последовал за докладами о намерении Италии построить взлетно-посадочную полосу с гравийным покрытием, которые были представлены на предыдущих заседаниях КООС (Информационный документ IP 57 КООС XVII, Информационный документ IP 80 КООС XVI и Информационный документ IP 41 КООС XV). В данном документе сообщалось о работе, проделанной Италией, по подготовке проекта ВООС, и Италия призвала Членов предоставить рекомендации относительно рассматриваемой версии документа. В нем в обобщенном виде представлено обоснование строительства взлетно-посадочной полосы с гравийным покрытием вблизи станции Марио Дзуккелли, в особенности с целью уменьшения зависимости от соседних Национальных антарктических программ, от чартерных рейсов судов, осуществляемых раз в два года, и с целью повышения гибкости в поддержке научной деятельности в регионе. Италия также представила краткую информацию о воздействии на окружающую среду, мониторинговых работах и мерах по уменьшению воздействия, которые учитывались при подготовке неофициального заявления о проекте ВООС. Италия отметила, что она намеревается официально распространить проект ВООС в соответствии с положениями Приложения I к Протоколу по охране окружающей среды в преддверии XXXIX КСДА. Италия предложила Сторонам и Наблюдателям выразить свое мнение в подробных комментариях в предстоящий межсессионный период.

(105) Комитет поблагодарил Италию за обновленную информацию о ее планах в отношении строительства взлетно-посадочной полосы с гравийным покрытием в районе станции Марио Дзуккелли, представленную в Рабочем документе WP 30. Несколько Членов и АСОК отметили преимущества получения предварительного уведомления о ВООС и

указали, что они уже провели рассмотрение предварительного проекта ВООС, а также предложили направлять подробные комментарии непосредственно Италии. Некоторые Члены выразили желание получить более подробную информацию касательно официальных соглашений о сотрудничестве между Национальными антарктическими программами, работающими вблизи станции Марио Дзуккелли; связи данной новой взлетно-посадочной полосы с гравийным покрытием с существующими в Антарктике взлетно-посадочными полосами; увеличения объема воздушных перевозок в регионе в связи с эксплуатацией новой взлетно-посадочной полосы; использования взлетно-посадочной полосы другими операторами; типов воздушных судов, которые предполагается использовать; использования топлива и обращения с топливом; метеорологической поддержки и предоставления прогнозов погоды; мер по уменьшению воздействия; возможностей и мер по снижению шумового воздействия; потенциальных воздействий новой взлетно-посадочной полосы на ценности дикой природы; косвенного и кумулятивного воздействия, связанного со строительством и эксплуатацией взлетно-посадочной полосы; дополнительной инфраструктуры, например дороги с гравийным покрытием между новой взлетно-посадочной полосой и станцией Марио Дзуккелли, а также дальнейшего рассмотрения альтернативных вариантов, включая вариант отказа от строительства.

(106) АСОК поблагодарила Италию за прозрачный подход к этому предлагаемому виду деятельности. Выражая понимание логистических трудностей, которые испытывает Италия, АСОК отметила, что группы по вопросам окружающей среды имеют сомнения относительно строительства новых взлетно-посадочных полос из-за их прямого, косвенного и кумулятивного воздействия на окружающую среду. АСОК предложила в официальном проекте ВООС рассмотреть альтернативные варианты, в том числе в обязательном порядке вариант отказа от строительства, и изучить обоснованное прогнозируемое использование взлетно-посадочной полосы, включая заявление о туризме.

(107) В ответ на вопрос Италия отметила, что она, возможно, будет готова представить проект ВООС на форуме КООС уже в июле 2015 г. Комитет призвал всех других заинтересованных Членов предоставлять Италии дальнейшие замечания в ходе последующей подготовки официального проекта ВООС. Далее Председатель отметил, что после распространения Италией официального проекта ВООС будет созвана

официальная МКГ для его рассмотрения в соответствии с Процедурами по межсессионному рассмотрению КООС проектов ВООС.

(108) Беларусь представила Информационный документ IP 39 *Строительство и функционирование Белорусской антарктической станции на горе Вечерняя, Земля Эндерби*. В данном документе была представлена окончательная ВООС, которая включает изменения, сделанные в ответ на замечания Членов по проекту ВООС в связи со строительством и эксплуатацией белорусской антарктической исследовательской станции, распространенному в 2014 г. в соответствии с положениями Приложения I к Протоколу по охране окружающей среды (Рабочий документ WP 22 XXXVII КСДА). Беларусь поблагодарила всех Членов, работавших в составе МКГ над рассмотрением проекта ВООС и участвовавших в его обсуждении на заседании КООС XVII, и подтвердила, что полученные предложения позволили улучшить ВООС. Она подчеркнула, что в документ были внесены значительные изменения, касающиеся конструкции станции, программы мониторинга, мер по охране окружающей среди, оценки текущего состояния окружающей среды и других разделов ВООС. Она отметила, что подробные ответы на каждое полученное замечание представлены в приложении к окончательной ВООС. Беларусь также подчеркнула свою приверженность делу охраны окружающей среды и отметила, что она зарезервировала средства для проведения программ мониторинга окружающей среды.

(109) Комитет поддержал документ, представленный Беларусью. Он отметил, что, распространив окончательную ВООС и представив данный документ, в котором подробно изложено, каким образом были учтены полученные замечания, Беларусь выполнила свое обязательство в соответствии с Приложением I к Протоколу по охране окружающей среды. Комитет пожелал Беларуси успехов в строительстве и эксплуатации ее станции на горе Вечерняя, Земля Эндерби.

8b) Другие вопросы ОВОС

(110) Австралия представила Рабочий документ WP 13 *Первичный отчет Межсессионной контактной группы по пересмотру Руководства по оценке воздействия на окружающую среду в Антарктике*, подготовленный совместно с Великобританией. В документе содержится первичный отчет МКГ, созданной на заседании КООС XVII. Она отметила, что группа пришла к общему соглашению по целому ряду вопросов, которые, по мнению группы, следовало рассмотреть

в контексте пересмотра Руководства по ОВОС, и начала работу над конкретными предложенными изменениями и дополнениями. МКГ также документально зафиксировала поднятые во время обсуждений вопросы, которые относятся к более широкой политике или другим вопросам и которые, возможно, потребуют дальнейшего рассмотрения на заседании КООС. Она отметила, что в последний раз Руководство по ОВОС пересматривалось в 2005 г. и что пересмотр руководства КООС является важным для того, чтобы обеспечить адекватное и точное отражение в нем актуального мнения Комитета по важным темам, которые должны быть представлены в документе по ОВОС. Комитету было предложено принять к сведению данный первичный отчет, дать свои замечания и комментарии в отношении работы группы и поддержать предложение о продолжении работы группы в следующем межсессионном периоде.

(111) Комитет поблагодарил Австралию и Великобританию за созыв группы и выразил признательность всем участникам МКГ за отличную работу. Он горячо приветствовал данный первый отчет МКГ и отметил, что был достигнут существенный прогресс. Комитет согласился, что работа МКГ по рассмотрению изменения климата в контексте процесса ОВОС должна быть сосредоточена на решении проблем в связи с последствиями климатических изменений в Антарктике, а не на мерах по уменьшению их воздействия.

(112) АСОК поблагодарила Австралию и Великобританию за координацию работы МКГ над Руководством по ОВОС, которое имеет большое значение в работе КООС. АСОК выразила надежду на продолжение этой работы.

(113) Комитет одобрил продолжение работы МКГ по Обзору Руководства по оценке воздействия на окружающую среду в Антарктике в течение второго межсессионного периода и отметил, что заключительный отчет МКГ на заседании КООС XIX будет содержать несколько пунктов, представляющих интерес для КСДА. Он также утвердил следующее Техническое задание:

1. Продолжить работу по пересмотру *Руководства по оценке воздействия на окружающую среду*, приложенного к Резолюции 1 (2005 г.), с целью решения поставленных задач, включая вопросы, поднятые на XXXVII КСДА / Рабочий документ WP29, и выработки предложений по изменениям и дополнениям к Руководству по ОВОС в соответствующих случаях.

2. Зафиксировать документально вопросы, поднятые во время обсуждений по ТЗ 1, которые относятся к более широкой политике или другим вопросам по разработке и обработке ОВОС и по которым может потребоваться дальнейшее обсуждение в КООС с целью усиления реализации Приложения I к Протоколу.

3. Представить заключительный отчет на заседании КООС XIX.

(114) Австралия и Великобритания согласились созвать МКГ. Комитет приветствовал предложение Фила Трейси (Phil Tracey), Австралия, и Генри Бёрджесса (Henry Burgess), Великобритания о совместном созыве МКГ.

Рекомендация СЕР для КСДА по пересмотру Руководства по оценке воздействий на окружающую среду Антарктики

(115) Комитет согласился уведомить КСДА о том, что рассмотрение на нем *Руководства по оценке воздействий на окружающую среду Антарктики* будет включать новые или дополнительные указания, подчеркивающие важность основных вопросов; будет отражать новые и переработанные процедуры и ресурсы КООС для оценки воздействия на окружающую среду; а также будет включать ссылки на другие соответствующие руководства и ресурсы. В процессе рассмотрения также будут определены вопросы, относящиеся к более широкой политике, касающиеся оценки воздействия на окружающую среду, включая оценку кумулятивного (совокупного) воздействия, восстановление окружающей среды и ликвидацию экологического ущерба. Заключительный отчет о пересмотре будет представлен на заседании КООС XIX и, вероятно, будет представлять интерес для КСДА.

---

(116) Чешская Республика представила Информационный документ IP 15 *Proposed routes for all-terrain vehicles based on impact on deglaciated area of James Ross Island.* Данный документ дополнил информацию, предоставленную Чешской Республикой в Информационном документе IP 133 XXXIV КСДА, об отпечатках шин, оставленных предыдущими экспедициями в разных частях острова Джеймса Росса. В нем сообщалось об использовании внедорожных транспортных средств чешской экспедицией в 2015 г., а также о предложении проводить мониторинг воздействия на окружающую среду, и было представлено предварительное предложение маршрутов для внедорожных транспортных средств на острове Джеймса Росса. В документе

отмечалось, что для заинтересованных Членов доступны как массивы данных GPS, так и бумажные карты.

(117) США выразили заинтересованность в инициативах по разработке маршрутов для внедорожных транспортных средств на острове Джеймса Росса, отметив, что различные научные сообщества ведут на острове полевые работы и что маршруты должны учитывать как аспекты охраны окружающей среды, так и воздействие на реализуемые научные проекты.

(118) АСОК представила Информационный документ IP 111 *Cumulative Impact Assessment.* В данном документе представлен краткий обзор обсуждений оценки кумулятивного воздействия, содержащихся в документах, представленных ранее КСДА и КООС. В нем реализован экологически ориентированный подход к оценке кумулятивного воздействия, который рекомендует Членам: рассмотреть более ранние рекомендации относительно оценки кумулятивного воздействия; завершить пересмотр Руководства по ОВОС, чтобы в нем надлежащим образом учитывалось кумулятивное воздействие; провести несколько ситуационных исследований кумулятивного воздействия на конкретных участках; а также расширить и усовершенствовать учет кумулятивного воздействия при реализации Приложения I.

(119) Несколько Членов поблагодарили АСОК за постановку важного вопроса и отметили, что, хотя кумулятивное воздействие является сложным вопросом, именно он заслуживает дополнительного внимания, например, при пересмотре Руководства по ОВОС.

Беспилотные летательные аппараты

(120) Комитет напомнил, что после проведения первоначального обсуждения на заседании КООС XVII (2014 г.) вопроса об использовании беспилотных летательных аппаратов (БПЛА) в Антарктике Комитет согласился провести углубленное обсуждение на заседании КООС XVIII. Комитет попросил предоставить: доклады СКАР и КОМНАП о пользе и рисках использования БПЛА в Антарктике; отчет МААТО об опыте и существующей практике, связанных с БПЛА; и дополнительные документы со ссылкой на опыт стран-членов в этом вопросе.

(121) КОМНАП представил Рабочий документ WP 22 *Применение БПЛА в Антарктике — факторы риска и преимущества*. В этом документе изложены практические преимущества использования БПЛА для

национальных антарктических программ в плане поддержки научной деятельности, науки, эксплуатации и логистики и уделяется особое внимание дистанционно пилотируемым летательным аппаратам (ДПЛА) малой и средней дальности. КОМНАП сообщил, что существуют очевидные преимущества использования БПЛА в том, что касается безопасности, снижения использования органического топлива и их транспортировки в регион. Несмотря на наличие таких преимуществ, как низкие расходы на эксплуатацию и простота транспортировки, существуют также потенциальные угрозы, такие как наложение сигналов с сигналами других воздушных судов. Рекомендации КОМНАП, изложенные в документе, включали рекомендацию Национальным антарктическим программам разработать правила по использованию БПЛА применительно к конкретной программе, конкретному оборудованию и конкретному району на основе разрабатываемого КОМНАП кодекса поведения для БПЛА, а также рекомендацию Национальным антарктическим программам и другим операторам осуществлять сбор и обмен данными и поддерживать исследования по использованию БПЛА.

(122) СКАР представил Рабочий документ WP 27 *Расстояния приближения к диким животным в Антарктике* со ссылкой на Вспомогательный документ BP 22 *A Meta-Analysis of Human Disturbance Impacts on Antarctic Wildlife.* В данном документе рассматривается более 60 научных исследований, проведенных на 21 биологическом виде. Мета-анализ четко показал, что вмешательство человека оказывает значительное отрицательное воздействие на диких животных Антарктики. СКАР отметил, что на сегодняшний день существует мало научных свидетельств о характере или степени воздействия лагерных стоянок или БПЛА на диких животных в Антарктике. СКАР также отметил, что по всему миру ведутся исследования с целью получить информацию, которая позволит понять воздействие БПЛА на диких животных, а также это может быть полезно для информационной поддержки антарктической политики в данном регионе. Он рекомендовал КООС призвать Членов провести дальнейшие исследования с целью установить научно обоснованные правила определения расстояний приближения к диким животным в Антарктике; призвать Членов, использующих БПЛА в районах сосредоточения диких животных, оказать поддержку исследованиям воздействия БПЛА; а также не допускать запуска БПЛА на расстоянии менее 100 м от диких животных и не допускать

приближения БПЛА к диким животным по вертикальной траектории, пока не появится информация применительно к Антарктике.

(123) Польша представила Информационный документ IP 77 *UAV remote sensing of environmental changes on King George Island (South Shetland Islands): preliminary information on the results of the first field season 2014/2015*. В данном документе представлена предварительная информация о первом сезоне новой совместной польско-норвежской программы мониторинга с использованием БПЛА самолетного типа для сбора геопространственных данных о состоянии окружающей среды. В нем также сообщалось о наблюдениях, выполненных для оценки потенциального воздействия полетов на гнездящихся пингвинов. Исследование было сосредоточено на изучении видов, обитающих в ООРА № 128 («Западный берег залива Адмиралти») и ООРА № 151 («Лайонз-Рамп», скала Шабрие и остров Шаг / залив Адмиралти).

(124) ЮАР представила Информационный документ IP 80 *South Africa's use of Unmanned Aerial Vehicles (UAV) in Antarctica*. В нем сообщалось об использовании БПЛА Антарктической программой ЮАР летом 2013-2014 гг., о мониторинге возможного воздействия на окружающую среду, связанного с этой деятельностью, и о подготовке Управлением гражданской авиации ЮАР правил использования БПЛА в ЮАР. В документе отмечалось, что более широкое использование БПЛА в Антарктике обусловило необходимость разработки положений и впоследствии правил.

(125) США представили Информационный документ IP 82 *A risk-based approach to safe operations of unmanned aircraft systems in the United States Antarctic Program (USAP)* и Информационный документ IP 83 *Guidance on unmanned aerial system (UAS) use in Antarctica developed for applications to scientific studies on penguins and seals*. В этих документах сообщалось об использовании беспилотных авиационных комплексов (БАК) Антарктической программой США, об использовании руководств по эксплуатации и об оценке риска эксплуатации БПЛА, выполненной Национальным научным фондом с целью проверки и информационного обеспечения разрабатываемых руководств. Соединенные Штаты отметили, что они издали программное заявление о БПЛА на сезон 2014–2015 гг., запрещающее использование БПЛА в рамках Антарктической программы США и предусматривающее выдачу разрешения только после детального рассмотрения аспектов безопасности и воздействия на окружающую среду. США также издали правила по предполетному

планированию, выполнению полетов и обязательной сертификации (см. Информационный документ IP 82). В Информационном документе IP 83 изложен опыт, полученный США в ходе эксплуатации БПЛА в Антарктике. В нем описана работа, проведенная Программой США по морским живым ресурсам Антарктики (AMLR) с целью содействия работе программы мониторинга экосистемы АНТКОМ путем использования БПЛА для изучения морских котиков и пингвинов. В документе отмечено выполнение жесткой процедуры обучения и выбора БПЛА перед началом полевых операций. Признавая, что область исследования ограничивалась исследованиями популяций наземных птиц и млекопитающих, США представили данный документ в качестве полезной справочной информации для тех, кто рассматривает вопросы предоставления разрешений на применение БПЛА в Антарктике.

(126) МААТО представила Информационный документ IP 88 *IAATO Policies on the use of unmanned Aerial Vehicles (UAVs) in Antarctica*. В данном документе представлены обсуждения и развитие политики членами МААТО касательно использования БПЛА во время операций, осуществляемых членами МААТО. В недавнем заявлении об использовании БПЛА в Антарктике особо подчеркивалась договоренность членов МААТО о следующем: не разрешать полеты БПЛА в рекреационных целях в прибрежных зонах во время сезона 2015/16 гг.; разрешать полеты БПЛА в научных и коммерческих целях или на удаленных от берега испытательных полигонах, если они разрешены/санкционированы компетентным органом. МААТО отметила, что в течение сезона 2014/15 гг. ее операторы зафиксировали 68 полетов БПЛА, из которых 44 осуществлялись в прибрежных районах. Она также отметила, что большинство полетов было выполнено без происшествий, однако один БПЛА был потерян в ледниковой трещине.

(127) Комитет поблагодарил всех Членов и Наблюдателей, которые представили документы для информационной поддержки обсуждения воздействий на окружающую среду, связанных с применением БПЛА в Антарктике. Он отметил важность рассмотрения рисков для безопасности, связанных с применением БПЛА, а также то, что этот аспект будет более подробно рассмотрен КСДА и КОМНАП. Он признал преимущества использования БПЛА для целей исследования и мониторинга, включая потенциальное снижение рисков для окружающей среды, по сравнению с другими средствами сбора такого рода данных.

(128) Признавая, что КСДА также будет рассматривать Рабочий документ WP 22, Комитет в основном поддержал рекомендации, изложенные КОМНАП в данном документе. Комитет приветствовал постоянную работу КОМНАП по подготовке руководства по использованию БПЛА в Антарктике в форме кодекса поведения и поблагодарил КОМНАП за его предложение сообщить о ходе работы на заседании КООС XIX.

(129) Комитет также поблагодарил СКАР за консультации, предоставленные в Рабочем документе WP 27 и Вспомогательном документе ВР 22, и отметил, что, хотя в рецензируемой литературе не было опубликовано научных свидетельств о негативном воздействии БПЛА на диких животных Антарктики, исследования на эту тему ведутся и в Антарктике, и во всем мире. В отношении рекомендаций, представленных в Рабочем документе WP 27, Комитет согласился призвать Членов провести дальнейшие исследования, которые помогут установить научно обоснованные правила определения расстояний приближения к диким животным в Антарктике, и призвал Членов, использующих БПЛА в районах сосредоточения диких животных, оказать поддержку изучению воздействия БПЛА и способов его предотвращения. Комитет поддержал использование предупредительного подхода в отсутствие научных данных и отметил необходимость учета латентных реакций на вмешательство при оценке воздействия БПЛА на окружающую среду. Он поддержал предложение СКАР рассмотреть возможность недопущения запусков БПЛА на расстоянии менее 100 м от диких животных до появления информации применительно к Антарктике, в то же время отмечая необходимость учитывать разные типы и размеры БПЛА и разные условия окружающей среды, характерные для конкретного района. Комитет приветствовал предложение СКАР представить отчет о ходе исследования воздействия БПЛА на диких животных на заседании КООС XX в 2017 г. Комитет также отметил, что было бы полезно размещать на Портале окружающей среды Антарктики обзорные материалы о научном понимании воздействий БПЛА на диких животных, когда эта информация появится.

(130) Члены выразили озабоченность в связи с потенциальным переизбытком БПЛА в Антарктике ввиду их низкой стоимости и принимая во внимание сообщения об авариях, которые происходили с такими воздушными судами в прошлом. В связи с этим они высказали мнение о том, что в соответствии с Руководством по ОВОС в использовании БПЛА приоритет следует отдавать научным и логистическим целям,

и выразили беспокойство относительно использования БПЛА в рекреационных целях.

(131) Комитет поблагодарил всех Членов, которые представили документы об использовании БПЛА в Антарктике. Он также поблагодарил МААТО за предоставленный проект руководства и правил по использованию БПЛА и отметил, что эти правила и руководство воплощают консервативный подход к управлению использованием БПЛА.

(132) Германия информировала Комитет о том, что в настоящее время она осуществляет исследовательский проект по изучению воздействия микро-БПЛА на колонии пингвинов и планирует представить результаты исследования на следующем заседании Комитета.

(133) Испания подчеркнула важность БПЛА и беспилотных подводных аппаратов для научно-исследовательской деятельности, для повышения безопасности судоходства в водах, покрытых льдом, и для уменьшения воздействия на окружающую среду, связанного с деятельностью морских и воздушных судов. Франция также упомянула о возможности использования БПЛА для обнаружения ледниковых трещин в прибрежных районах континента в целях повышения безопасности маршрутов.

(134) АСОК отметила, что БПЛА считаются воздушными судами. Она призвала Членов разработать руководство применительно к использованию таких типов воздушных судов, какими являются БПЛА. Она призвала национальные антарктические программы, КОМНАП и МААТО обеспечить взаимное соответствие всех разрабатываемых руководств и выразила желание о том, чтобы было разработано общее руководство по применению БПЛА в Антарктике.

(135) Комитет поддержал идею разработки руководства, учитывающего экологические аспекты использования БПЛА в Антарктике, которое могло бы предоставить указания о том, как не допустить или минимизировать нарушение жизни дикой природы, а также могло бы учесть другие ценности окружающей среды, такие как девственную природу и эстетические ценности. Далее он отметил, что было бы целесообразно в будущем создать МКГ для продолжения обсуждения этого вопроса, в ходе которого могут быть рассмотрены все дальнейшие рекомендации СКАР и КОМНАП, а также важная информация, содержащаяся в документах, представленных на совещании Членов и Наблюдателями.

(136) Комитет также отметил, что может быть полезно в какое-то время рассмотреть возможность использования беспилотных подводных аппаратов. Он призвал заинтересованных Членов продолжить изучение этого вопроса и представить на рассмотрение документы.

Рекомендации КООС для КСДА по беспилотным летательным аппаратам (БПЛА)

(137) Комитет обсудил применение беспилотных летательных аппаратов (БПЛА) в Антарктике, признал преимущества разработки руководства по экологическим аспектам использования БПЛА в Антарктике и выразил согласие рассмотреть возможность инициировать деятельность по разработке такого руководства на заседании КООС XIX.

(138) В рамках данного пункта повестки дня был также представлен следующий документ:

- Документ Секретариата SP 5 *Ежегодный перечень Первоначальных оценок окружающей среды (ПООС) и Всесторонних оценок окружающей среды (ВООС), подготовленных в период с 1 апреля 2014 г. по 31 марта 2015 г.*

Пункт 9. Охрана районов и планы управления

9a) Планы управления

i) i)*Проекты Планов управления, рассмотренные Вспомогательной группой по планам управления*

(139) Конвинер Вспомогательной группы по планам управления (ВГПУ) г-жа Биргит Ньостад (Birgit Nj stad) (Норвегия) представила Рабочий документ WP 15 *Отчет о работе Вспомогательной группы по планам управления в межсессионный период 2014/15 гг.* от имени ВГПУ. Конвинер поблагодарила всех активных участников ВГПУ за их кропотливую работу и напомнила Комитету, что все Члены приглашены присоединиться к ВГПУ. В соответствии с Техническими заданиями №№ 1–3 Группа пересмотрела пять проектов планов управления Особо охраняемыми районами Антарктики, по которым на заседаниях КООС XVI и КООС XVII был предусмотрен пересмотр в межсессионный период.

(140) ВГПУ проинформировала КООС о том, что ввиду невыполнения инициатором пересмотра этих планов управления в межсессионный период ВГПУ не смогла дать дальнейшие рекомендации и закончить процесс пересмотра. ВГПУ надеется, что сможет выполнить свою работу в предстоящий межсессионный период. Соответствующим образом ВГПУ предложила, чтобы в межсессионный период проводилась дальнейшая работа со следующими планами управления:

- ООРА № 125: «Полуостров Файдлс», остров Кинг-Джордж (Ватерлоо) (Чили)

- ООРА № 144: «Бухта Чили (бухта Дисковери)», остров Гринвич (Березина), Южные Шетландские острова (Чили)

- ООРА № 145: «Порт-Фостер», остров Десепшен (Тейля), Южные Шетландские острова (Чили)

- ООРА № 146: «Бухта Саут», остров Доумер, архипелаг Палмер (Чили)

- ООРА № 150: «Остров Ардли (Полуостров Ардли)», залив Максуэлл, остров Кинг-Джордж (Ватерлоо) (Чили)

(141) Чили проинформировала Комитет о том, что она планирует представить отредактированные версии пяти планов управления на пересмотр в ВГПУ в октябре 2015 года.

(142) Конвинер ВГПУ также напомнила о долгосрочной цели пересмотра всех планов управления в ВГПУ или аналогичного пересмотра для обеспечения того, чтобы они содержали достаточную и правильную информацию, были четко понятными и эффективными. Конвинер ВГПУ обратила внимание Членов на таблицу, представленную в конце Рабочего документа WP 15, в которой отражен ход продвижения к этой цели, и отметила, что только два из пересмотренных планов управления, представленных КООС в этом году, ранее рассматривались в ВГПУ.

(143) Комитет поблагодарил ВГПУ и г-жу Ньостад за их работу и предоставленный отчет. Он принял во внимание информацию, предоставленную Чили, и ожидает дальнейшего рассмотрения рекомендаций ВГПУ по этим планам управления в следующем году.

ii) Пересмотренные проекты Планов управления, не рассматривавшиеся Вспомогательной группой по планам управления

(144) Комитет рассмотрел пересмотренные планы управления для 17 ООРА и одного ОУРА, которые не были пересмотрены в ВГПУ. В каждом случае инициаторы: подытоживали предложенные изменения, вносимые в существующий план управления; отмечали, что (для планов управления ООРА) план был пересмотрен и отредактирован с учетом требований *Руководства по подготовке Планов управления Особо охраняемыми районами Антарктики* (далее – Руководство); а также рекомендовали Комитету утвердить его и направить в КСДА для принятия:

a. Рабочий документ WP 1 *Пересмотренный план управления Особо охраняемым районом Антарктики № 106 «Мыс Халлетт» (северная часть Земли Виктории, море Росса)* (США)

b. Рабочий документ WP 2 *Пересмотренный План управления Особо охраняемым районом Антарктики № 119 «Долина Дейвис и озеро Форлидас, массив Дуфек, горы Пенсакола»* (США)

c. Рабочий документ WP 3 *Пересмотренный План управления Особо охраняемым районом Антарктики № 152 «Западная часть пролива Брансфилд»* (США)

d. Рабочий документ WP 4 *Пересмотренный план управления Особо охраняемым районом Антарктики № 153 «Восточная часть залива Далльманн»* (США)

e. Рабочий документ WP 8 *Обновленные План управления и карты для Особо управляемого района Антарктики № 2 «Сухие долины Мак-Мёрдо», южная часть Земли Виктории* (Новая Зеландия и США)

f. Рабочий документ WP 9 *Пересмотр Плана управления Особо охраняемым районом Антарктики (ООРА) № 103 «Остров Ардери и остров Одберт» (Берег Бадда, Земля Уилкса, Восточная Антарктика)* (Австралия)

g. Рабочий документ WP 10 *Пересмотр Плана управления Особо охраняемым районом Антарктики (ООРА) № 101 «Гнездовье Тейлор» (Земля Мак-Робертсона)* (Австралия)

h. Рабочий документ WP 11 *Пересмотр Плана управления Особо охраняемым районом Антарктики (ООРА) № 164 «Утесы Скаллин-Монолит и Марри-Монолит» (Земля Мак-Робертсона)* (Австралия)

i. Рабочий документ WP 12 *Пересмотр Плана управления Особо охраняемым районом Антарктики (ООРА) № 102 «Острова Рукери» (залив Холме, Земля Мак-Робертсона)* (Австралия)

j. Рабочий документ WP 25 *Пересмотр Плана управления Особо охраняемым районом Антарктики (ООРА) № 104 «Остров Сабрина», острова Баллени* (Новая Зеландия)

k. Рабочий документ WP 26 *Пересмотр планов управления Особо охраняемыми районами Антарктики (ООРА) № 105, 155, 157, 158 и 159* (Новая Зеландия)

l. Рабочий документ WP 34 *Пересмотренный План управления Особо охраняемым районом Антарктики (ООРА) № 148 «Гора Флора» (бухта Хоп, Антарктический полуостров)* (Великобритания и Аргентина)

m. Рабочий документ WP 41 *Пересмотр Плана управления Особо охраняемым районом Антарктики (ООРА) № 168 «Гора Хардинг», горы Гров, Восточная Антарктика* (Китай)

n. Рабочий документ WP 42 *Пересмотр Плана управления Особо охраняемым районом Антарктики (ООРА) № 163 «Ледник Дакшин Ганготри», Земля королевы Мод* (Индия)

(145) Касательно Рабочих документов WP 1 (ООРА 106), WP 2 (ООРА 119), WP 3 (ООРА 152) и WP 4 (ООРА 153) США отметили, что в существующие планы управления было предложено внести лишь незначительные изменения. В их число входили обновление карты и текста и включение классификации Района согласно Анализу экологических доменов Антарктики (АЭД) и системе Заповедных биогеографических регионов Антарктики (ЗБРА). При обновлении в планы были включены данные по результатам самых последних научных исследований.

(146) В отношении Рабочего документа WP 8 (ОУРА 2) Новая Зеландия и США отметили, что в план и карты были внесены незначительные изменения, касающиеся объектов, лагерей, мест высадки, береговой линии и других физических характеристик района. В ответе на запрос

МААТО о возможных дополнительных местах для посетителей в Сухих долинах Мак-Мёрдо США приветствовал вклад МААТО, а также АСОК и других заинтересованных сторон в дальнейшую работу над Планом управления ОУРА 2 в следующем межсессионном периоде.

(147) Касательно Рабочих документов WP 9 (ООРА 103), WP 10 (ООРА 101), WP 11 (ООРА 164) и WP 12 (ООРА 102), Австралия отметила, что она предложила внести незначительные изменения в описание районов, карты и положения, касающиеся управления районом. В соответствующих случаях эти изменения включали: размещение дополнительных автоматических камер, использующихся для наблюдений за птицами; повышенные меры биобезопасности; разъяснения требований по утилизации отходов; а также обновление оценок численности популяций различных видов птиц. Австралия также отметила, что было предложено внести незначительные изменения в границы ООРА 101 и ООРА 164 для пояснения и уточнения карт на основе данных спутниковых снимков.

(148) Представляя Рабочий документ WP 25 (ООРА 104) и Рабочий документ WP 26 (ООРА 105, 155, 157, 158 и 159), Новая Зеландия сообщила, что предлагалось внести лишь незначительные поправки в планы и карты. Она отметила предлагаемое незначительное изменение граница ООРА 157 для отражения изменения, внесенного в 2014 в общую границу с ООРА 121, и указала, что границы других районов изменены не были.

(149) В отношении Рабочего документа WP 34 (ООРА 148) Великобритания и Аргентина пояснили, что предлагаемые изменения включали: добавление введения, ссылок в АЭД и ЗБРА; уточнение описания района, поправки к правилам доступа в район и сбора геологических образцов; а также включение уточненной геологической карты. Великобритания и Аргентина также рекомендовали признать Аргентину соуправляющей стороной, наряду с Великобританией, для ООРА 148. Аргентина поблагодарила Великобританию за ее предложение, касающееся разработки и обновления плана управления.

(150) Комитет поддержал содержащееся в Рабочем документе WP 48 предложение признать Великобританию и Аргентину соуправляющими Сторонами для ООРА 148.

(151) В отношении Рабочего документа WP 41 (ООРА 168) Китай пояснил, что предложенные изменения в план управления включают:

обновление информации о посещениях этого района Китайской научно-исследовательской антарктической экспедицией (CHINARE); уточнение целей и задач для обеспечения соответствия положениям, касающимся предотвращения интродукции неместных видов; а также уточнение информации во вспомогательных документах.

(152) В отношении Рабочего документа WP 42 (ООРА 163) Индия отметила, что предлагалось внести незначительные изменения в план, в том числе с целью: отразить данные последних наблюдений за отступлением ледника Дакшин Гангтори; уточнить ограничения на ввоз в район материалов и организмов для обеспечения соответствия положениям Руководства КООС по неместным видам; а также предоставить карты с более высоким разрешением и уточненные рисунки.

(153) Комитет одобрил все измененные планы управления, которые не были пересмотрены ВГПУ.

iii) Новые проекты планов управления для охраняемых и управляемых районов

(154) Новые проекты планов управления для охраняемых и управляемых районов представлены не были.

Рекомендации КООС для КСДА относительно пересмотренных планов управления ООРА и ОУРА

(155) Комитет согласился направить следующие пересмотренные планы управления для принятия на КСДА посредством Меры:

№	Название
ООРА 101	«Гнездовье Тейлор», Земля Мак-Робертсона
ООРА 102	«Острова Рукери», залив Холме, Земля Мак-Робертсона
ООРА 103	«Остров Ардери и остров Одберт», Берег Бадда, Земля Уилкса Восточная Антарктика
ООРА 104	«Остров Сабрина», острова Баллени
ООРА 105	«Остров Бофорт», пролив Мак-Мёрдо, море Росса
ООРА 106	«Мыс Халлетт», северная часть Земли Виктории, море Росса
ООРА 119	«Долина Дейвис и озеро Форлидас», массив Дуфек, горы Пенсакола
ООРА 148	«Гора Флора», бухта Хоп, Антарктический полуостров
ООРА 152	«Западная часть пролива Брансфилд»
ООРА 153	«Восточная часть залива Далльманн»
ООРА 155	«Мыс Эванс», полуостров Росса

№	Название
ООРА 157	«Бухта Бакдор», мыс Ройдс, полуостров Росса
ООРА 158	«Мыс Хат», полуостров Росса
ООРА 159	«Мыс Адэр», берег Боркгревинка
ООРА 163	«Ледник Дакшин Ганготри», Земля Королевы Мод
ООРА 164	«Утесы Скаллин-Монолит и Марри-Монолит», Земля Мак-Робертсона
ООРА 168	«Гора Хардинг», Горы Гров, Восточная Антарктика
ОУРА 2	«Сухие долины Мак-Мёрдо», южная часть Земли Виктории

iv) Прочие вопросы, касающиеся планов управления охраняемыми / управляемыми районами

(156) Ответственная за созыв ВГПУ, г-жа Биргит Ньостад (Birgit Nj stad) (Норвегия), представила элементы Рабочего документа WP 15 *Отчет о работе Вспомогательной группы по планам управления в межсессионный период 2014/15 гг.*, в котором она доложила о межсессионной работе ВГПУ в соответствии с техническими заданиями № 4 и № 5. В документе сообщалось об обсуждениях, проведенных членом ВГПУ д-ром Полли Пенхейл (Polly Penhale) (США), о начале разработки руководящих материалов по подготовке и пересмотру Планов управления ОУРА, включая составление плана работ по данному вопросу. В документе напоминалось о согласованной долгосрочной цели: добиться того, чтобы все Планы управления ООРА и ОУРА имели соответствующее содержание и были понятными, последовательными и максимально эффективными, как указано в техническом задании № 5. В нем Членам предлагалось рассмотреть обновленный обзор статуса планов управления ООРА и ОУРА и все действия, которые могут быть необходимы для обеспечения соответствующего уровня пересмотра и изучения.

(157) ВГПУ рекомендовала КООС включить в рабочий план на 2015/16 гг. разработку руководства по определению необходимости придания районам статуса ОУРА, и после завершения этой работы ВГПУ в следующий раз должна включить в свой рабочий план подготовку документа с вопросниками аналогично Руководству по подготовке Планов управления Особо охраняемыми районами Антарктики. Что касается предварительных консультаций с КООС по предлагаемым новым ОУРА, ВГПУ отметила, что отдельное обсуждение Комитетом инициативы Норвегии касательно порядка проведения предварительной оценки ООРА и ОУРА (Рабочий документ WP 29) будет способствовать решению этого вопроса.

(158) Комитет поблагодарил ВГПУ за рекомендации и согласился принять предложенный ВГПУ рабочий план на 2015/16 гг.:

Техническое задание (ТЗ)	Поставленные задачи
Пункты 1 – 3 ТЗ	Рассмотрение проектов Планов управления, направленных КООС на рассмотрение в межсессионный период, и выработка рекомендаций их инициаторам (включая пять планов, рассмотрение которых было отложено в межсессионном периоде 2014/15 гг.)
Пункты 4 и 5 ТЗ	Проведение работы с соответствующими Сторонами в целях ускорения хода работ по пересмотру планов управления с истекшими сроками обязательного пятилетнего пересмотра.
	Продолжение деятельности по разработке руководящих материалов по подготовке и пересмотру Планов управления ОУРА в соответствии с утвержденным рабочим планом, а именно начать разработку руководящих материалов в отношении определения необходимости придания районам статуса ОУРА..
	Пересмотр и обновление рабочего плана ВГПУ
Рабочие документы	Подготовка отчета ВГПУ на заседание КООС XVIII по пунктам 1–3 ТЗ
	Подготовка отчета ВГПУ на заседание КООС XVIII по пунктам 4 и 5 ТЗ

(159) Китай представил Рабочий документ WP 48 *Отчет о неформальном обсуждении предложения об определении нового Особо управляемого района Антарктики «Китайская антарктическая станция Куньлунь» (Купол А) в течение еще одного межсессионного периода*. После рассмотрения Комитетом на заседании КООС XVI предложения Китая об определении ОУРА на китайской антарктической станции Куньлунь, Купол А, и неформальной межсессионной дискуссии в течение межсессионного периода 2013/14 г. в данном документе сообщалось о дальнейших неформальных дискуссиях, проведенных в межсессионный период 2014/15 гг. Этот документ включал приложение с обзором ответов, данных Китаем на различные опасения, ранее выраженные Членами. Китай кратко сообщил о научно-исследовательской работе, ведущейся в районе, в том числе о проектах международного сотрудничества. Испытывая обеспокоенность в связи с уязвимостью окружающей среды района к повреждениям и невозможностью устранить причиненные повреждения, а также учитывая очень низкую устойчивость окружающей среды к внешнему воздействию,

Китай в 2013 г. выдвинул предложение об определении нового Особо управляемого района Антарктики в соответствии с Протоколом по охране окружающей среды. В течение двух лет было проведено три раунда обсуждений этого предложения. Благодаря совместным усилиям коллег из разных стран, поднятые правовые и технические вопросы были всесторонне обсуждены. В ходе третьего раунда обсуждений Аргентина любезно предложила поделиться своим опытом. Китай поблагодарил Аргентину за ее комментарии, предоставленные в межсессионный период, и обратился к Комитету с просьбой передать предложение в ВГПУ.

(160) Аргентина поблагодарила Китай за учет ее мнения в ходе обсуждения, отметив свою открытость для обсуждения и дебатов касательно плана управления. Аргентина отметила, что если будет достигнута договоренность направить предложение на рассмотрение в ВГПУ, то у нее будут еще несколько рекомендаций касательно плана управления.

(161) Германия выразила сомнение в необходимости определения ОУРА в этом районе и заявила, что она не одобряет направление этого предложения в ВГПУ.

(162) Китай ответил, что смысл ОУРА заключается не в том, чтобы подсчитывать, сколько стран ведут деятельность, но оценить, насколько велико воздействие, которое человеческая деятельность оказывает на данный район. Китай заботится о том, чтобы создать некую стандартную и эффективную систему защиты окружающей среды в районе Купола А и тем самым внести вклад в эффективную охрану окружающей среды Антарктики. Учитывая крайне низкую емкость среды, а также тот факт, что международное сотрудничество там активизируется в соответствии с Протоколом и приложениями к нему, Китай надеется и выражает желание обмениваться информацией и сотрудничать со Сторонами в том, что касается определения ОУРА и деятельности в районе Купола А.

(163) Подводя итог, Председатель указал, что Члены Комитета не пришли к консенсусу относительно направления проекта плана управления ОУРА в ВГПУ.

(164) Новая Зеландия выразила согласие с заключением Председателя.

(165) Комитет поблагодарил Китай за проведение дальнейших неформальных обсуждений в межсессионный период и предоставление отчета об этих обсуждениях. Комитет признал открытость Китая для дискуссии и

обсуждения комментариев, полученных от Членов КООС. Он отметил, что Члены также в основном признали важность наличия разумного порядка управления для этого района, имеющего большое значение для науки, и поблагодарил Китай за работу по проведению дискуссий по этому вопросу. Отмечая, что консенсус по предложению Китая не был достигнут, Комитет принял решение не направлять предложение об ОУРА на рассмотрение в ВГПУ на данном этапе.

(166) Комитет приветствовал предложение Китая провести четвертый раунд неформальных обсуждений в межсессионный период по предложению в 2015/16 г. и призвал заинтересованных Членов принять участие.

9b) Исторические места и памятники

(167) Болгария представила Рабочий документ WP 17 *Предложение добавить Хромоногую хижину на болгарской станции Святой Климент Охридский на острове Ливингстон (Смоленск) в Перечень Исторических мест и памятников*. Она также представила информативную презентацию с одноименным названием, содержащую множество фотографий хижины. Было отмечено, что эта хижина стала первым постоянным сооружением, построенным Болгарией в Антарктике и что она положила начало проведению Болгарией систематических научных исследований в районе острова Ливингстон (Смоленск). Если предложение Болгарии будет принято, то новое Историческое место и памятник будет называться Хромоногая хижина на болгарской станции Святой Климент Охридский на острове Ливингстон (Смоленск), Южные Шетландские острова. Было отмечено, что Хромоногая хижина была построена в апреле 1988 года и была основным зданием на станции Святой Климент Охридский до 1998 года. Она являлась старейшим сооружением на острове Ливингстон (Смоленск). В документе согласно Резолюции 8 (1995 г.) и Приложению к Резолюции 3 (2009 г.), приводится несколько причин, почему этот район достоин определения в качестве ИМП. Среди этих причин – важное значение хижины для истории науки как первого строения Болгарии для научных целей в Антарктике, уникальные материалы и методы постройки и культурная ценность объекта как старейшей из сохранившихся построек на острове Ливингстон (Смоленск).

(168) В ответ на вопросы Бельгии Болгария выразила пожелание сохранить здание на своем месте, вместо того чтобы переносить его в контролируемое место расположения музейных объектов за пределами

Антарктики. Было также отмечено, что существует модель этой хижины в национальном историческом музее Болгарии. В ответ на вопросы, касающиеся сохранения постройки в будущем, Болгария отметила, что в данный момент постройка находится в очень хорошем состоянии, и она не видит сложностей в поддержании ее состояния в будущем.

(169) Комитет отметил, что в Рабочем документе WP 17 приведено обоснование для предлагаемого определения ИМП в соответствии с Резолюцией 3 (2009 г.), и пообещал направить предложение на утверждение КСДА.

(170) Российская Федерация представила Рабочий документ WP 31 *Предложение о включении снегоходного тяжелого тягача «Харьковчанка», использовавшегося в Антарктиде с 1959 по 2010 гг., в перечень исторических мест и памятников*. Она отметила, что это было первое несерийное транспортное средство советской промышленности, произведенное специально для использования в Антарктике, и оно является уникальным образцом инженерно-технических разработок для целей исследования Антарктики. Российская Федерация подчеркнула историческое значение тягача «Харьковчанка», а также его памятную и эмоциональную ценность для всех, кто посещает этот объект в Антарктике. Она также отметила, что из тягача была удалена вся жидкость, а дверцы были герметично закрыты, чтобы туда не попал снег во время подготовки этого объекта к длительной экспозиции в Антарктике.

(171) В ответ на вопросы участников Российская Федерация обозначила свое желание оставить тягач на своем месте, отметив, что его историческая ценность будет высоко оценена участниками экспедиций и другими посетителями Антарктики. Российская Федерация также заявила, что ею были предприняты меры по сохранению тягача, среди которых его герметизация для предотвращения попадания внутрь снега. Об эффективности этих мер она в дальнейшем проинформирует Комитет. Она также призвала остальных участников к проведению подобных действий на своих ИМП.

(172) Комитет отметил, что в Рабочем документе WP 31 приведено обоснование для предлагаемого определения ИМП в соответствии с Резолюцией 3 (2009 г.), и пообещал направить предложение на утверждение КСДА.

Рекомендации КСДА от КООС по поводу дополнений к Перечню Исторических мест и памятников

(173) Комитет пообещал направить два предложения касательно дополнений к Перечню Исторических мест и памятников на утверждение КСДА посредством принятия Мер.

№	Название
ИМП №	Хромоногая хижина, станция Святой Климент Охридский, остров Ливингстон (Смоленск)
ИМП №	Снегоходный тяжёлый тягач «Харьковчанка»

(174) После проведения обсуждения на заседании КООС XVI Норвегия выразила мнение, что пришло время для начала нового обсуждения вопроса определения ИМП в более широком смысле. Норвегия напомнила о недавних дискуссиях, во время которых она подчеркивала, что многие строения или другие объекты в Антарктике могут рассматриваться в качестве имеющих историческую ценность и это способно привести к определению большого количества ИМП в будущем, что, возможно, будет противоречить положению Протокола по охране окружающей среды в отношении удаления следов прошлой деятельности в Антарктике. В связи с этим Норвегия отметила, что настоящие подходы к управлению и акцентирование внимания на альтернативных способах сохранения таких ценностей, вместо физического сохранения таких ценностей на их первоначальном месте, могли бы стать информативными для более широких подобных дискуссий.

(175) Отметив важность наличия инструкций по вопросу потенциальных конфликтов между положениями Приложения V и Приложения III, Норвегия предложила выполнить подготовительную работу перед заседанием КООС XIX для обеспечения Комитета информацией для дальнейших дискуссий, в первую очередь акцентируя внимание, в числе прочего, на подходах и методах, обсужденных, используемых и принятых в качестве альтернатив сохранению на своих местах объектов, имеющих историческую и культурную ценность.

(176) Комитет поддержал предложение Норвегии, отметив пользу получения рекомендаций экспертных организаций, например, Международного комитета полярного наследия. Норвегия предложила отложить

рассмотрение дальнейших предложений по определению новых ИМП до появления дальнейших инструкций по этому вопросу.

Рекомендации КСДА от КООС по поводу инструкций по определению новых Исторических мест и памятников

(177) Комитет согласился отложить рассмотрение дальнейших предложений по определению новых ИМП до появления дальнейших инструкций по этому вопросу.

(178) Аргентина поддержала презентации и обязательства участников, касающиеся сохранения достояния. Кроме того, она напомнила о спорах, которые велись в течение двух межсессионных периодов (2010-2011 гг.), касательно концепции достояния и различных механизмов защиты таких ценностей. Относительно некоторых замечаний об их переносе за пределы района действия Договора об Антарктике Аргентина заметила, что после определения таких объектов ИМП они становятся частью перечня, позволяя любому заинтересованному человеку посещать их, а перенос отрицательно скажется на доступе.

(179) АСОК отметила, что, по ее мнению, взаимосвязи между Приложением III и Приложением V (8) заслуживают дальнейшего изучения.

(180) Новая Зеландия представила Рабочий документ WP 23 *Проект по сохранению наследия моря Росса: модель сохранения ценностей, являющихся объектами наследия, в Особо охраняемых районах Антарктики*, и сослалась на Информационный документ IP 13 *Supporting Images for Working Paper: Ross Sea Heritage Restoration Project: A model for conserving heritage values in Antarctic Specially Protected Areas*. Эти документы содержат отчет о десятилетней программе Фонда антарктического наследия Новой Зеландии по сохранению построек и коллекций артефактов из ООРА 155, 157 и 158 на полуострове Росса. Новая Зеландия отметила, что в рамках этого проекта недавно была достигнута важная промежуточная цель, и это был беспрецедентный проект по своему масштабу и сложности сохранения наследия в полярных регионах. Она сообщила Комитету о намерении продолжать эту работу, отмечая, что соответствующее финансирование уже было предусмотрено на последующие 25 лет работы.

(181) Комитет поблагодарил Новую Зеландию за эти документы и поздравил Фонд антарктического наследия Новой Зеландии с проведением

комплексной работы по охране исторических мест в районе моря Росса. Участники подчеркнули важные образовательные и популяризационные мероприятия, проведенные в рамках данного проекта, и отметили, что восстановленные объекты будут иметь большую ценность для будущих поколений.

(182) Была выражена поддержка рекомендациям, представленным в Рабочем документе WP 23. Комитет одобрил подход, примененный Фондом антарктического наследия Новой Зеландии, как полезную модель для других сторон, осуществляющих охранные мероприятия в Антарктике, при этом признавая большое значение практического опыта управления сохранением в соответствии с характеристиками конкретных исторических мест. Комитет также отметил, что Фонд антарктического наследия выполняет положения соответствующих планов управления ООРА, устанавливающих обязательство Национальных антарктических программ проводить взаимные консультации, с тем чтобы обеспечить осуществление мероприятий по управлению внутри ООРА, в том числе мер по сохранению.

(183) В рамках данного пункта повестки дня был также представлен следующий документ:

- Информационный документ IP 50 Damage to the Observation Hill Cross (HSM 20) (Новая Зеландия).

9c) *Правила поведения для посетителей участков*

(184) Новые или пересмотренные Правила поведения для посетителей участков не были представлены на рассмотрение Комитета.

(185) МААТО представила Информационный документ IP 85 *Report on IAATO Operator Use of Antarctic Peninsula Landing Sites and ATCM Visitor Site Guidelines, 2013-14 and 2014-15 Season*. В документе представлены данные, собранные из Форм Отчетов о посещении участников, и отмечается, что посещения не членов МААТО не были учтены в анализе. МААТО сообщила Комитету о том, что уровень туризма все еще низок по сравнению с пиковым сезоном 2007-2008 годов, но постепенно восстанавливается; увеличение воздушного туризма привело к несоразмерному увеличению полетов и, в меньшей степени, увеличению высадок; практически все места высадки, входящие в десятку самых популярных мест высадки на полуострове,

за исключением острова Ялур, регулируются Правилами поведения для посетителей участков, подготовленными КСДА, или Национальными программами на посещаемых участках. МААТО попросила содействия у заинтересованных сторон в разработке правил для этого участка. Она также сообщила Комитету о том, что она хотела бы продолжить ежегодно предоставлять информацию КСДА и КООС о деятельности ее членов.

(186) Комитет отметил весомый вклад МААТО и поблагодарил за регулярное предоставление МААТО последней информации. КООС с одобрением принял и оценил отчет о правилах поведения для посетителей участков и отметил важность таких отчетов для понимания действий по управлению и контролю в наиболее часто посещаемых районах. Великобритания предложила сотрудничать с МААТО в вопросе разработки правил для острова Ялур.

(187) Новая Зеландия представила Информационный документ IP 102 *Antarctic Site Inventory: Results from long-term monitoring,* подготовленный совместно с Соединенными Штатами Америки. С 1994 года сбор биологических данных и информации, касающейся данного участка Антарктического полуострова, осуществлялся в рамках проекта Инвентаризации антарктических территорий (ASI). Новая Зеландия отметила, что ASI продолжит наблюдать за быстрым изменением популяций пингвинов Папуа, антарктических пингвинов и пингвинов Адели в западной части Антарктического полуострова. Она отметила, что результаты наблюдений ASI показали быстрый рост популяций пингвинов Папуа и их расширение на юго-запад, в то время как популяция двух других видов значительно уменьшилась.

(188) Комитет поблагодарил за информацию и данные, представленные в документе.

(189) Великобритания представила Информационный документ IP 119 *National Antarctic Programme use of locations with Visitor Site Guidelines in 2014-15*, подготовленный совместно с Аргентиной, Австралией и Соединенными Штатами Америки. В этом документе представлен обзор информации, предоставленной Сторонами, о посещениях персоналом их Национальной антарктической программы мест с правилами поведения для посетителей участков, подготовленными КООС, в сезон 2014-2015 гг.

(190) Комитет поблагодарил за предоставленную информацию.

(191) Аргентина представила Информационный документ IP 131 *Политика управления туристической деятельностью на научной станции Браун.* Напомнив о дискуссии по поводу ее Рабочего документа WP 49 на XXXVI КСДА, Аргентина отметила, что многие Стороны поддержали ее предложение о необходимости разработки для станций письменных правил, касающихся посетителей. В Информационном документе IP 131 представлены правила для научной станции Браун. Аргентина попросила включить эти правила в Руководство по осуществлению деятельности МААТО в Антарктике.

(192) Комитет поблагодарил Аргентину за документ и прилагающиеся правила посещения ее научной станции Браун. Комитет отметил желание МААТО включить эти правила в свое Руководство по осуществлению деятельности в Антарктике, и далее отметил намерение расположенных рядом станций информировать своих посетителей о правилах в случае посещения ими научной станции Браун.

9d) *Пространственная охрана морской среды и меры пространственного управления*

(193) Бельгия представила Рабочий документ WP 20 *Концепция «уникальных ценностей» в морской среде согласно Приложению V к Протоколу* и сослалась на Информационный документ IP 10 *The concept of "outstanding values»" in the Antarctic marine environment under Annex V of the Protocol.* В документе приведен обзор дискуссий МКГ, учрежденной на заседании КООС XVII для рассмотрения концепции уникальных ценностей морской среды. Участники МКГ достигли общей договоренности о том, что в настоящее время не требуется дальнейшей работы по определению и критериям защиты «уникальных ценностей» в морской среде, поскольку в Приложении V и *Руководстве по осуществлению системы формирования охраняемых районов, описанных в Статье 3 Приложения V к Протоколу по охране окружающей среды* (Резолюция 1 (2000 г.), содержится достаточно правил; они выразили пожелание работать поэтапно в каждом отдельном случае, определяя необходимость защиты конкретного района, исходя из совокупности таких факторов как ценность района (в данном случае, уникальная ценность морской среды) и ситуация или деятельность, осуществляющаяся в данном районе, которая представляет опасность для его ценностей. Это может быть реальная или потенциальная опасность, которая может негативно воздействовать

на ценности в будущем. КООС должен изучать уникальные ценности морской среды при предложении новых ООРА или пересмотре планов управления существующими ООРА; работа КООС по реализации положений Приложения V должна дополнять, а не дублировать текущие мероприятия АНТКОМ, направленные на определение Морских охраняемых районов (МОР). МКГ также рекомендовала КООС поддержать дальнейшую работу МКГ и представить на заседание КООС XIX отчет по этому второму раунду дискуссий.

(194) Китай выразил обеспокоенность тем, что определение морских ООРА может потенциально ограничить доступ в районы судов национальных программ и логистические операции.

(195) В ответ на такую обеспокоенность Соединенные Штаты Америки отметили, что планы управления морскими ООРА 152 и 153, в частности, допускают важную практическую деятельность судов, которая не может представлять опасности для ценностей Района, такую как пересечение или стоянка в пределах Района с целью содействия научной или другой деятельности, включая туризм, или для доступа к местам, находящимся за пределами района.

(196) АСОК отметила, что некоторые ООРА, включая ООРА с морским компонентом, получили свой статус для содействия научным исследованиям и что ООРА, получившие свой статус в связи с целями сохранения, не мешают проведению научных исследований.

(197) Комитет поблагодарил Бельгию за организацию МКГ и поддержал основные итоги межсессионной дискуссии. Участники сделали особый акцент на рекомендации Сторонам и КООС рассматривать уникальные ценности морской среды в соответствии с Приложением V к Протоколу, а также использовать Руководство 2000 г. при предложении новых ООРА или пересмотре планов управления существующими ООРА.

(198) Комитет согласился продолжить обсуждение этих вопросов и организовал МКГ, возглавляемую Бельгией, для работы в межсессионный период 2015-2016 гг. со следующими рабочими заданиями:

1) Обсуждение дальнейших шагов по исполнению Приложения V, Статья 3 Протокола, касающегося концепции «уникальных ценностей» применительно к морской среде в контексте фактических или потенциальных угроз для такой среды, возникающих в результате деятельности, описанной в Статье 3 (4) Протокола;

2) Определение прочих механизмов КООС в рамках существующей структуры и инструментов Договора и Протокола, касающихся «уникальных ценностей» морской среды, при создании и (или) пересмотре ООРА и ОУРА;

3) Понимание работы АНТКОМ по систематическому планированию природоохранной деятельности во избежание дублирования усилий, дополнение ее и поддержание отдельных ролей, используя при этом соответствующие инструменты, имеющиеся в распоряжении КООС, для реализации Статьи 3 (2) Приложения 5 к Протоколу;

4) Предоставление заключительного отчета на заседании КООС XIX.

(199) Комитет одобрил предложение Франсуа Андре (Fran ois Andr) (Бельгия) принять на себя обязанности организатора МКГ.

9e) Прочие вопросы, связанные с Приложением V

(200) Норвегия представила Рабочий документ WP 29 *Предлагаемый порядок проведения предварительной оценки ООРА и ОУРА*. Норвегия отметила, что межсессионные дискуссии показали общую заинтересованность участников в разработке процедур предварительной оценки предлагаемых ООРА и ОУРА, обращая внимание на то, что такие процедуры могут вовлечь все Стороны в процесс определения новых районов, позволят участникам получать отзывы и комментарии в ответ на предложения, а также помогут достичь большей согласованности в отношении определения потенциальных ООРА и ОУРА и улучшат порядок принятия планов управления. В документе содержится проект руководства по Порядку проведения предварительной оценки для определения ООРА и ОУРА. Она также предложила Комитету подчеркнуть преимущества возможности проведения КООС предварительной оценки определения любых новых ООРА и ОУРА; призвать инициаторов определения новых ООРА и ОУРА представлять планы такого определения на рассмотрение КООС на как можно более раннем этапе, чтобы Комитет имел возможность провести предварительную оценку района; и согласиться с изложенными выше рекомендациями, которые следует использовать в качестве желательной, но не обязательной процедуры, дающей возможность провести предварительную оценку нового определяемого района.

(201) Комитет поблагодарил Норвегию за проведение дискуссий и отметил преимущества порядка проведения предварительной оценки предлагаемых новых ООРА и ОУРА, включая вовлечение всех Сторон в процесс предложения новых районов, поскольку в определении ООРА и ОУРА принимают участие все страны; помощь участникам в подготовке планов управления посредством предоставления отзывов и комментариев от других участников на раннем этапе процесса; а также способствование рассмотрению дальнейшего систематического развития системы охраняемых районов в соответствии со Статьей 3 Приложения V к Протоколу и с учетом последствий изменения климата.

(202) Китай особо подчеркнул, что в процессе дискуссии процедура определения уже предложенных ООРА И ОУРА не должна прерываться или задерживаться новым процессом.

(203) Аргентина согласилась с принятием таких правил. Она также поддержала комментарии Китая о том, что процедура не должна касаться уже предложенных ООРА и ОУРА.

(204) АСОК отметила, что такой порядок проведения предварительной оценки может быть важным взносом в более стратегический подход к разработке репрезентативной сети охраняемых районов, если только он не препятствует представлению проектов планов управления.

(205) Комитет поддержал идею о разработке необязательной процедуры и с некоторыми комментариями участников и незначительными поправками к тексту Рабочего документа WP 29 *согласился принять Руководство: Порядок проведения предварительной оценки для определения ООРА и ОУРА* (Приложение 3).

Рекомендации КСДА от КООС по порядку проведения предварительной оценки для определения ООРА и ОУРА

(206) Комитет призвал участников использовать *Руководство: Порядок проведения предварительной оценки для определения ООРА и ОУРА* при дальнейшем определении ООРА и ОУРА. Комитет отметил, что порядок проведения предварительной оценки для определения ООРА и ОУРА не должен касаться районов, уже предложенных в качестве ООРА или ОУРА.

(207) Новая Зеландия представила Рабочий документ WP 35 *Кодекс поведения при осуществлении деятельности на наземных участках геотермической активности в Антарктике* и сослалась на Информационный документ IP 24 *Code of Conduct for Activities within Terrestrial Geothermal Environments in Antarctica,* подготовленный совместно с Испанией, Великобританией и Соединенными Штатами Америки. Соавторы настоящего документа подчеркнули высокую научную ценность наземных участков геотермической активности в Антарктике и предложили идею Кодекса поведения как необходимого инструмента для сохранения уникальной природной среды и научных ценностей участков геотермической активности. Они также отметили, что такой Кодекс поведения станет необязательным руководством и ресурсом по передовому опыту деятельности на участках геотермической активности. Инициаторы порекомендовали Комитету представить комментарии относительно проекта Кодекса поведения; предложить СКАР в сотрудничестве с КОМНАП рассмотреть проект Кодекса поведения, чтобы утвердить его как Кодекс поведения СКАР; и предложить СКАР заново представить финальную версию Кодекса поведения на заседании КООС XIX.

(208) Комитет поблагодарил Новую Зеландию и Соединенные Штаты Америки за проведение семинара и выразил решительную поддержку предложенным рекомендациям, особенно отметив важное значение участия в этой работе СКАР и КОМНАП. Комитет поддержал предложение СКАР о пересмотре проекта Кодекса поведения и о представлении финальной версии на заседании КООС XIX для рассмотрения ее Комитетом. Комитет призвал участников к тому, чтобы они пригласили соответствующих специалистов своих стран к участию в межсессионном рассмотрении.

(209) Аргентина представила Рабочий документ WP 50 *Результаты специальных обследований, связанных с охраной ископаемых остатков в Антарктике. Возможные планы действий для будущего обсуждения.* Аргентина напомнила Комитету, что этот вопрос поднимался на заседании КООС XVII, где Аргентина взяла на себя роль организатора неформальных межсессионных дискуссий. По итогам этих дискуссий и после проведения исследования соответствующими Сторонами Аргентиной были определены возможные планы действий, которые помогут реализовать дополнительные охранные меры в отношении ископаемых остатков в Антарктике, в том числе, чтобы все Стороны обратили внимание на разнообразные механизмы и процедуры,

о которых сообщили все участники исследования; чтобы были рассмотрены все разнообразные режимы обмена информацией; а также чтобы СКАР посредством Инициативной группы по геологическому наследию и охране геологических ценностей по запросу предоставлял Комитету технические консультации по определению соответствующих мер управления и охраны для геологических участков, включая участки, содержащие окаменелости.

(210) Комитет поблагодарил Аргентину за отчет о результатах межсессионных дискуссий. Он отметил высокое научное значение ископаемых остатков для научного понимания истории и эволюции антарктического континента и подтвердил необходимость охраны окаменелостей и мест их залегания посредством улучшения информационного обмена и возможной разработки руководства, содержащего передовой опыт в этой области.

(211) Комитет с одобрением принял рекомендацию СКАР о том, чтобы Инициативная группа СКАР по геологическому наследию и охране геологических ценностей рассматривала вопросы, касающиеся научного аспекта темы окаменелостей в рамках более широкой работы группы, и поблагодарил СКАР за его предложение о предоставлении консультаций на будущим заседании. Комитет также с одобрением принял предложение МААТО поддержать работу Комитета по этому вопросу. Участники выразили поддержку рассмотрению Резолюции, аналогичной Резолюции 3 (2001 г.) по охране метеоритов, однако отметили, что лучше всего, если такая резолюция будет разработана на одном из будущих заседаний после проведения дополнительных дискуссий по этим вопросам.

(212) Комитет выразил озабоченность фактами изъятия антарктических окаменелостей и другого геологического материала из мест их расположения в коммерческих целях. Комитет призвал все Стороны, Национальные программы и МААТО принять соответствующие меры для того, чтобы ископаемые остатки и другой геологический материал мог изыматься только в научных целях и чтобы такие материалы надлежащим образом хранились для целей текущих научно-исследовательских проектов.

(213) АСОК представила Информационный документ IP 109 *Antarctic Tourism and Protected Areas* и обратила внимание на связь между охраной районов и регулированием туризма. Она рекомендовала участникам провести проверку пересечений туристической деятельности с

охраняемыми и управляемыми районами, а также с потребностями по управлению и охране с точки зрения регионального подхода. Она также предложила участникам предоставить четкую информацию о правилах на своих объектах касательно туризма и провести оценку пространственного расширения туристической деятельности в процессе развития репрезентативной сети охраняемых районов.

(214) АСОК также представила Информационный документ IP 112 *Expanding Antarctica's Protected Areas System*, в котором подчеркивается важное значение укрепления системы охраняемых районов с учетом подверженности меняющейся антарктической природной среды таким рискам, как инвазивные виды. Она рекомендовала Комитету критически пересмотреть область распространения ООРА в Антарктике и инициировать комплексный процесс планирования в масштабах всего региона для реализации обязательств, предусмотренных Статьей 3 Приложения V к Протоколу.

(215) Бельгия напомнила о своем Рабочем документе WP 39, представленном на заседании КООС XVI в соавторстве с Великобританией и ЮАР, и подчеркнула важность Приложения V в качестве инструмента защиты микроорганизмов, особенно на первозданных участках, где антропогенное воздействие может уничтожить научные ценности в будущем.

(216) Комитет выразил благодарность АСОК за представленные документы, отметив, что они содержат сведения и точки зрения, которые могут быть полезны для последующих совещаний Комитета по вопросам систематического развития системы охраняемых районов, в том числе касательно мер, определенных в Рабочей программе по реагированию на изменения климата.

Пункт 10. Сохранение антарктической флоры и фауны

10a) Карантин и неместные виды

(217) Великобритания представила Рабочий документ WP 28 *Пересмотр Руководства по неместным видам, разработанного КООС (издание 2011 г.)*, подготовленный совместно с Францией и Новой Зеландией. Великобритания напомнила Комитету о том, что Руководство по неместным видам, разработанное КООС, было одобрено Резолюцией 6 (2011 г.), которая также призывала Комитет продолжить разработку Руководства. В документе подчеркивается постоянно растущий

объем научной работы и разработок практических методов решения проблемных вопросов, связанных с неместными видами, а также дополнительная работа Комитета и недавно созданных МКГ, связанная с неместными видами, и предлагается пересмотреть Руководство.

(218) Комитет выразил благодарность Великобритании, Франции и Новой Зеландии за документ, касающийся указанного вопроса, имеющего наивысший приоритет как для Пятилетнего плана работы КООС, так и для CCRWP. Кроме того, Комитет с одобрением принял подробное описание соответствующих разработок и результатов с момента принятия Резолюции 6 (2011 г.). Он отметил пользу соответствующей информации, получаемой из Портала окружающей среды Антарктики и других документов, представленных в рамках данного пункта повестки дня, для работы МКГ. Многие участники выразили свою заинтересованность в участии в МКГ. Комитет также с одобрением принял предложения помощи от СКАР и МААТО.

(219) Комитет отметил рекомендацию, содержащуюся в Резолюции 6 (2011 г.), о том, что Стороны должны *поощрять дальнейшую работу Комитета по охране окружающей среды в области разработки Руководства по неместным видам, с учетом вклада Научного комитета по антарктическим исследованиям и Совета управляющих национальных антарктических программ по научным и практическим вопросам соответственно*, принял во внимание недавние научные и практические разработки по управлению окружающей средой, касающиеся вопросов неместных видов, а также отметил, что пересмотр руководства является приоритетной задачей Рабочей программы ответных мер в отношении изменений климата.

(220) Комитет с одобрением принял предложение и согласился организовать МКГ для:

1) пересмотра и/или подтверждения «Общих задач» и «Основных руководящих принципов» деятельности Сторон по решению вопросов, связанных с неместными видами, содержащихся в Руководстве по неместным видам, разработанном КООС;

2) изменения и дополнения новой информацией раздела Руководства *«Рекомендации и ресурсы для предотвращения интродукции неместных видов, в том числе межрегионального переселения видов в Антарктике»*;

3) пересмотра и изменения Приложения «Рекомендации и ресурсы, требующие дальнейшего рассмотрения или разработки» для определения конкретных аспектов деятельности в Антарктике, в отношении которых может потребоваться дополнительная разработка особых рекомендаций, а также для рассмотрения вопросов, связанных с интродукцией неместных видов естественными путями;

4) предоставления отчета о ходе выполнения указанных выше работ на заседании КООС XIX.

(221) Великобритания согласилась созвать МКГ. Комитет одобрил предложение Кевина Хьюза (Kevin Hughes) (Великобритания) принять на себя обязанности организатора МКГ.

(222) Аргентина представила Рабочий документ WP 46 *Исследование с целью определения случаев интродукции неместных видов в Антарктику естественными путями.* В документе рассмотрены результаты изучения двух особей залетных пампасных нырков (Netta peposaca), обнаруженных мертвыми на Южных Шетландских островах. На трупах обеих особей было произведено вскрытие, показавшее, что они умерли от голода, усталости и обезвоживания. Лабораторные анализы не выявили никаких явных паразитарных заболеваний, никаких признаков бактериальных заболеваний и показали отсутствие вируса гриппа. В документе подчеркивается необходимость исследования путей интродукции новых видов в Антарктику. Она отметила необходимость разграничения естественных и антропогенных путей. Аргентина призвала заинтересованных участников и СКАР исследовать потенциальные пути естественной интродукции в Антарктику и собрать данные о наличии и распространении микроорганизмов в Антарктике.

(223) Франция сообщила, что она столкнулась с двумя случаями эпизоотии альбатросов на субантарктических островах. В обоих случаях были обнаружены вирусы, которые повлияли на популяции в изолированных районах. Вполне вероятно, что эти вирусы были занесены естественными путями. Франция отметила, что она приняла меры биобезопасности для предупреждения любого распространения на находящиеся рядом популяции.

(224) СКАР подчеркнул, что интродукция неместных видов остается важным вопросом и что согласно последним исследованиям все чаще встречается интродукция неместных видов человеком. Кроме того,

СКАР отметил последнюю работу, включая работу по обнаружению вирусов птичьего гриппа у пингвинов Адели и работу по перечислению нескольких случаев перелета птиц на остров Элефант (Мордвинова), остров Кинг-Джордж (Ватерлоо) и остров Нельсон (Лейпциг). СКАР привлек внимание к нескольким недавним микробиологическим исследованиям, показавшим наличие значительного эндемизма в элементах микробиоты континента. В этих работах отмечена целесообразность разграничения интродукции видов естественными путями, например ветром, и интродукции людьми. СКАР также отметил, что большая часть микробиального биоразнообразия, переносимого ветром, является свойственной континенту. СКАР отметил, что группы СКАР AntEco и AnT-ERA ведут работу по этим вопросам. СКАР поддержал призыв Аргентины к участникам поддержать исследование наземного биоразнообразия в регионе, указав на то, что такая работа улучшит понимание рисков интродукции из любых других источников и Заповедных биогеографических регионов континента.

(225) Чили выразила благодарность Аргентине за ее документ и поддержала представленные в нем рекомендации, отметив, что этот вопрос касается в основном региона Антарктического полуострова, на котором чилийские исследователи обнаружили живых неантарктических птиц и патогенные микроорганизмы.

(226) Комитет с одобрением принял документ Аргентины, отметив, что он касается вопроса, имеющего высокий приоритет для работы КООС. Комитет поддержал рекомендацию о призыве Сторон к проведению исследований, аналогичных описанным в Рабочем документе WP 48. Относительно второй рекомендации Комитет отметил рекомендацию СКАР о проведении текущего исследования научным сообществом Антарктики. Комитет отметил, что затронутые в документе вопросы могут быть рассмотрены в рамках пересмотра Руководства по неместным видам, которое также может включать опыт других участников. Кроме того, он отметил актуальность публикаций, упомянутых СКАР, которые должны являться полезной отправной точкой в работе МКГ при пересмотре Руководства по неместным видам.

(227) Испания представила Информационный документ IP 29 *The successful eradication of Poa pratensis from Cierva Point, Danco Coast, Antarctic Peninsula*, подготовленный совместно с Великобританией и Аргентиной. В документе содержится отчет о совместных усилиях соавторов по защите биоразнообразия местных видов путем уничтожения неместной

травы Poa pratensis, которая была непреднамеренно занесена на Мыс Сьерва в 1954 году.

(228) Комитет выразил благодарность авторам документа, отметив его важность в качестве источника для межсессионной работы по включению в Руководство по неместным видам во время его пересмотра.

(229) Великобритания представила Информационный документ IP 46 Colonisation status of known non-native species in the Antarctic terrestrial environment: a review, подготовленный совместно с Чили и Испанией. В документе кратко изложен недавний обзорный документ, определяющий распространение и уничтожение неместных видов в зоне действия договора об Антарктике, и описаны актуальные законодательные вопросы и вопросы управления.

(230) Комитет с одобрением принял документ и отметил, что он будет полезной отправной точкой в работе МКГ, связанной в пересмотром Руководства по неместным видам.

(231) Польша представила Информационный документ IP 78 *Eradication of a non-native grass Poa annua L. from ASPA No. 128 Western Shore of Admiralty Bay, King George Island, South Shetland Islands.* В документе содержится отчет об исследовательском проекте, проводившемся в сезон 2014-2015 гг. на станции Арцтовский и в ООРА 128, нацеленном на уничтожение неместной травы *Poa annua*.

(232) Комитет выразил благодарность авторам документа и поблагодарил Польшу за ее усилия. Комитет попросил Польшу продолжить предоставление новой информации об уничтожении неместной травы Poa annua в ООРА 128 и о любом полученном опыте.

(233) СКАР представил Информационный документ IP 93 *Monitoring biological invasion across the broader Antarctic: a baseline and indicator framework.* СКАР сообщил о недавно опубликованном исследовании, в рамках которого была разработана структура (Индикатор биологического вторжения в Антарктику (АВII), касающаяся наилучшей мировой практики решения проблемы понимания, наблюдения и управления биологическим вторжением в Антарктику. Исследование показало, что в Антарктике превалируют и увеличиваются факторы вторжения; растения и насекомые составляют большую часть неместных видов, присутствующих в антарктическом регионе; а также что охранный статус видов, находящихся под угрозой исчезновения под

воздействием неместных видов, уменьшается. СКАР предложил, чтобы такой индикатор не только использовался для получения комплексных исходных данных о текущем статусе биологического вторжения в Антарктику, но и обеспечивал механизм облегчения обмена информацией в рамках более широкого антарктического региона. СКАР порекомендовал КООС изучить потенциальную ценность индикатора биологического вторжения в Антарктику для содействия решению одного из его наиболее приоритетных вопросов и акцентировал внимание на актуальности такого индикатора при пересмотре Руководства по неместным видам.

(234) Комитет выразил благодарность СКАР за заострение его внимания на ABII и отметил необходимость дальнейшего изучения такого индикатора во время планирования пересмотра Руководства по неместным видам.

(235) КОМНАП представил Информационный документ IP 101 *COMNAP Practical Training Modules: Module 2 – Non-native Species*. В этом документе представлен модуль обучения, разработанный группой экспертов по обучению КОМНАП, названный «Неместные виды». Модуль был создан на основании учебных презентаций, разработанных Национальными антарктическими программами Аргентины, Австралии, Чили, Индии, Новой Зеландии и Испании. КОМНАП поблагодарил эти программы и также выразил благодарность МААТО за вклад в модуль обучения. В документе отмечено, что модуль обучения будет свободно доступен в различных форматах на веб-сайте КОМНАП.

(236) Комитет выразил признательность КОМНАП за его работу по разработке учебных материалов, отметив, что в Руководстве по неместным видам подчеркнута важность привлечения внимания к рискам, связанным с неместными видами.

10b) Особо охраняемые виды

(237) По данному пункту повестки дня не было представлено никаких документов.

10c) Прочие вопросы, связанные с Приложением II

(238) Комитет рассмотрел элементы Рабочего документа WP 27 *Расстояния приближения к диким животным в Антарктике* (СКАР), которые не были обсуждены в рамках пункта повестки дня 8b.

(239) СКАР отметил, что рекомендации, данные им в Рабочем документе WP 27, нацелены на акцентирование внимания на важности учета латентных, отрицательных реакций диких животных. Он отметил, что этот элемент не был отражен в существующих правилах и, следовательно, требует рассмотрения.

(240) Комитет выразил благодарность СКАР за представление документа и его комплексный анализ научных публикаций, касающихся понимания нарушения жизни диких животных. Комитет согласился с тем, что управление человеческой деятельностью для предотвращения нарушения жизни диких животных должно основываться на оптимально доступных научных данных. Комитет настоятельно призвал участников провести дополнительное исследование в данном районе согласно предложению СКАР и согласился с тем, что вопросы, связанные с нарушением жизни диких животных должны в будущем пересматриваться по мере получения новых научных данных.

Рекомендации КООС для КСДА по поводу нарушения жизни диких животных

(241) Основываясь на информации, предоставленной СКАР, Комитет согласился дать КСДА следующие рекомендации:

- расстояния приближения, указанные в существующих правилах КООС, необходимо регулярно пересматривать, основываясь на результатах новых научных исследований;

- предупредительные подходы необходимы во всех случаях, когда работы выполняются поблизости от диких животных;

- необходимо провести дальнейшее исследование для обеспечения соответствия решений по управлению самым полным данным.

(242) Соединенные Штаты Америки представили Рабочий документ WP 40 *Ключевые орнитологические территории (КОТ) в Антарктике* и Информационный документ IP 27 *Important Bird Areas (IBAs) in Antarctica*, подготовленный совместно с Австралией, Новой Зеландией, Норвегией и Великобританией. Они сообщили о недавно выполненном анализе ключевых зон расселения птиц на основании согласованного использования глобального критерия оценки популяции птиц по всему миру. Они отметили, что до настоящего времени существует

значительный «пробел» в данных о наземной окружающей среде континентальной Антарктики. Работа по составлению перечня КОТ Антарктики была начата Международной Ассоциацией по защите птиц и СКАР в 1998 году и получала поддержку участников в последние годы. Кроме того, они отметили, что при определении мест КОТ использовался стандартизированный набор параметров, и на данный момент данные о КОТ охватывают пять процентов Земли, 204 КОТ находятся в Антарктике. Термин «КОТ» – это не формальное определение, и он не имеет статуса охраняемого района; определение КОТ акцентирует внимание на важности района для сохранения биоразнообразия. Комитету рекомендуется рассмотреть анализ КОТ в качестве важного инструмента, используемого для оценки и наблюдения.

(243) Комитет выразил благодарность соавторам этих документов. Он также поблагодарил Международную Ассоциацию по защите птиц и все стороны, внесшие вклад в данный отчет, включая многих участников научного сообщества. Комитет признал важность отчета о КОТ, представляющего собой значимый продукт, имеющий значительную актуальность для рассмотрения вопроса защиты и управления Антарктикой. Участники отметили возможность использования отчета о КОТ в будущем, включая использование в качестве источника для подготовки и оценки воздействия на окружающую среду, пересмотра планов управления охраняемыми районами и подготовки к обсуждениям политики и управления на ежегодных заседаниях КООС и КСДА.

Рекомендации КООС для КСДА по поводу Ключевых орнитологических территорий в Антарктике

(244) Комитет согласился направить на утверждение КСДА проект Резолюции по поводу Ключевых орнитологических территорий в Антарктике.

(245) Испания представила Информационный документ IP 69 *Update of the status of the rare moss formations on Caliente Hill (ASPA 140 – site C)*. Этот документ привлекает внимание к проблеме нанесения ущерба в результате случайного кумулятивного вытаптывания мха Schistidium deceptionense в чувствительном районе острова Десепшен (Тейля). В нем содержится обновленная информация, представленная в Информационном документе IP 58 на заседании КООС XVII, которая свидетельствует о нанесении нового ущерба острову Десепшен (Тейля).

В нем подчеркнуты некоторые элементы такого ущерба и связанные с ними сложности. Кроме того, в нем отмечается необходимость проведения работы с различных точек зрения для надлежащей оценки такого ущерба. В некоторых случаях ущерб был нанесен туристической деятельностью, которая не обязательно осуществлялась судами МААТО, а могла осуществляться кем угодно. Испания также отметила, что дублирование исследования может отрицательно сказаться на окружающей среде. Она сообщила о своей разработке внутреннего кодекса поведения для полевой деятельности, предложенного в качестве полезного примера другим участникам. Она выразила заинтересованность в поддержке и управлении ООРА, отметив свою работу на научной станции неподалеку и возможную значительную пользу наличия кодекса поведения в геотермальных районах.

(246) Комитет выразил благодарность Испании за этот документ и отметил шаги, предпринятые Испанией для улучшения защиты таких важных мест на острове Десепшен (Тейля). Великобритания выразила свою заинтересованность в тесном сотрудничестве с Испанией и Группой управления островом Десепшен (Тейля) с целью изучения возможностей улучшения защиты и управления ООРА 140.

(247) В рамках данного пункта повестки дня был также представлен следующий Вспомогательный документ:

- BP 22 *A meta-analysis of human disturbance impacts on Antarctic wildlife* (СКАР).

Пункт 11. Экологический мониторинг и представление данных об окружающей среде

(248) Соединенные Штаты Америки представили Информационный документ IP 42 *EIA Field Reviews of Science, Operations, and Camp*s. В документе содержится отчет о наблюдении за проектами антарктических программ Соединенных Штатов Америки в Антарктике при помощи процесса полевой оценки воздействия на окружающую среду. Данный процесс предназначен для сравнения запланированных и фактических мероприятий по каждому проекту, а также влияния каждого проекта. Соединенные Штаты Америки сообщили Комитету о том, что перед полевым сезоном были определены проекты, подлежащие полевой оценке воздействия на окружающую среду; проекты отбирались на основании следующих критериев: использование большого количества

опасных материалов или образование большого количества отходов, использование нетронутых или минимально тронутых районов (оперативная деятельность), организация и использование крупных полевых лагерей или новых палаток, нахождение в чувствительных районах или возле них, нахождение в местах, в которых проводятся или могут проводиться другие проекты, использование новой технологии.

(249) Комитет выразил признательность Соединенным Штатам Америки за комплексный подход к рассмотрению ОВОС и отметил, что информация, представленная в Информационном документе IP 42 может быть ценным источником для МКГ и ОВОС.

(250) Республика Корея представила Информационный документ IP 71 *Environmental Monitoring at Jang-Bogo Station, Terra Nova Bay*, содержащий отчет о комплексной программе мониторинга окружающей среды, целью которой является оценка влияния работы станции Джанг Бого на окружающую среду Антарктики. Она отметила, что процесс также нацелен на разработку эффективных мер для уменьшения воздействий, и что уровень воздействия станции на окружающую среду в общем соответствует уровням, указанным в ОВОС.

(251) Индия поздравила Республику Корея с проведением комплексного мониторинга окружающей среды, выбором различных экологических показателей и отметила, что этот опыт может использоваться Сторонами при выполнении мониторинга окружающей среды с учетом показателей, предложенных КОМНАП и СКАР.

(252) Комитет с одобрением принял информацию о том, что мониторинг на станции Джанг Бого продемонстрировал соответствие влияния работы станции на окружающую среду уровням, указанным в ОВОС.

(253) СКАР представил Информационный документ IP 98 *Report on the 2014-2015 activities of the Southern Ocean Observing System* (SOOS). Он отметил, что в 2014 году SOOS уточнила свою миссию и цели, и разработал систему реализации для поддержки мероприятий по исполнению. Он акцентировал внимание на спонсорской поддержке и утверждении SOOS, а также на мероприятиях, запланированных на сезон 2015-2016 гг., помимо основных целей.

(254) Комитет с одобрением принял новую информацию и отметил ценность и актуальность SOOS для интересов КООС, что было признано во время ранее проводившихся обсуждений Рабочего документа WP39 и CCRWP.

(255) Новая Зеландия представила Информационный документ IP 103 A *Methodology to Assess Site Sensitivity at Visitor Sites: Progress Report*, подготовленный совместно с Австралией, Норвегией, Великобританией и Соединенными Штатами Америки. В документе содержится отчет о работе, выполненной совместно с фондом Oceanites и университетом Стоуни-Брук (Stony Brook), по определению возможностей использования долгосрочных данных, представленных в инвентаризации антарктических районов. В нем содержится отчет о ходе работ и итоги полевых работ, выполнявшихся в сезон 2014-2015 гг., и указана дальнейшая работа, которая должна быть выполнена до заседания КООС XIX.

(256) МААТО заметила, что использованная методология представляет собой прекрасную комбинацию качественного и количественного подхода, отметив свое участие в экспертном исследовании. Франция отметила потенциальное смещение результатов по причине наличия дополнительной информации о птицах и млекопитающих и пожелала, чтобы в будущем другие компоненты экосистемы были учтены в большем объеме. АСОК заявила, что мониторинг окружающей среды представлял большую важность, и призвала участников продолжить работу в этом направлении.

(257) Комитет напомнил о дискуссии по поводу этой работы на заседании КООС XVII и отметил, что она касалась рекомендаций Исследования в области туризма, проведенного КООС в 2012 году. Комитет выразил благодарность МААТО и ее членам за значительную поддержку в вопросе облегчения проведения экспертного исследования. Он ожидает дальнейших обсуждений на следующем заседании, включая дискуссию на тему предполагаемой методики чувствительности участка.

Пункт 12. Отчеты об инспекциях

(258) Великобритания представила Рабочий документ WP 19 rev.1 *Общие рекомендации по результатам совместных инспекций, проведенных Великобританией и Чешской Республикой в соответствии со Статьей VII Договора об Антарктике и Статьей 14 Протокола по охране окружающей среды*, и сослалась на Информационный документ IP 57 *Report of the Joint Inspections Undertaken by the United Kingdom and the Czech Republic under Article VII of the Antarctic Treaty and Article 14 of the Environmental Protocol*, подготовленный совместно с Чешской Республикой. Великобритания сообщила о совместных инспекциях в

рамках Договора об Антарктике, предпринятых в декабре 2014 года и январе 2015 года, которые затронули 12 научно-исследовательских станций, один неправительственный объект, одно убежище, шесть круизных судов и пять яхт. Великобритания поблагодарила все проинспектированные Стороны и операторов судов за сотрудничество в ходе инспекций. Великобритания отметила, что инспекции обязательно отражали положение в момент времени. Она поприветствовала все Стороны, которые указали, что они рассмотрят отдельные рекомендации по станциям или судам. Никаких серьезных нарушений договора или Протокола по охране окружающей среды замечено не было.

(259) Великобритания обратила внимание Комитета на рекомендации, содержащиеся в Рабочем документе WP 19 (Rev.1), которые, по ее мнению и мнению Чешской Республики, затрагивали экологические вопросы (Рекомендации 4, 11, 13, 14, 17, 18, 19, 20, 21 и 26), и попросила совещание признать их и одобрить.

(260) Чешская Республика отметила, что в документе сообщалось о первых инспекциях, проведенных чешским инспектором. Она также отметила важность международного сотрудничества в процессе инспекций и подчеркнула ценность многонациональных инспекционных групп.

(261) Комитет поблагодарил Великобританию и Чешскую Республику за подробный отчет об инспекциях, проведенных в 2014-2015 гг., и в целом сосредоточил внимание в своих обсуждениях на экологических элементах отчета об инспекциях и возникающих в связи с ними рекомендациях. Комитет отметил ценность инспекций в качестве средства проверки соответствия протоколу и выделения лучших примеров из практики. Комитет поприветствовал наблюдения инспекционной группы касательно в целом высокого уровня осведомленности о положениях Протокола по охране окружающей среды, а также выделяющихся примеров передовой практики, как это отмечено в отчете об инспекциях.

(262) Некоторые участники внесли комментарии, пояснения и обновления по поднятым в отчете об инспекциях вопросам по мере того, насколько это было связано с проводимой ими деятельностью.

(263) Китай отметил, что китайское аварийное убежище, указанное в таблице 1 отчета об инспекциях, планировалось демонтировать в течение двух лет и что для уменьшения воздействия на окружающую среду в связи с демонтажем будут предприняты соответствующие необходимые меры.

(264) Болгария прокомментировала, что Болгарский антарктический институт (БАИ) не был «существенно зависящим от приема посетителей-ученых на станции» для финансирования национальных научных исследований. Научная деятельность БАИ и его антарктической станции Святой Климент Охридский финансировалась Национальным исследовательским фондом, который утврдил научные проекты на конкурентной основе, а также другими национальными источниками, такими как Министерство окружающей среды. Болгария также отметила, что станция Святой Климент Охридский не зависела от испанской станции в части оказания медицинской поддержки. На каждой из двух станций был собственный врач и основные средства оказания медицинской помощи, поэтому в медицинских вопросах не было никакой существенной взаимозависимости. Что же касается возможных сложных медицинских случаев, в которых может потребоваться эвакуация с острова, то процесс только замедлился бы и поставил под дополнительную угрозу здоровье и жизнь пациента, если бы его вначале перевозили на испанскую станцию. Подобная эвакуация осуществлялась на вертолетах в чилийский аэропорт на острове Кинг-Джордж (Ватерлоо), условия на обеих станциях, вероятнее всего, были бы одинаковыми, расстояние полета одинаково, поэтому нет никакой необходимости в эвакуации через испанскую станцию. Болгария отметила, что станцию обслуживал смешанный коллектив добровольцев и наемных работников. В частности, наемными работниками были оплачиваемые работники БАИ, такие как его директор, менеджер программы и секретарь, которые регулярно участвуют в ежегодных болгарских антарктических компаниях и работают на станции в различных должностях (руководитель кампании, службы материально-технического обеспечения или другой службы поддержки). Болгарские ученые, работающие на станции, также приняли участие в работе станции. Их труд обычно оплачивается в рамках соответствующих научных проектов, поэтому они также были наемными работниками. В число добровольцев входили представители ненаучного персонала, в частности инженеры-конструкторы, механики или электрики, врачи, повара и т. п. Однако «добровольцы» не должны рассматриваться как «дилетанты». Это были опытные в своем деле профессионалы, имеющие за своими плечами несколько (в некоторых случаях более десятка) сезонов, проведенных в Антарктике.

(265) Германия вновь озвучила информацию о том, что Германская антарктическая принимающая станция (GARS) О'Хиггинс не обрабатывала данные в военных целях.

(266) Канада проинформировала Комитет о том, что она заметила озабоченность, связанную с наблюдениями на ИМП 61, и что она будет работать со своими уполномоченными туристическими операторами, в частности с уже проинспектированными, для обеспечения большего соответствия с Договором и с Протоколом по охране окружающей среды.

(267) Украина проинформировала Комитет, что она приняла во внимание рекомендации по своей станции и уже начала работы по улучшению.

(268) Несколько участников признали общий характер и интересы рекомендаций по результатам инспекций, однако призвали Комитет рассмотреть рекомендации только по экологическим вопросам.

(269) Аргентина поприветствовала инспекции, проведенные согласно Статье 7 Договора об Антарктике; также она отметила, что они являются очень полезными для принятия решений в будущем и согласилась с Председателем, что Комитет должен сосредоточить внимание исключительно на инспекциях, связанных с экологическими вопросами. В этом плане Аргентина привлекла внимание к тому факту, что в документе содержатся все рекомендации, а не только рекомендации экологического характера. Она также указала, что ввиду того, что рекомендации выдаются отдельными Сторонами, Аргентина не разделяет мнение о том, что Комитету необходимо включать общие рекомендации в заключительные отчеты КООС.

(270) Бразилия поблагодарила за работу, проделанную Великобританией и Чешской Республикой, которая дала очень положительные результаты по бразильской станции. Бразилия признала полезность инспекций в той мере, что они направлены на укрепление целей и задач Договора об Антарктике и Мадридского протокола. Бразилия подчеркнула рекомендательный характер отчетов об инспекциях, которые отражают мнение их инициаторов и могут быть приняты во внимание проинспектированными Сторонами по их собственному усмотрению.

(271) Бельгия подчеркнула важность решения вопросов по восстановительным мероприятиям и ликвидации экологического ущерба, связанных со станцией Эко-Бейс-Нельсон (Eco Base Nelson). Она высказала мнение, что станция представляет существенный риск с точки зрения безопасности и охраны окружающей среды и должна быть демонтирована как можно скорее.

(272) Касательно рекомендации 13, СКАР проинформировал Комитет о том, что у него нет научно-исследовательской группы, занимающейся рассмотрением вопросов воздействия климатических или экологических изменений на объекты или инфраструктуру.

(273) МААТО отметила, что ее члены приветствовали проведение инспекций деятельности ее членов в рамках Договора, подчеркнув, что такие инспекции рассматривались как возможность для операторов продемонстрировать свою экологически ответственную деятельность и в дальнейшем проводить информационно-просветительскую работу касательно Договора среди своих посетителей. МААТО порекомендовала своим членам продолжать строго придерживаться передового опыта в вопросах биобезопасности. Она попросила заинтересованные Стороны в случае возникновения вопросов обращаться непосредственно в МААТО для оперативного их разрешения.

(274) Норвегия отметила, что многие из рекомендаций, данных в отчете, затрагивали вопросы, представляющие важность для Комитета. Она высказала мнение, что если рекомендации нельзя принять на данном этапе, то Комитет по мере возможности мог бы рассмотреть их в дальнейшей работе КООС. Она отметила, что, например, рекомендация 13 является особо актуальной в контексте реализации CCRWP.

(275) Комитет отметил документ, представленный Великобританией и Чешской Республикой с общими рекомендациями, представленными в Рабочем документе WP 19 rev.1. Участники отметили, что рекомендации по результатам инспекций могут быть полезными для рассмотрения проинспектированными Сторонами. Также было отмечено, что рекомендации, представленные в отчёте об инспекциях, являются рекомендациями Сторон, проводивших инспекции, а не рекомендациями Комитета. Некоторые Участники отметили полезность рекомендаций для своего собственного пользования в случае их целесообразности.

(276) Несколько Участников и АСОК отметили полезность обратной отчетности перед Комитетом по реализации мероприятий, предпринятых для выполнения рекомендаций, содержащихся в отчетах об инспекциях. В качестве хорошего примера они привели контрольный отчет Индии по рекомендациям, выданным в результате инспекции на станции Мэйтри (ВР 14). Российская Федерация отметила, что такие контрольные отчеты также могли бы позволить проинспектированным Национальным антарктическим программам полностью сформулировать свою позицию по полученным рекомендациям.

(277) В рамках данного пункта повестки дня был также представлен следующий документ:

- Вспомогательный документ ВР 14 *Follow-up to the Recommendations of the Inspection Teams to Maitri Station* (Индия).

Пункт 13. Общие вопросы

(278) СКАР представил информационный документ IP 20 *Outcomes of the 1st SCAR Antarctic and Southern Ocean Science Horizon Scan*. Сканирование горизонта было сосредоточено на наиболее неотложных и важных научных вопросах в Антарктике и Южном океане, которые должны быть решены в ближайшие два десятилетия и позднее. Были сформулированы 80 научных вопросов высокого приоритета, разделенные на шесть областей. К их числу относятся: 1) определение обширной географии антарктической атмосферы и Южного океана; 2) понимание того, как, где и почему ледяной покров теряет массу; 3) открытие истории Антарктики; 4) изучение развития и сохранения жизни в Антарктике; 5) наблюдение космоса и Вселенной; а также 6) осознание и смягчение влияния деятельности человека.

(279) Комитет поблагодарил СКАР за реализацию проекта Сканирования горизонта и за отчет по основным результатам. Он отметил, что один из определенных приоритетных вопросов связан со смягчением воздействия деятельности человека, и выразил желание получить результаты исследований по приоритетным вопросам в рамках проекта Сканирования горизонта для своей будущей работы.

(280) В рамках данного пункта повестки дня были также представлены следующие документы:

- Информационный документ IP 74 *Waste Water Management in Antarctica COMNAP Workshop* (КОМНАП).

- Вспомогательный документ ВР 17 *Manejo de residuos s lidos en la XIX Expedici n Ecuatoriana* (Эквадор).

Пункт 14. Выборы должностных лиц

(281) Комитет избрал д-ра Полли Пенхейл (Polly Penhale) из США на пост Заместителя председателя на второй двухгодичный срок и поздравил ее с назначением на эту должность.

Пункт 15. Подготовка следующего заседания

(282) Комитет принял предварительную повестку дня заседания КООС XIX (Дополнение 4).

Пункт 16. Принятие Отчета

(283) Комитет принял Отчет.

Пункт 17. Закрытие заседания

(284) Председатель закрыл заседание в пятницу 5 июня 2015 года.

Приложение 1

Пятилетний план работы КООС

Вопрос / Нагрузка на окружающую среду: Интродукция неместных видов	
Приоритет: 1	
Действия:	
1. Продолжить разработку практических инструкций и ресурсов для всех антарктических операторов. 2. Реализовать взаимосвязанные действия, определенные в Рабочей программе ответных мер в отношении изменений климата 3. Рассмотреть подробную пространственную оценку рисков с разбивкой по видам деятельности, что позволит снизить риски, связанные с наземными неместными видами. 4. Разработать стратегию надзора за районами с высоким риском закрепления неместных видов. 5. Уделить особое внимание рискам, связанным с переносом пропагул внутри Антарктики.	
Межсессионный период 2015/16 г.	МКГ по пересмотру Руководства по неместным видам
КООС XIX 2016 г.	Рассмотрение отчета МКГ
Межсессионный период 2016/17 г.	
КООС XX 2017 г.	
Межсессионный период 2017/18 г.	
КООС XXI 2018 г.	
Межсессионный период 2018/19 г.	
КООС XXII 2019 г.	
Межсессионный период 2019/20 г.	
КООС XXIII 2020 г.	

Вопрос / Нагрузка на окружающую среду: Туризм и неправительственная деятельность	
Приоритет: 1	
Действия:	
1. Обеспечить консультации для КСДА по мере необходимости. 2. Реализовать рекомендации СЭДА по морскому туризму.	
Межсессионный период 2015/16 г.	
КООС XIX 2016 г.	Рассмотрение результатов разработки методологии чувствительности участков [рекомендация 3 из исследования в области туризма]
Межсессионный период 2016/17 г.	
КООС XX 2017 г.	
Межсессионный период 2017/18 г.	
КООС XXI 2018 г.	
Межсессионный период 2018/19 г.	
КООС XXII 2019 г.	
Межсессионный период 2019/20 г.	
КООС XXIII 2020 г.	

Вопрос / Нагрузка на окружающую среду: Последствия изменения климата для окружающей среды	
Приоритет: 1	
Действия:	
1. Рассмотреть влияния изменения климата на управление окружающей средой Антарктики.	
2. Реализовать рекомендации СЭДА по изменению климата.	
3. Реализовать рабочую программу ответных мер в отношении изменения климата.	
Межсессионный период 2015/16 г.	Обсуждение механизмов пересмотра и обновления CCRWP
КООС XIX 2016 г.	• Постоянный пункт повестки дня • СКАР предоставляет обновленную информацию
Межсессионный период 2016/17 г.	
КООС XX 2017 г.	• Постоянный пункт повестки дня • СКАР предоставляет обновленную информацию
Межсессионный период 2017/18 г.	
КООС XXI 2018 г.	
Межсессионный период 2018/19 г.	
КООС XXII 2019 г.	
Межсессионный период 2019/20 г.	
КООС XXIII 2020 г.	

Вопрос / Нагрузка на окружающую среду: Обработка новых и пересмотренных планов управления охраняемыми и управляемыми районами	
Приоритет: 1	
Действия:	
1. Уточнить процесс пересмотра новых и пересмотренных планов управления.	
2. Обновить существующие инструкции.	
3. Реализовать рекомендации СЭДА по изменению климата.	
4. Разработать инструкции по подготовке ОУРА.	
Межсессионный период 2015/16 г.	• ВГПУ проводит работу по предложенному плану управления • Продолжить работу по разработке инструкций по подготовке ОУРА
КООС XIX 2016 г.	Рассмотрение отчета ВГПУ
Межсессионный период 2016/17 г.	
КООС XX 2017 г.	
Межсессионный период 2017/18 г.	
КООС XXI 2018 г.	
Межсессионный период 2018/19 г.	
КООС XXII 2019 г.	
Межсессионный период 2019/20 г.	
КООС XXIII 2020 г.	

Вопрос / Нагрузка на окружающую среду: Пространственная охрана морской среды и меры пространственного управления	
Приоритет: 1	
Действия:	
1. Сотрудничество между КООС и НК-АНТКОМ по вопросам общего интереса.	
2. Сотрудничество с АНТКОМ по биорайонированию Южного океана и другим общим интересам и согласованным принципам.	
3. Определить и применить процессы для пространственной охраны морской среды.	
4. Реализовать рекомендации СЭДА по изменению климата.	
Межсессионный период 2015/16 г.	МКГ по уникальным ценностям морской среды
КООС XIX 2016 г.	Рассмотрение отчета МКГ
Межсессионный период 2016/17 г.	
КООС XX 2017 г.	
Межсессионный период 2017/18 г.	
КООС XXI 2018 г.	
Межсессионный период 2018/19 г.	
КООС XXII 2019 г.	
Межсессионный период 2019/20 г.	
КООС XXIII 2020 г.	

Вопрос / Нагрузка на окружающую среду: Работа КООС и стратегическое планирование	
Приоритет: 1	
Действия:	
1. Обновлять 5-летний план работы, руководствуясь изменяющимися обстоятельствами и требованиями КСДА.	
2. Определить возможности улучшения эффективности КООС.	
3. Рассмотреть долгосрочные цели для Антарктики (на 50-100 лет).	
4. Рассмотрение возможностей расширения рабочих взаимосвязей между КООС и КСДА.	
Межсессионный период 2015/16 г.	• Подготовка публикации к 25-й годовщине Протокола • При необходимости план симпозиума в честь 25-й годовщины.
КООС XIX 2016 г.	• 25-я годовщина Протокола. Рассмотреть и пересмотреть планы работы по мере необходимости. • Рассмотреть проект публикации, подготовленный МКГ.
Межсессионный период 2016/17 г.	
КООС XX 2017 г.	
Межсессионный период 2017/18 г.	
КООС XXI 2018 г.	
Межсессионный период 2018/19 г.	
КООС XXII 2019 г.	
Межсессионный период 2019/20 г.	
КООС XXIII 2020 г.	

Вопрос / Нагрузка на окружающую среду: Устранение вреда, наносимого окружающей среде, или ослабление его воздействия	
Приоритет: 2	
Действия:	
1. Ответить на дальнейший запрос от КСДА касательно устранения вреда, наносимого окружающей среде, или ослабления его воздействия по мере необходимости.	
2. Проконтролировать ход работы по созданию перечня мест Антарктики, где в прошлом проводились работы.	
3. Рассмотреть инструкции по устранению вреда, наносимого окружающей среде, или ослаблению его воздействия.	
4. Члены должны разработать практические указания и дополнительные ресурсы для их включения в Руководство по очистке.	
5. Продолжить разработку практических биовосстановительных мероприятий для включения в Руководство по очистке.	
Межсессионный период 2015/16 г.	
КООС XIX 2016 г.	
Межсессионный период 2016/17 г.	
КООС XX 2017 г.	Рассмотреть пересмотр Руководства по очистке
Межсессионный период 2017/18 г.	
КООС XXI 2018 г.	
Межсессионный период 2018/19 г.	
КООС XXII 2019 г.	
Межсессионный период 2019/20 г.	
КООС XXIII 2020 г.	

Вопрос / Нагрузка на окружающую среду: Следы человеческой деятельности / управление первозданной природой	
Приоритет: 2	
Действия:	
1. Разработать методы для усовершенствованной охраны первозданной природы согласно Приложениям I и V.	
Межсессионный период 2015/16 г.	Рассмотреть способы учета аспектов первозданной природы в руководстве по ОВОС
КООС XIX 2016 г.	
Межсессионный период 2016/17 г.	
КООС XX 2017 г.	
Межсессионный период 2017/18 г.	
КООС XXI 2018 г.	
Межсессионный период 2018/19 г.	
КООС XXII 2019 г.	
Межсессионный период 2019/20 г.	
КООС XXIII 2020 г.	

Вопрос / Нагрузка на окружающую среду: Контроль и состояние отчетности по окружающей среде	
Приоритет: 2	
Действия:	
1. Определить ключевые экологические индикаторы и инструменты. 2. Установить процесс отчетности перед КСДА. 3. СКАР должен предоставить информацию КОМНАП и КООС.	
Межсессионный период 2015/16 г.	
КООС XIX 2016 г.	• Отчет КОМНАП и СКАР по использованию беспилотных летательных аппаратов (БПЛА) • Рассмотреть учреждение МКГ по разработке руководства по использованию БПЛА.
Межсессионный период 2016/17 г.	
КООС XX 2017 г.	
Межсессионный период 2017/18 г.	
КООС XXI 2018 г.	
Межсессионный период 2018/19 г.	
КООС XXII 2019 г.	
Межсессионный период 2019/20 г.	
КООС XXIII 2020 г.	

Вопрос / Нагрузка на окружающую среду: Сведения о биоразнообразии	
Приоритет: 3	
Действия:	
1. Поддерживать осведомленность об угрозах существующему биоразнообразию. 2. Реализовать рекомендации СЭДА по изменению климата. 3. КООС должен рассмотреть дальнейшие научные рекомендации по поводу нарушения жизни диких животных.	
Межсессионный период 2015/16 г.	
КООС XIX 2016 г.	
Межсессионный период 2016/17 г.	
КООС XX 2017 г.	Обсуждение обновленной информации СКАР по подводному шуму
Межсессионный период 2017/18 г.	
КООС XXI 2018 г.	
Межсессионный период 2018/19 г.	
КООС XXII 2019 г.	
Межсессионный период 2019/20 г.	
КООС XXIII 2020 г.	

Вопрос / Нагрузка на окружающую среду: Специальные правила поведения для посещаемых туристами участков		
Приоритет: 2		
Действия:		
1. Периодически пересматривать перечень участков, на которые распространяются правила поведения для посетителей, а также рассмотреть необходимость разработки правил для дополнительных участков. 2. Обеспечить консультации для КСДА по мере необходимости. 3. Пересмотреть формат Правил поведения для посетителей участка по мере необходимости.		
Межсессионный период 2015/16 г.	• Великобритания должна обеспечивать координацию неформального процесса для поиска и сопоставления информации по использованию Правил поведения для посетителей участков национальными операторами в рекреационных целях • Разработка Правил поведения для посетителей участка на острове Ялур.	
КООС XIX 2016 г.	• Постоянный пункт повестки дня; Стороны должны предоставить отчеты по пересмотру • Отчет КООС по острову Барриентос, острова Аитчо, результаты мониторинга.	
Межсессионный период 2016/17 г.		
КООС XX 2017 г.	Постоянный пункт повестки дня; Стороны должны предоставить отчеты по пересмотру	
Межсессионный период 2017/18 г.		
КООС XXI 2018 г.		
Межсессионный период 2018/19 г.		
КООС XXII 2019 г.		
Межсессионный период 2019/20 г.		
КООС XXIII 2020 г.		

Вопрос / Нагрузка на окружающую среду: Обзор системы охраняемых районов	
Приоритет: 2	
Действия:	
1. Применить Анализ экологических доменов (АЭД) и систему Заповедных биогеографических регионов Антарктики (ЗБРА) для расширения системы охраняемых районов. 2. Реализовать рекомендации СЭДА по изменению климата. 3. Поддерживать и развивать базу данных охраняемых районов. 4. Оценка масштаба, в котором КОТ в Антарктике представлены или должны быть представлены в ряде ООРА.	
Межсессионный период 2015/16 г.	
КООС XIX 2016 г.	
Межсессионный период 2016/17 г.	
КООС XX 2017 г.	
Межсессионный период 2017/18 г.	
КООС XXI 2018 г.	
Межсессионный период 2018/19 г.	
КООС XXII 2019 г.	
Межсессионный период 2019/20 г.	
КООС XXIII 2020 г.	

Вопрос / Нагрузка на окружающую среду: Информационно-просветительская и образовательная деятельность	
Приоритет: 2	
Действия:	
1. Пересмотреть имеющиеся примеры и определить возможности расширения информационно-просветительской и образовательной деятельности. 2. Призвать Членов обмениваться информацией касательно их опыта в данной области. 3. Разработать стратегию и инструкции для обмена информацией между Членами по информационно-просветительской и образовательной деятельности в долгосрочной перспективе.	
Межсессионный период 2015/16 г.	• Подготовка публикации по 25-й годовщине • По необходимости содействие МКГ КСДА по вопросам образовательной и информационно-просветительской деятельности.
КООС XIX 2016 г.	Рассмотреть и принять публикацию
Межсессионный период 2016/17 г.	
КООС XX 2017 г.	
Межсессионный период 2017/18 г.	
КООС XXI 2018 г.	
Межсессионный период 2018/19 г.	
КООС XXII 2019 г.	
Межсессионный период 2019/20 г.	
КООС XXIII 2020 г.	

Вопрос / Нагрузка на окружающую среду: Реализация и усовершенствование положений ОВОС Приложения I	
Приоритет: 2	
Действия:	
1. Уточнить процесс рассмотрения ВООС и консультаций КСДА соответствующим образом. 2. Разработать инструкции для оценки кумулятивного воздействия. 3. Пересмотреть руководство по ОВОС и рассмотреть более обширную политику и другие вопросы. 4. Рассмотреть применение стратегической оценки окружающей среды в Антарктике. 5. Реализовать рекомендации СЭДА по изменению климата.	
Межсессионный период 2015/16 г.	• Создать МКГ для пересмотра проекта ВООС по мере необходимости • При необходимости продолжить рассмотрение пересмотра Руководства по ОВОС, проведенного МКГ
КООС XIX 2016 г.	• Рассмотрение отчетов МКГ по проекту ОВОС по мере необходимости • Рассмотрение пересмотра Руководства по ОВОС, проведенного МКГ
Межсессионный период 2016/17 г.	Создать МКГ для пересмотра проекта ВООС по мере необходимости
КООС XX 2017 г.	Рассмотрение отчетов МКГ по проекту ОВОС по мере необходимости
Межсессионный период 2017/18 г.	
КООС XXI 2018 г.	
Межсессионный период 2018/19 г.	
КООС XXII 2019 г.	
Межсессионный период 2019/20 г.	
КООС XXIII 2020 г.	

Вопрос / Нагрузка на окружающую среду: Определение и управление Историческими местами и памятниками	
Приоритет: 3	
Действия:	
1. Вести перечень и рассматривать новые предложения по мере их возникновения. 2. Рассмотреть стратегические вопросы по мере необходимости, включая вопросы, относящиеся к определению ИМП с учетом положений по очистке, содержащихся в Протоколе. 3. Пересмотреть представление перечня ИМП с целью усовершенствования доступности информации.	
Межсессионный период 2015/16 г.	Секретариат должен обновить перечень ИМП
КООС XIX 2016 г.	• Постоянный пункт повестки дня • Начать дискуссии по вопросам, относящимся к определению ИМП с учетом положений по очистке, содержащихся в Протоколе.
Межсессионный период 2016/17 г.	Секретариат должен обновить перечень ИМП
КООС XX 2017 г.	Постоянный пункт повестки дня
Межсессионный период 2017/18 г.	
КООС XXI 2018 г.	
Межсессионный период 2018/19 г.	
КООС XXII 2019 г.	
Межсессионный период 2019/20 г.	
КООС XXIII 2020 г.	

Вопрос / Нагрузка на окружающую среду: Обмен информацией	
Приоритет: 3	
Действия:	
1. Поручить Секретариату. 2. Контролировать и способствовать удобству пользования СЭОИ. 3. Пересмотреть требования к экологической отчетности.	
Межсессионный период 2015/16 г.	Принять участие в дальнейшей работе по экологическим аспектам обмена информацией по мере необходимости
КООС XIX 2016 г.	• Отчет Секретариата • Рассмотреть отчет МКГ по мере необходимости
Межсессионный период 2016/17 г.	
КООС XX 2017 г.	Отчет Секретариата
Межсессионный период 2017/18 г.	
КООС XXI 2018 г.	
Межсессионный период 2018/19 г.	
КООС XXII 2019 г.	
Межсессионный период 2019/20 г.	
КООС XXIII 2020 г.	

Вопрос / Нагрузка на окружающую среду: Охрана уникальных геологических ценностей	
Приоритет: 3	
Действия:	
1. Рассмотреть дальнейшие механизмы для охраны уникальных геологических ценностей.	
Межсессионный период 2015/16 г.	Оценка возможных механизмов охраны окружающей среды для геологических ценностей
КООС XIX 2016 г.	
Межсессионный период 2016/17 г.	
КООС XX 2017 г.	
Межсессионный период 2017/18 г.	
КООС XXI 2018 г.	Рассмотреть рекомендации СКАР.
Межсессионный период 2018/19 г.	
КООС XXII 2019 г.	
Межсессионный период 2019/20 г.	
КООС XXIII 2020 г.	

Приложение 2

Рабочая программа ответных мер в отношении изменения климата

Концепция CCRWP: Учитывая выводы и рекомендации СЭДА по изменению климата в 2010 г., CCRWP обеспечивает механизм определения и пересмотра целей и конкретных действий со стороны КООС в поддержку усилий в рамках Системы Договора об Антарктике, направленных на подготовку ответных мер и формирование устойчивости окружающей среды к отрицательному воздействию изменений климата, а также на формулировку связанных с этим задач по режиму управления и регулирования в Антарктике.

Вопрос, связанный с инвазивными видами	Проблема/потребности	Сфера распространения	Действия/задачи	Приоритет	Кто	КООС 2016	IP	КООС 2017	IP	КООС 2018	IP	КООС 2019	IP	КООС 2020
1) Повышение вероятности интродукции и закрепления инвазивных видов		Управление	a. Предложить, разработать Руководство по инвазивным видам в соответствии с Резолюцией 6 (2011 г.), обеспечивая учет государств-членов, в частности: в разработке методов надзора (п. 21); в стратегии ответных мер (п. 22); в руководстве по CEOC, включая инвазивные виды (п. 18).	1.3	КООС	Провести меры о том, чтобы последствия изменения климата были в достаточной мере рассмотрены в надзоре/за обзоре вопросов по инвазивным видам, как указано в 5-летнем рабочем плане КООС.		Информировать, минимизировать работу, последствия изменения климата надзора за инвазивные виды и стратегии ответных мер, включая определение среды, обитания, подвергающейся биофизическому риску. Рассмотреть образовательные инициативы в отношении рисков, связанных с инвазивными видами.	Минимизировать работа	Получить, отчет о минимизации работу и предпринять соответствующие меры.		
	Более четкое осознание факторов риска, связанных с перемещением местных перемещающихся видов внутри континента, включая перемещение в другой регион и в другой.	Управление / исследования	b. Пересмотреть Руководство МКО по контролю за биобезопасностью и надзору морских сред в соответствии с применением и к Южному региону.	2.5	Заинтересованные Стороны, эксперты и наблюдатели					Пересмотреть, отчет МКО по Руководству по контролю за биобезопасностью морских сред.		Доклад МАГО о применении или членами Руководства по контролю за биобезопасностью морских сред. Доклад ЮМАКП о применении его членами Руководства по контролю за биобезопасностью морских сред.		
	Более четкое осознание факторов риска, связанных с перемещением местных перемещающихся видов внутри континента, включая перемещение в другой регион и в другой.		c. Провести оценку рисков, определением местных видов, подверженного риску перемещения внутри континента, включая, что биологический риск оценивания риску вторжения.	2.7	КООС, заинтересованные Стороны, эксперты и наблюдатели	Информировать, минимизировать работу по проведению оценки риски перемещения местных видов, определённо соответствующие меры управления.		Получить, отчет о минимизационной работе и предпринять, соответствующие меры.						
	Оценка риска интродукции неместных морских видов. Способы исследования и контроля.		d. Провести оценку рисков определением морских сред, обитания, подверженного риску вторжения, и второй интродукции.	1.8	КООС, заинтересованные Стороны, эксперты и наблюдатели		Минимизационная работа					Минимизационная работа		
	Программа непрерывного надзора для определения состояния инвазивных видов в зоне применения.	Мониторинг	e. Предоставить, выполненные работы, разрешения в изменении «Отчётом работа по инвазивным видам (п. 22–23).	1.6	НАП, СКАР	КООС стандарт принять, надлежащую программу, и СКАР выделить, подвергнуться риску надлежащему способу выявления нового и предотвращения в исследовательской деятельности, в особенности в отношении места, участия, т. е. часто посещаемых, мест потенциального подвергающегося риску континента.							Участники должны сообщить о принятых мерах по предотвращению надзора и ответных действиях.		
			f. Осуществить, исследования возможной инвазивной монигоринга в соответствии с установленным доменным с установленными рамками и инвазивных видов (п. 23–25).	1.9	НАП, СКАР	Провести, предоставить, краткий обзор дополнительных и отчётных исследовательских процессов.							Участники должны сообщить о принятых мерах по предотвращению надзора и ответных действиях.		

221

Вопрос, связанный с изменением климата	Проблемы/потребности	Сфера реагирования	Действия/меры	Приоритет	Кто	КООС 2016	IP	КООС 2017	IP	КООС 2018	IP	КООС 2019	IP	КООС 2020
3) Изменение морской среды		Исследовательская деятельность	a.	2.0	НАП, СКАР			Постоянно		Постоянно		Постоянно		Постоянно
			б.	2.0	НАП, СКАР			Постоянно		Постоянно		Постоянно		Постоянно
		Управление	в.	2.0	КООС									
			г.	2.5	КООС, СКАР, НЕ-АНТКОМ									
			д.	1.5	КООС, АНТКОМ									
4) Изменение акустики		Исследовательская деятельность	a.	1.9	НАП, СКАР			Постоянно		Постоянно		Постоянно		Постоянно
		Управление	б.	1.9	КООС, АНТКОМ									
			г.	2.4	КООС, АНТКОМ									

Вопрос, связанный с изменением климата	Проблема/потребность	Сфера распространения	Действие/задача	Приоритет	Кто	IP	КООС 2016	IP	КООС 2017	IP	КООС 2018	IP	КООС 2019	IP	КООС 2020
7) Морские, наземные и пресноводные среды обитания и распространение ресурсов в связи с изменением климата	• Повышение состояния, тенденций, уязвимости и распространения сред обитания. • Более чёткое понимание воздействий изменения климата на среду обитания, например изменения и продуктивность, сохранения морского льда, океаний покров, влажность почвы, микроклимат, изменение состояний сред воды, а последствий для сердца системы. • Более чёткое понимание потенциального расширения присутствия человека в Антарктиде в результате изменений, связанных с изменением климата, например изменения в распределении морского льда, разрушение шельфовых ледников, расширение площадей, свободной ото льда.	Исследовательская деятельность Управление	a. Способствовать проведению научных исследований в рамках надлежащих программ и ОУРА в. Пересмотреть, и при необходимости изменить (существующие инструменты управления, чтобы помочь, поддержать (ее применение, пересмотреть приемлемые критерии в отношении сред обитания, подверженных риску в связи с изменением климата	2,4 2,3	НАП, СКАР КООС рассмотрел АНТКОМ		КООС должен признать: национальные программы должны поддерживать и способствовать осуществлению важной государственной исследовательской деятельности. Постоянно. Данные предоставляться об обновлении, в том числе через Партнеров.		Постоянно. Данные предоставляться отчёты об обновлении, в том числе через Партнеров.		Постоянно. Данные предоставляться отчёты об обновлении, в том числе через Партнеров.		Постоянно. Данные предоставляться отчёты об обновлении, в том числе через Партнеров.		Постоянно. Данные предоставляться отчёты об обновлении, в том числе через Партнеров.

1 МСС = межсессионная работа (может быть МКГ, семинар, заинтересованные члены и т. д.)

2 Принять меры к тому, чтобы МКГ по ОВОС (ср. Пятилетний план работы КООС) рассмотрела и надлежащим образом учла последствия изменения климата

3 Обеспечить работу ВГГПУ над руководством по ОУРА (ср. план работы ВГГПУ), рассмотрение и соответствующий учет последствий изменения климата

4 Семинар

5 Отмечая важность рассмотрения АНТКОМ вопросов изменения климата в Южном океане

6 В том числе в контексте предложенного совместного семинара (п. 3е)

7 Следует отметить, что критерии МСОП охватывают множество аспектов, помимо изменения климата, и не обязательно определяют воздействия, обусловленные исключительно климатическими изменениями. Преимущества использования критериев МСОП в нашей ответной реакции на изменение климата будут оценены перед использованием.

225

Приложение 3

Рекомендации: Порядок проведения предварительной оценки для определения ООРА и ОУРА

1) Инициатор должен представить информацию о планируемых ООРА и ОУРА при первой же возможности на совещании КООС после определения района в качестве потенциального нового ООРА или ОУРА, независимо от того, было ли принято решение о начале работы над планом управления. Было бы полезно, чтобы инициатор предоставил эту информацию как минимум за один год до намерения представить план управления на рассмотрение в КООС.

2) Информация, предоставляемая в КООС, должна содержать следующее:

   • предлагаемое местонахождение ООРА/ОУРА;

   • первоначальное обоснование планов относительно предложения об определении района* с указанием правовых оснований для определения, содержащихся в Приложении V; каким образом этот район дополнит систему охраняемых районов Антарктики в целом;

   • согласованность с соответствующими руководствами и ресурсами КООС, в том числе с инструментом планирования ЗБРА, и результаты консультаций с другими заинтересованными сторонами; а также

   • другие существенные сведения, относящиеся к разработке плана управления, которыми страна-инициатор располагает на момент подачи на заседание КООС.

3) Стране-инициатору предлагается способствовать дальнейшим обсуждениям и формированию вопросов по предварительным планам, например, посредством неформальных обсуждений и обменов мнениями на форуме КООС или напрямую со странами-участницами

---

* В данном контексте важно указать на Рекомендации по реализации системы охраняемых районов, представленные в Статье 3 Приложения V к Протоколу по охране окружающей среды (в соответствии с Резолюцией 1 (2000 г.), в которых содержатся указания относительно таких процедур оценки.

Приложение 4

Предварительная повестка дня КООС XVIII

1. Открытие заседания

2. Принятие повестки дня

3. Стратегическое обсуждение дальнейшей работы КООС

4. Работа КООС

5. Сотрудничество с другими организациями

6. Восстановительные мероприятия и ликвидация экологического ущерба

7. Последствия изменения климата для окружающей среды: стратегический подход

8. Оценка воздействия на окружающую среду (ОВОС)

    a. Проекты Всесторонней оценки окружающей среды

    b. Прочие вопросы ОВОС

9. Охрана районов и планы управления

    a. Планы управления

    b. Исторические места и памятники

    c. Руководства для посетителей участков

    d. Территориальная охрана морской среды и меры территориального управления

    e. Прочие вопросы, связанные с Приложением V

10. Сохранение антарктической флоры и фауны

    a. Карантин и неместные виды

    b. Особо охраняемые виды

    c. Прочие вопросы, связанные с Приложением II

11. Мониторинг и представление данных об окружающей среде

12. Отчеты об инспекциях

13. Общие вопросы

14. Выборы должностных лиц

15. Подготовка следующего заседания

16. Принятие Отчета

17. Закрытие заседания

3. Дополнения

Результаты обсуждения Отчета Межсессионной контактной группы по пересмотру требований к обмену информацией

Тема или категория	Решение КСДА
Экологическая информация	
Придание некоторым разделам информации статуса «постоянных»	Стороны договорились о внесении изменений в перечень информации, подлежащей обмену, с приданием следующей тематической информации статуса «постоянной» без исключения этих разделов из категории ежегодной информации для возможности внесения актуальных изменений и дополнений: • соответствие Протоколу (уведомление о мерах, принятых в прошедшем году); • планы действий при разливах нефтепродуктов и в других чрезвычайных ситуациях (за исключением подробного отчета о реализации планов); • процедуры, относящиеся к ОВОС; • планы по организации сбора и удаления отходов; • предотвращение загрязнения морской среды (суверенный иммунитет); • принятые меры по осуществлению положений Приложения V
Контактная информация	Стороны поручили Секретариату внести изменения в контактные реквизиты с указанием контактных данных «штатной должности или организации» вместо контактных данных конкретного физического лица
Тематическая информация, в отношении которой необходимо предоставление расширенной информации о местоположении	Стороны поручили Секретариату предусмотреть возможность предоставления расширенной информации о местоположении для соответствующих разделов информации, а также обеспечить наличие свободного текстового поля для возможности описания «маршрутов» Сторонами.
Соответствие Протоколу (уведомление о мерах, принятых в прошедшем году)	С целью исключения разночтений Стороны договорились о следующем уточнении формулировки по разделу информации «Соответствие Протоколу»: «Соответствие Протоколу (уведомление о мерах, принятых в прошедшем году), включая принятие законов и правил, административных актов и принудительных мер»

Контроль над деятельностью	С целью исключения разночтений Стороны договорились о следующем уточнении формулировки по разделу информации «Контроль над деятельностью»: «Контроль над деятельностью, подлежащей Первоначальной и Всесторонней оценке окружающей среды (информация, оговоренная в Статье 6.1 с Приложения I к Протоколу)»
Сохранение антарктической флоры и фауны – интродукция неместных видов	В отношении информации, касающейся интродукции неместных видов, Стороны договорились о нижеследующем: • во избежание разночтений заменить «цель» интродукции неместных видов на «цель на основании положений Статьи 4 Приложения II к Протоколу»; • поручить Секретариату включить номер и дату выдачи разрешений в разряд «обязательной» информации; • включить в перечень тематической информации, подлежащей обмену, следующий раздел: «Вывоз или удаление растений или животных согласно положениям Статьи 4 Приложения II к Протоколу»
Принятые меры по осуществлению положений Приложения V	С целью исключения разночтений Стороны договорились о следующем уточнении формулировки по разделу информации «Принятые меры по осуществлению положений Приложения V»: «Информация о принятых мерах по осуществлению положений Приложения V, включая инспектирование участков и любые другие меры и действия, предпринятые в связи с нарушением положений Планов управления ООРА или ОУРА при осуществлении деятельности на их территориях»
Прочая информация	
Национальные законодательные акты	С целью исключения разночтений Стороны договорились о следующем уточнении формулировки по разделу информации «Национальные законодательные акты»: «Национальные законодательные акты, не имеющие отношения к мерам, касающимся соблюдения положений Протокола (сведения о которых предоставляются в рамках экологической информации)». Стороны договорились о придании этой единице информации статуса «постоянной» с исключением ее из категории «ежегодной» информации
Национальные законодательные акты - контактная информация	Стороны поручили Секретариату внести изменения в контактные реквизиты с указанием контактных данных штатной должности или организации вместо контактных данных конкретного физического лица

Действия, предпринятые в чрезвычайных ситуациях	Стороны договорились об исключении из перечня раздела «Действия, предпринятые в чрезвычайных ситуациях», отметив, что надлежащей инстанцией для обмена информацией о чрезвычайных ситуациях и предпринятых действиях является КОМНАП. Стороны также поручили Секретариату обеспечить хранение информации в архиве.
Отчеты об инспекциях	Стороны отметили, что информация об инспекционной деятельности и отчеты об инспекциях имеются в базе данных об инспекциях, которую ведет Секретариат, и Совещание пришло к согласию об отсутствии дальнейшей необходимости в обмене данной информацией через систему обмена информацией об инспекциях. Стороны договорились об исключении данного раздела из перечня информации, подлежащей обмену.
Научная информация	
Автоматические регистрирующие станции	Стороны поручили Секретариату провести консультации со СКАР по вопросу определения возможных вариантов представления списка «параметров, регистрируемых» автоматическими регистрирующими станциями, и реализации данного списка в составе функционального наполнения СЭОИ.
Научная деятельность в предыдущем году – «дисциплина»	Стороны поручили Секретариату провести консультации со СКАР по вопросу определения возможных вариантов представления списка «научных дисциплин» и реализации данного списка в составе функционального наполнения СЭОИ.
Предложение об изменении статуса отдельных элементов информации с «необязательных» на «обязательные»	В отношении информации о деятельности в предыдущем году Стороны поручили Секретариату изменить статус следующих единиц информации с «необязательных» на «обязательные»: • название / номер проекта; • дисциплина; • основной вид деятельности / примечания
Оперативная информация – национальные экспедиции	
Оперативная: национальные экспедиции – суда	В отношении информации о судах, используемых национальными антарктическими программами, Стороны поручили Секретариату изменить статус единиц информации «экипаж (макс. кол-во)» и «пассажиры (макс. кол-во)» с «необязательных» на «обязательные».

Оперативная: национальные экспедиции – летательные аппараты	Стороны договорились о том, что информация в разделе «Национальные экспедиции – летательные аппараты» должна предоставляться по следующим категориям: «межконтинентальные рейсы», «внутриконтинентальные рейсы» и «местные полеты на вертолетах». Формулировка в перечне информации, подлежащей обмену, была изменена следующим образом: «Летательные аппараты: для категорий межконтинентальные рейсы, внутриконтинентальные рейсы и местные полеты на вертолетах: количество летательных аппаратов каждого типа, планируемое количество полетов, время совершения полетов или планируемые даты вылета, маршруты и цель полетов».
Количество (летательных аппаратов каждого типа)	См. выше
Средства связи	Стороны отметили, что вопросами информации о средствах связи в настоящее время занимается КОМНАП, и договорились об исключении раздела «Средства связи и частоты» из перечня информации, подлежащей обмену.
Оперативная информация – неправительственные экспедиции	
Деятельность, базирующаяся на судах – имя оператора	Совещание отметило целесообразность предоставления информации о лице, возглавляющем экспедицию, или руководителе экспедиции и приняло решение о включении единицы информации «руководитель экспедиции» по каждому рейсу в перечень информации, подлежащей обмену, в качестве «необязательной»
Деятельность, базирующаяся на судах – высадка на берег (да/нет)	Стороны договорились о том, что в отношении неправительственных экспедиций, базирующихся на судах, единица информации «высадка на берег (да/нет)» должна иметь статус «обязательной» вместо «необязательной»
Деятельность, базирующаяся на судах: экипаж (макс. кол-во), пассажиры (макс. кол-во), контактный адрес, адрес эл. почты	Стороны договорились о том, что в отношении неправительственных экспедиций, базирующихся на судах, следующие единицы информации должны иметь статус «обязательных» (вместо «необязательных»): экипаж (макс. кол-во), пассажиры (макс. кол-во), контактный адрес и адрес эл. почты
Деятельность, базирующаяся на суше – вид деятельности / приключенческий туризм	В отношении неправительственной деятельности, базирующейся на суше и на судах, Стороны договорились о включении в перечень видов деятельности пунктов «деятельность средств массовой информации» и «деятельность представителей искусства» и поручили Секретариату обеспечить реализацию данных изменений. Секретариату было также поручено по мере необходимости добавлять в перечень СЭОИ часто имеющие место новые виды деятельности в подразделе «прочие».

Деятельность, базирующаяся на суше – имя оператора	Стороны договорились о том, что в отношении деятельности, базирующейся на суше, единица информации «имя оператора» должна иметь статус «обязательной» (вместо «необязательной»)
Отказ в выдаче разрешений	В отношении раздела информации «Отказ в выдаче разрешений» Стороны договорились о включении в единицу информации «название судна» также и названия экспедиции, приняв окончательную формулировку «название судна и (или) экспедиции»

Предварительная Повестка дня XXXIX КСДА, Рабочих групп и распределение пунктов Повестки дня

Пленарное заседание

1. Открытие заседания

2. Выборы должностных лиц и формирование рабочих групп

3. Принятие Повестки дня и распределение пунктов Повестки дня

4. Работа Системы Договора об Антарктике: Отчеты и доклады Сторон, Наблюдателей и Экспертов

5. Отчет Комитета по охране окружающей среды

Рабочая группа 1: (стратегические, правовые и институциональные вопросы)

6. Работа Системы Договора об Антарктике: Общие вопросы

7. Работа Системы Договора об Антарктике: Вопросы, касающиеся Секретариата

8. Ответственность

9. Биологическая разведка в Антарктике

10. Обмен информацией

11. Вопросы просвещения

12. Многолетний стратегический план работы

Рабочая группа 2: (*научные, оперативные и туристические вопросы*)

13. Безопасность и деятельность в Антарктике

14. Инспекции в рамках Договора об Антарктике и Протокола по охране окружающей среды

15. Вопросы науки, научного сотрудничества и содействия

16. Последствия изменения климата для режима управления в районе действия Договора об Антарктике

17. Туризм и неправительственная деятельность в районе действия Договора об Антарктике, включая рассмотрение вопросов компетентных органов

Специальная рабочая группа (по мере необходимости)

18. 25-я годовщина Протокола по охране окружающей среды

Пленарное заседание

19. Подготовка XL Совещания

20. Прочие вопросы

21. Принятие Заключительного отчета

22. Закрытие заседания

Коммюнике принимающей страны

XXXVIII Консультативное совещание по Договору об Антарктике (КСДА) и XVIII заседание Комитета по охране окружающей среды (КООС) прошли в Софии, Болгария, с 1 по 10 июня 2015 года. Совещания проводились под патронатом Президента Республики Болгария и были организованы совместно Министерством иностранных дел Болгарии и Болгарским антарктическим институтом.

Более 400 делегатов от Сторон Договора об Антарктике, экспертов, представителей гражданского общества и международных наблюдателей посетили Совещание с общей целью подтвердить свои обязательства по сохранению уникальных ценностей Антарктики как природного заповедника, предназначенного для мира, науки и международного сотрудничества. На Совещании делегаты поприветствовали новых участников – Монголию и Казахстан – благодаря которым количество Сторон Договора об Антарктике достигло 52 стран, а также присоединение Португалии и Венесуэлы к Протоколу по охране окружающей среды, благодаря чему Сторон Протокола стало 37.

На Совещании в этом году были выделены, в частности, следующие результаты работы.

КСДА продолжает работу по расширению понимания последствий глобального изменения климата для Антарктики путем содействия проведению научных исследований и укрепления культуры международного сотрудничества. В основе повестки дня Совещания лежали вопросы, относящиеся к решению будущих задач в области охраны окружающей среды, управлению и операционной деятельности посредством дальнейшего развития рамочного механизма управления ресурсами Антарктики на международном уровне. На Совещании имел место широкий обмен информацией по поводу научно-исследовательской деятельности в глобальных масштабах, проводящейся в Антарктике.

В центре обсуждений по-прежнему находились вопросы развития сотрудничества в Антарктике, с основным упором на обеспечение более эффективного и глубокого обмена опытом в рамках антарктического сотрудничества, в том числе по вопросам усиления взаимодействия между КСДА и КООС. На Совещании были обновлены руководящие принципы разработки и реализации Многолетнего стратегического плана работы КСДА, в котором приводятся приоритетные вопросы для следующего Совещания.

Особое внимание было снова уделено теме туризма. Было отмечено большое значение экологического аспекта туристической деятельности и ее влияние на природную среду Антарктики, а также выражена необходимость реализации мер по устранению негативных последствий посредством принятия стратегического подхода к экологически обоснованному управлению туризмом и неправительственной деятельностью в Антарктике. Обсуждение этих вопросов с упором на работу соответствующих органов прошло на заседаниях Специальной рабочей группы по вопросам деятельности компетентных органов.

В фокусе дискуссий на заседании КООС находились следующие вопросы: рациональное управление ресурсами Антарктики с помощью предоставления доступа к передовым достижениям и опыту научной деятельности посредством Портала окружающей среды; определение шагов к лучшему пониманию и эффективному управлению последствиями воздействия изменения климата с целью охраны антарктической природной среды, а также пересмотр Руководства по оценке воздействий на окружающую среду Антарктики. Стороны также обсудили новую информацию и договоренности по поводу 17 Охраняемых районов Антарктики.

В период Совещания был проведен однодневный Семинар по вопросам образовательной и информационно-просветительской деятельности.

В рамках обязательства Сторон по охране природной среды Антарктики принимающая страна предложила для КСДА ряд мероприятий по снижению его воздействия на окружающую среду, в частности путем уменьшения количества бумажных документов и отходов.

Стороны выразили признательность Правительству Болгарии за превосходные условия и обеспечение работы Совещания.

Следующее КСДА пройдет в Чили ориентировочно в период с 6 по 15 июня 2016 года.

ЧАСТЬ II

МЕРЫ, РЕШЕНИЯ И РЕЗОЛЮЦИИ

1. Меры

Особо охраняемый район Антарктики № 101

«Гнездовье Тейлор» (Земля Мак-Робертсона): пересмотренный План управления

Представители,

на основании Статей 3, 5 и 6 Приложения V к Протоколу по охране окружающей среды к Договору об Антарктике, в которых предусматривается определение Особо охраняемых районов Антарктики (ООРА) и утверждение Планов управления этими Районами;

на основании

- Рекомендации IV-1 (1966 г.), в соответствии с которой гнездовье Тейлор (Земля Мак-Робертсона) было определено в качестве Особо охраняемого района (ООР) № 1;

- Рекомендации XVII-2 (1992 г.), в соответствии с которой был принят План управления Районом;

- Решения 1 (2002 г.), в соответствии с которым ООР № 1 был переименован и перенумерован в ООРА № 101;

- Меры 2 (2005 г.) и Меры 1 (2010 г.), в соответствии с которыми были приняты пересмотренные Планы управления ООРА № 101;

ссылаясь на то, что Рекомендация XVII-2 (1992 г.) не вступила в силу и была отменена посредством Меры 1 (2010 г.);

отмечая, что Комитет по охране окружающей среды одобрил пересмотренный План управления ООРА № 101;

желая заменить существующий План управления ООРА № 101 пересмотренным Планом управления;

Рекомендуют своим правительствам на утверждение следующую Меру в соответствии с пунктом 1 Статьи 6 Приложения V к Протоколу по охране окружающей среды к Договору об Антарктике,

1. Утвердить пересмотренный План управления Особо охраняемым районом Антарктики № 101 «Гнездовье Тейлор» (Земля Мак-Робертсона), прилагаемый к настоящей Мере; а также

2. Признать План управления Особо охраняемым районом Антарктики № 101, приложенный к Мере 1 (2010 г.), утратившим силу.

Особо охраняемый район Антарктики № 102

«Острова Рукери» (залив Холме, Земля Мак-Робертсона, Восточная Антарктика): пересмотренный План управления

Представители,

на основании на Статьи 3, 5 и 6 Приложения V к Протоколу по охране окружающей среды к Договору об Антарктике, в которых предусматривается определение Особо охраняемых районов Антарктики (ООРА) и утверждение Планов управления этими Районами;

на основании

- Рекомендации IV-2 (1966 г.), в соответствии с которой острова Рукери (залив Холме) были определены в качестве Особо охраняемого района (ООР) № 2;

- Рекомендации XVII-2 (1992 г.), в соответствии с которой был принят План управления Районом;

- Решения 1 (2002 г.), в соответствии с которым ООР № 2 был переименован и перенумерован в ООРА № 102;

- Меры 2 (2005 г.) и Меры 2 (2010 г.), в соответствии с которыми были приняты пересмотренные Планы управления ООРА № 102;

ссылаясь на то, что Рекомендация XVII-2 (1992 г.) не вступила в силу и была отменена посредством Меры 1 (2010 г.);

ссылаясь что Комитет по охране окружающей среды одобрил пересмотренный План управления ООРА № 102;

желая заменить существующий План управления ООРА № 102 пересмотренным Планом управления;

Рекомендуют своим правительствам на утверждение следующую Меру в соответствии с пунктом 1 Статьи 6 Приложения V к Протоколу по охране окружающей среды к Договору об Антарктике,

1. Утвердить пересмотренный План управления Особо охраняемым районом Антарктики № 102 «Острова Рукери» (залив Холме, Земля Мак-Робертсона), прилагаемый к настоящей Мере; а также

2. Отменить План управления Особо охраняемым районом Антарктики № 102, приложенный к Мере 2 (2010 г.).

Особо охраняемый район Антарктики № 103

«Остров Ардери и остров Одберт» (Берег Бадда, Земля Уилкса, Восточная Антарктика): пересмотренный План управления

Представители,

на основании Статей 3, 5 и 6 Приложения V к Протоколу по охране окружающей среды к Договору об Антарктике, в которых предусматривается определение Особо охраняемых районов Антарктики (ООРА) и утверждение Планов управления этими Районами;

на основании

- Рекомендации IV-3 (1966 г.), в соответствии с которой остров Ардери и остров Одберт (Берег Бадда) были определены в качестве Особо охраняемого района (ООР) № 3;

- Рекомендации XVII-2 (1992 г.), в соответствии с которой был принят План управления Районом;

- Решения 1 (2002 г.), в соответствии с которым ООР № 3 был переименован и перенумерован в ООРА № 103;

- Меры 2 (2005 г.) и Меры 3 (2010 г.), в соответствии с которыми были приняты пересмотренные Планы управления ООРА № 103;

ссылаясь на то, что Рекомендация XVII-2 (1992 г.) не вступила в силу и была отменена посредством Меры 1 (2010 г.);

отмечая, что Комитет по охране окружающей среды одобрил пересмотренный План управления ООРА № 103;

желая заменить существующий План управления ООРА № 103 пересмотренным Планом управления;

Рекомендуют своим правительствам на утверждение следующую Меру в соответствии с пунктом 1 Статьи 6 Приложения V к Протоколу по охране окружающей среды к Договору об Антарктике, а именно:

1. Утвердить пересмотренный План управления Особо охраняемым районом Антарктики № 103 «Остров Ардери и остров Одберт» (Берег Бадда, Земля Уилкса, Восточная Антарктика), прилагаемый к настоящей Мере; а также

2. Отменить План управления Особо охраняемым районом Антарктики № 103, приложенный к Мере 3 (2010 г.).

Особо охраняемый район Антарктики № 104

«Остров Сабрина» (острова Баллени): пересмотренный План управления

Представители,

на основании Статей 3, 5 и 6 Приложения V к Протоколу по охране окружающей среды к Договору об Антарктике, в которых предусматривается определение Особо охраняемых районов Антарктики (ООРА) и утверждение Планов управления этими Районами;

на основании

- Рекомендации IV-4 (1966 г.), в соответствии с которой остров Сабрина (острова Баллени) был определен в качестве Особо охраняемого района (ООР) № 4, с приложением к ней карты Района;

- Решения 1 (2002 г.), в соответствии с которым ООР № 4 был переименован и перенумерован в ООРА № 104;

- Меры 3 (2009 г.), в соответствии с которой был принят пересмотренный План управления ООРА № 104;

ссылаясь на то, что Рекомендация IV-4 (1966 г.) была признана утратившей актуальность посредством Меры 3 (2009 г.);

отмечая, что Комитет по охране окружающей среды одобрил пересмотренный План управления ООРА № 104;

желая заменить существующий План управления ООРА № 104 пересмотренным Планом управления;

рекомендуют своим правительствам на утверждение следующую Меру в соответствии с пунктом 1 Статьи 6 Приложения V к Протоколу по охране окружающей среды к Договору об Антарктике, а именно:

251

1. Утвердить пересмотренный План управления Особо охраняемым районом Антарктики № 104 «Остров Сабрина» (острова Баллени), прилагаемый к настоящей Мере; а также

2. Отменить План управления Особо охраняемым районом Антарктики № 104, приложенный к Мере 3 (2009 г.).

Особо охраняемый район Антарктики № 105

«Остров Бофорт» (пролив Мак-Мёрдо, море Росса): пересмотренный План управления

Представители,

на основании Статей 3, 5 и 6 Приложения V к Протоколу по охране окружающей среды к Договору об Антарктике, в которых предусматривается определение Особо охраняемых районов Антарктики (ООРА) и утверждение Планов управления этими Районами;

на основании

- Рекомендации IV-5 (1966 г.), в соответствии с которой остров Бофорт (море Росса) был определен в качестве Особо охраняемого района (ООР) № 5;

- Меры 1 (1997 г.), к которой был приложен План управления Районом;

- Решения 1 (2002 г.), в соответствии с которым ООР № 5 был переименован и перенумерован в ООРА № 105;

- Меры 2 (2003 г.) и Меры 4 (2010 г.), в соответствии с которыми были приняты пересмотренные Планы управления ООРА № 105;

ссылаясь на то, что Рекомендация IV-5 (1966 г.) была признана утратившей актуальность посредством Меры 4 (2010 г.);

ссылаясь на то, что Мера 1 (1997 г.) не вступила в силу и была отменена посредством Меры 4 (2010 г.);

отмечая, что Комитет по охране окружающей среды одобрил пересмотренный План управления ООРА № 105;

желая заменить существующий План управления ООРА № 105 пересмотренным Планом управления;

рекомендуют своим правительствам на утверждение следующую Меру в соответствии с пунктом 1 Статьи 6 Приложения V к Протоколу по охране окружающей среды к Договору об Антарктике, а именно:

1. Утвердить пересмотренный План управления Особо охраняемым районом Антарктики № 105 «Остров Бофорт» (пролив Мак-Мёрдо, море Росса), прилагаемый к настоящей Мере; а также

2. Отменить План управления Особо охраняемым районом Антарктики № 105, приложенный к Мере 4 (2010 г.).

Особо охраняемый район Антарктики № 106

«Мыс Халлетт» (северная часть Земли Виктории, море Росса): пересмотренный План управления

Представители,

на основании Статей 3, 5 и 6 Приложения V к Протоколу по охране окружающей среды к Договору об Антарктике, в которых предусматривается определение Особо охраняемых районов Антарктики (ООРА) и утверждение Планов управления этими Районами;

на основании

- Рекомендации IV-7 (1966 г.), в соответствии с которой мыс Халлетт (Земля Виктории) был определен в качестве Особо охраняемого района (ООР) № 7;

- Рекомендации XIII-13 (1985 г.), в соответствии с которой были внесены изменения в описание ООР № 7 и пересмотрены его границы;

- Решения 1 (2002 г.), в соответствии с которым ООР № 7 был переименован и перенумерован в ООРА № 106;

- Меры 1 (2002 г.) и Меры 5 (2010 г.), в соответствии с которыми были приняты Планы управления Районом;

ссылаясь на то, что Рекомендации IV-7 (1966 г.) и XIII-13 (1985 г.) были признаны утратившими актуальность посредством Меры 5 (2010 г.);

отмечая, что Комитет по охране окружающей среды одобрил пересмотренный План управления ООРА № 106;

желая заменить существующий План управления ООРА № 106 пересмотренным Планом управления;

рекомендуют своим правительствам на утверждение следующую Меру в соответствии с пунктом 1 Статьи 6 Приложения V к Протоколу по охране окружающей среды к Договору об Антарктике, а именно:

1. Утвердить пересмотренный План управления Особо охраняемым районом Антарктики № 106 «Мыс Халлетт» (северная часть Земли Виктории, море Росса), прилагаемый к настоящей Мере; а также

2. Отменить План управления Особо охраняемым районом Антарктики № 106, приложенный к Мере 5 (2010 г.).

Особо охраняемый район Антарктики № 119

«Долина Дейвис и озеро Форлидас» (массив Дуфек, горы Пенсакола): пересмотренный План управления

Представители,

на основании Статей 3, 5 и 6 Приложения V к Протоколу по охране окружающей среды к Договору об Антарктике, в которых предусматривается определение Особо охраняемых районов Антарктики (ООРА) и утверждение Планов управления этими Районами;

на основании

- Рекомендации XVI-9 (1991 г.), в соответствии с которой озеро Форлидас и озера долины Дейвис были определены в качестве Особо охраняемого района (ООР) № 23, с приложением к ней Плана управления Районом;

- Решения 1 (2002 г.), в соответствии с которым ООР № 23 был переименован и перенумерован в ООРА № 119;

- Меры 2 (2005 г.) и Меры 6 (2010 г.), в соответствии с которыми были приняты пересмотренные Планы управления ООРА № 119;

ссылаясь на то, что Рекомендация XVI-9 (1991 г.) не вступила в силу и была отменена посредством Меры 6 (2010 г.);

отмечая, что Комитет по охране окружающей среды одобрил пересмотренный План управления ООРА № 119;

желая заменить существующий План управления ООРА № 119 пересмотренным Планом управления;

рекомендуют своим правительствам на утверждение следующую Меру в соответствии с пунктом 1 Статьи 6 Приложения V к Протоколу по охране окружающей среды к Договору об Антарктике, а именно:

1. Утвердить пересмотренный План управления Особо охраняемым районом Антарктики № 119 «Долина Дейвис и озеро Форлидас» (массив Дуфек, горы Пенсакола), прилагаемый к настоящей Мере; а также

2. Отменить План управления Особо охраняемым районом Антарктики № 119, приложенный к Мере 6 (2010 г.).

Особо охраняемый район Антарктики № 148

«Гора Флора» (залив Хоп, Антарктический полуостров): пересмотренный План управления

Представители,

на основании Статей 3, 5 и 6 Приложения V к Протоколу по охране окружающей среды к Договору об Антарктике, в которых предусматривается определение Особо охраняемых районов Антарктики (ООРА) и утверждение Планов управления этими Районами;

на основании

- Рекомендации XV-6 (1989 г.), в соответствии с которой гора Флора (залив Хоп, Антарктический полуостров) была определена в качестве Участка особого научного интереса (УОНИ) № 31, с приложением к ней Плана управления Районом;

- Решения 1 (2002 г.), в соответствии с которым УОНИ № 31 был переименован и перенумерован в ООРА № 148;

- Меры 1 (2002 г.), в соответствии с которой был принят пересмотренный План управления ООРА № 148;

на основании того, что Рекомендация XV-6 (1989 г.) была признана утратившей актуальность посредством Решения 1 (2011 г.);

отмечая, что Комитет по охране окружающей среды одобрил пересмотренный План управления ООРА № 119;

желая заменить существующий План управления ООРА № 148 пересмотренным Планом управления;

рекомендуют своим правительствам на утверждение следующую Меру в соответствии с пунктом 1 Статьи 6 Приложения V к Протоколу по охране окружающей среды к Договору об Антарктике, а именно:

1. Утвердить пересмотренный План управления Особо охраняемым районом Антарктики № 148 «Гора Флора» (залив Хоп, Антарктический полуостров), прилагаемый к настоящей Мере; а также

2. Отменить План управления Особо охраняемым районом Антарктики № 148, приложенный к Мере 1 (2002 г.).

Особо охраняемым районом Антарктики № 152

«Западная часть пролива Брансфилд»:
пересмотренный План управления

Представители,

на основании Статей 3, 5 и 6 Приложения V к Протоколу по охране окружающей среды к Договору об Антарктике, в которых предусматривается определение Особо охраняемых районов Антарктики (ООРА) и утверждение Планов управления этими Районами;

на основании

- Рекомендации XVI-3 (1991 г.), в соответствии с которой западная часть пролива Брансфилд (район острова Лоу, Южные Шетландские острова) была определена в качестве Участка особого научного интереса (УОНИ) № 35, с приложением к ней Плана управления Участком;

- Меры 3 (2001 г.), в соответствии с которой срок действия Плана управления УОНИ № 35 был продлен с 31 декабря 2001 г. до 31 декабря 2005 г.;

- Решения 1 (2002 г.), в соответствии с которым УОНИ № 35 был переименован и перенумерован в Особо охраняемый район Антарктики № 152;

- Меры 2 (2003 г.) и Меры 10 (2009 г.), в соответствии с которыми были приняты пересмотренные Планы управления ООРА № 152;

ссылаясь на то, что Рекомендация XVI-3 (1991 г.) не вступила в силу и была отменена посредством Меры 10 (2009 г.);

отмечая, что Комитет по охране окружающей среды одобрил пересмотренный План управления ООРА № 152;

желая заменить существующий План управления ООРА № 152 пересмотренным Планом управления;

рекомендуют своим правительствам на утверждение следующую Меру в соответствии с пунктом 1 Статьи 6 Приложения V к Протоколу по охране окружающей среды к Договору об Антарктике, а именно:

1. Утвердить пересмотренный План управления Особо охраняемым районом Антарктики № 152 «Западная часть пролива Брансфилд», прилагаемый к настоящей Мере;

2. Отменить План управления Особо охраняемым районом Антарктики № 152, приложенный к Мере 10 (2009 г.).

Особо управляемый район Антарктики № 153

«Восточная часть залива Далльманн»: пересмотренный План управления

Представители,

на основании Статей 3, 5 и 6 Приложения V к Протоколу по охране окружающей среды к Договору об Антарктике, в которых предусматривается определение Особо охраняемых районов Антарктики (ООРА) и утверждение Планов управления этими Районами;

на основании

- Рекомендации XVI-3 (1991 г.), в соответствии с которой восточная часть залива Далльманн (район острова Брабант) была определена в качестве Участка особого научного интереса (УОНИ) № 36, с приложением к ней Плана управления Участком;

- Меры 3 (2001 г.), в соответствии с которой срок действия Плана управления УОНИ № 36 был продлен с 31 декабря 2001 г. до 31 декабря 2005 г.;

- Решения 1 (2002 г.), в соответствии с которым УОНИ № 36 был переименован и перенумерован в ООРА № 153;

- Меры 2 (2003 г.) и Меры 11 (2009 г.), в соответствии с которыми были приняты пересмотренные Планы управления ООРА № 153;

ссылаясь на то, что Рекомендация XVI-3 (1991 г.) не вступила в силу и была отменена посредством Меры 10 (2009 г.);

отмечая, что Комитет по охране окружающей среды одобрил пересмотренный План управления ООРА № 153;

желая заменить существующий План управления ООРА № 153 пересмотренным Планом управления;

рекомендуют своим правительствам на утверждение следующую Меру в соответствии с пунктом 1 Статьи 6 Приложения V к Протоколу по охране окружающей среды к Договору об Антарктике, а именно:

1. Утвердить пересмотренный План управления Особо охраняемым районом Антарктики № 153 «Восточная часть залива Далльманн», прилагаемый к настоящей Мере; а также

2. Отменить План управления Особо охраняемым районом Антарктики № 153, приложенный к Мере 11 (2009 г.).

Особо охраняемый район Антарктики № 155

«Мыс Эванс» (полуостров Росса): пересмотренный План управления

Представители,

на основании Статей 3, 5 и 6 Приложения V к Протоколу по охране окружающей среды к Договору об Антарктике, в которых предусматривается определение Особо охраняемых районов Антарктики (ООРА) и утверждение Планов управления этими Районами;

на основании

- Меры 2 (1997 г.), в соответствии с которой Историческое место мыс Эванс и его окрестности были определены в качестве Особо охраняемого района (ООР) № 25, с приложением к ней Плана управления Районом;

- Решения 1 (2002 г.), в соответствии с которым ООР № 25 был переименован и перенумерован в ООРА № 155;

- Меры 2 (2005 г.), Меры 12 (2008 г.) и Меры 8 (2010 г.), в соответствии с которыми были приняты пересмотренные Планы управления ООРА № 155;

ссылаясь на то, что Мера 2 (1997 г.) не вступила в силу и была отменена посредством Меры 8 (2010 г.);

отмечая, что Комитет по охране окружающей среды одобрил пересмотренный План управления ООРА № 155;

желая заменить существующий План управления ООРА № 155 пересмотренным Планом управления;

рекомендуют своим правительствам на утверждение следующую Меру в соответствии с пунктом 1 Статьи 6 Приложения V к Протоколу по охране окружающей среды к Договору об Антарктике, а именно:

1. Утвердить пересмотренный План управления Особо охраняемым районом Антарктики № 155 «Мыс Эванс» (полуостров Росса), который является приложением к настоящей Мере; а также

2. Отменить План управления Особо охраняемым районом Антарктики № 155, приложенный к Мере 8 (2010 г.).

Особо охраняемый район Антарктики № 157

«Бухта Бакдор» (мыс Ройдс, полуостров Росса): пересмотренный План управления

Представители,

на основании Статей 3, 5 и 6 Приложения V к Протоколу по охране окружающей среды к Договору об Антарктике, в которых предусматривается определение Особо охраняемых районов Антарктики (ООРА) и утверждение Планов управления этими Районами;

на основании

- Меры 1 (1998 г.), в соответствии с которой мыс Ройдс и его окрестности были определены в качестве Особо охраняемого района (ООР) № 27, с приложением к ней Плана управления Районом;

- Решения 1 (2002 г.), в соответствии с которым ООР № 27 был переименован и перенумерован в ООРА № 157;

- Меры 1 (2002 г.), в соответствии с которой был принят пересмотренный План управления ООРА № 157;

- Меры 2 (2005 г.) и Меры 9 (2010 г.), в соответствии с которыми были приняты пересмотренные Планы управления ООРА № 157;

ссылаясь на то, что Мера 1 (1998 г.) не вступила в силу и была отменена посредством Меры 9 (2010 г.);

отмечая, что Комитет по охране окружающей среды одобрил пересмотренный План управления ООРА № 157;

желая заменить существующий План управления ООРА № 157 пересмотренным Планом управления;

рекомендуют своим правительствам на утверждение следующую Меру в соответствии с пунктом 1 Статьи 6 Приложения V к Протоколу по охране окружающей среды к Договору об Антарктике, а именно:

1. Утвердить пересмотренный План управления Особо охраняемым районом Антарктики № 157 «Бухта Бакдор» (мыс Ройдс, полуостров Росса), прилагаемый к настоящей Мере; а также

2. Отменить План управления Особо охраняемым районом Антарктики № 157, приложенный к Мере 9 (2010 г.).

Особо охраняемый район Антарктики № 158

«Мыс Хат» (полуостров Росса): пересмотренный План управления

Представители,

на основании Статей 3, 5 и 6 Приложения V к Протоколу по охране окружающей среды к Договору об Антарктике, в которых предусматривается определение Особо охраняемых районов Антарктики (ООРА) и утверждение Планов управления этими Районами;

на основании

- Меры 1 (1998 г.), в соответствии с которой Историческое место «Мыс Хат» было определено в качестве Особо охраняемого района (ООР) № 28, с приложением к ней Плана управления Районом;

- Решения 1 (2002 г.), в соответствии с которым ООР № 28 был переименован и перенумерован в ООРА № 158;

- Меры 2 (2005 г.) и Меры 10 (2010 г.), в соответствии с которыми были приняты пересмотренные Планы управления ООРА № 158;

ссылаясь на то, что Мера 1 (1998 г.) не вступила в силу и была отменена посредством Меры 9 (2010 г.);

отмечая, что Комитет по охране окружающей среды одобрил пересмотренный План управления ООРА № 158;

желая заменить существующий План управления ООРА № 158 пересмотренным Планом управления;

рекомендуют своим правительствам на утверждение следующую Меру в соответствии с пунктом 1 Статьи 6 Приложения V к Протоколу по охране окружающей среды к Договору об Антарктике, а именно:

1. Утвердить пересмотренный План управления Особо охраняемым районом Антарктики № 158 «Мыс Хат» (полуостров Росса), прилагаемый к настоящей Мере; а также

2. Отменить План управления Особо охраняемым районом Антарктики № 158, приложенный к Мере 10 (2010 г.).

Особо охраняемый район Антарктики № 159

«Мыс Адэр» (Берег Боркгревинка): пересмотренный План управления

Представители,

на основании Статей 3, 5 и 6 Приложения V к Протоколу по охране окружающей среды к Договору об Антарктике, в которых предусматривается определение Особо охраняемых районов Антарктики (ООРА) и утверждение Планов управления этими Районами;

на основании

- Меры 1 (1998 г.), в соответствии с которой Историческое место «Мыс Адэр» и его окрестности были определены в качестве Особо охраняемого района (ООР) № 29, с приложением к ней Плана управления Районом;

- Решения 1 (2002 г.), в соответствии с которым ООР № 29 был переименован и перенумерован в ООРА № 159;

- Меры 2 (2005 г.) и Меры 11 (2010 г.), в соответствии с которыми были приняты пересмотренные Планы управления ООРА № 159;

ссылаясь на то, что Мера 1 (1998 г.) не вступила в силу и была отменена посредством Меры 9 (2010 г.);

отмечая, что Комитет по охране окружающей среды одобрил пересмотренный План управления ООРА № 159;

желая заменить существующий План управления ООРА № 159 пересмотренным Планом управления;

рекомендуют своим правительствам на утверждение следующую Меру в соответствии с пунктом 1 Статьи 6 Приложения V к Протоколу по охране окружающей среды к Договору об Антарктике, а именно:

1. Утвердить пересмотренный План управления Особо охраняемым районом Антарктики № 159 «Мыс Адэр» (Берег Боркгревинка), прилагаемый к настоящей Мере;

2. Отменить План управления Особо охраняемым районом Антарктики № 159, приложенный к Мере 11 (2010 г.).

Особо охраняемый район Антарктики № 163
«Ледник Дакшин Гангготри» (Земля Королевы Мод): пересмотренный План управления

Представители,

на основании Статей 3, 5 и 6 Приложения V к Протоколу по охране окружающей среды к Договору об Антарктике, в которых предусматривается определение Особо охраняемых районов Антарктики (ООРА) и утверждение Планов управления этими Районами;

на основании

- Меры 2 (2005 г.), в соответствии с которой ледник Дакшин Гангготри (Земля Королевы Мод) был определен в качестве ООРА № 163, с приложением к ней Плана управления Районом;

- Меры 12 (2010 г.), в соответствии с которой был принят пересмотренный План управления ООРА № 163;

отмечая, что Комитет по охране окружающей среды одобрил пересмотренный План управления ООРА № 163;

желая заменить существующий План управления ООРА № 163 пересмотренным Планом управления;

рекомендуют своим правительствам на утверждение следующую Меру в соответствии с пунктом 1 Статьи 6 Приложения V к Протоколу по охране окружающей среды к Договору об Антарктике, а именно:

1. Утвердить пересмотренный План управления Особо охраняемым районом Антарктики № 163 «Ледник Дакшин Гангготри» (Земля Королевы Мод), прилагаемый к настоящей Мере;

2. Отменить План управления Особо охраняемым районом Антарктики
№ 163, приложенный к Мере 12 (2010 г.).

.

Особо охраняемый район Антарктики № 164

«Утесы Скаллин-Монолит и Марри-Монолит» (Земля Мак-Робертсона): пересмотренный План управления

Представители,

на основании Статей 3, 5 и 6 Приложения V к Протоколу по охране окружающей среды к Договору об Антарктике, в которых предусматривается определение Особо охраняемых районов Антарктики (ООРА) и утверждение Планов управления этими Районами;

на основании

- Меры 2 (2005 г.), в соответствии с которой утесы Скаллин-Монолит и Марри-Монолит (Земля Мак-Робертсона, Восточная Антарктида) были определены в качестве ООРА № 164, с приложением к ней Плана управления Районом;

- Меры 13 (2010 г.), в соответствии с которой был принят пересмотренный План управления ООРА № 164;

отмечая, что Комитет по охране окружающей среды одобрил пересмотренный План управления ООРА № 164;

желая заменить существующий План управления ООРА № 164 пересмотренным Планом управления;

рекомендуют своим правительствам на утверждение следующую Меру в соответствии с пунктом 1 Статьи 6 Приложения V к Протоколу по охране окружающей среды к Договору об Антарктике, а именно:

1. Утвердить пересмотренный План управления Особо охраняемым районом Антарктики № 164 «Утесы Скаллин-Монолит и Марри-Монолит» (Земля Мак-Робертсона), прилагаемый к настоящей Мере;

2. Отменить План управления Особо охраняемым районом Антарктики № 164, приложенный к Мере 13 (2010 г.).

Особо охраняемый район Антарктики № 168

«Гора Хардинг» (горы Гров, Восточная Антарктика): пересмотренный План управления

Представители,

основании Статей 3, 5 и 6 Приложения V к Протоколу по охране окружающей среды к Договору об Антарктике, в которых предусматривается определение Особо охраняемых районов Антарктики (ООРА) и утверждение Планов управления этими Районами;

на основании Меры 2 (2008 г.), в соответствии с которой Гора Хардинг (горы Гров, Восточная Антарктика) была определена в качестве ООРА № 168, с приложением к ней Плана управления Районом;

отмечая, что Комитет по охране окружающей среды одобрил пересмотренный План управления ООРА № 168;

желая заменить существующий План управления ООРА № 168 пересмотренным Планом управления;

рекомендуют своим правительствам на утверждение следующую Меру в соответствии с пунктом 1 Статьи 6 Приложения V к Протоколу по охране окружающей среды к Договору об Антарктике, а именно:

1. Утвердить пересмотренный План управления Особо охраняемым районом Антарктики № 168 «Гора Хардинг» (горы Гров, Восточная Антарктика), прилагаемый к настоящей Мере; а также

2. Отменить План управления Особо охраняемым районом Антарктики № 168, приложенный к Мере 2 (2008 г.).

Особо охраняемый район Антарктики № 2
«Сухие долины Мак-Мёрдо» (южная часть Земли Виктории): пересмотренный План управления

Представители,

на основании Статей 4, 5 и 6 Приложения V к Протоколу по охране окружающей среды к Договору об Антарктике, в которых предусматривается определение Особо управляемых районов Антарктики (ОУРА) и утверждение Планов управления этими Районами;

на основании

- Меры 1 (2004 г.), в соответствии с которой Сухие долины Мак-Мёрдо (южная часть Земли Виктории) были определены в качестве ОУРА № 2, с приложением к ней Плана управления Районом;

- Меры 10 (2011 г.), которой был принят пересмотренный План управления ОУРА № 2;

отмечая, что Комитет по охране окружающей среды одобрил пересмотренный План управления ОУРА № 2;

желая заменить существующий План управления ООРА № 2 пересмотренным Планом управления;

рекомендуют своим правительствам на утверждение следующую Меру в соответствии с пунктом 1 Статьи 6 Приложения V к Протоколу по охране окружающей среды к Договору об Антарктике, а именно:

1. Утвердить пересмотренный План управления Особо управляемым районом Антарктики № 2 «Сухие долины Мак-Мёрдо» (южная часть Земли Виктории), прилагаемый к настоящей Мере; а также

2. Отменить План управления Особо управляемым районом Антарктики № 2, приложенный к Мере 10 (2011 г.).

памятников Хромоногая хижина на болгарской станции Святой Климент Охридский (остров Ливингстон (Смоленск) и тяжелый гусеничный снегоход «Харьковчанка», эксплуатировавшийся в Антарктике с 1959 по 2010 гг.

Представители,

на основании требований Статьи 8 Приложения V к Протоколу по охране окружающей среды в отношении ведения перечня существующих Исторических мест и памятников, а также положения о том, что данные места и памятники не подлежат нарушению, удалению или разрушению;

на основании Меры 3 (2003 г.), в соответствии с которой был пересмотрен и уточнен Перечень Исторических мест и памятников с последующим внесением поправок;

желая включить в Перечень Исторических мест и памятников еще два ИМП;

рекомендуют своим правительствам на утверждение следующую Меру в соответствии с пунктом 2 Статьи 8 Приложения V к Протоколу по охране окружающей среды к Договору об Антарктике, а именно:

1. Включить в Перечень исторических мест и памятников следующие ИМП:

   «№ 91: Хромоногая хижина на болгарской станции Святой Климент Охридский (остров Ливингстон (Смоленск).

   Хромоногая хижина была построена в апреле 1988 года и использовалась в качестве основного здания на станции Святой Климент Охридский до 1998 года. В настоящее время это самое старое сохранившееся здание на острове Ливингстон (Смоленск), использующееся в качестве радиорубки и почтового отделения. В нем также расположена музейная выставка артефактов раннего периода деятельности Болгарии по осуществлению научных исследований и материально-технического обеспечения в Антарктике».

Местоположение: 62°38'29» ю.ш., 60°21'53» з.д.

Сторона, первоначально предложившая ИМП: Болгария.

Сторона, осуществляющая управление: Болгария.

«№ 92: Тяжелый гусеничный снегоход «Харьковчанка», эксплуатировавшийся в Антарктике с 1959 по 2010 гг.

Тяжелый гусеничный снегоход «Харьковчанка» был сконструирован и произведен на харьковском Заводе тяжелого машиностроения имени Малышева специально для внутриматериковых походов в Антарктике с использованием санно-гусеничных поездов. Вездеход был первым несерийным транспортным средством советской машиностроительной промышленности и был произведен специально для работы в Антарктике. Этот вездеход никогда не эксплуатировался за пределами Антарктики. «Харьковчанка» СТТ является уникальным, исторически значимым образцом инженерно-конструкторской разработки, специально предназначенной для исследования Антарктики.

Местоположение: 69°22'41,0″ ю.ш., 76°22'59,1″ в.д.

Сторона, первоначально предложившая ИМП: Российская Федерация.

Сторона, осуществляющая управление: Российская Федерация.

2. Пересмотренный и обновленный Перечень исторических мест и памятников приложить к настоящей Мере.

Пересмотренный Перечень Исторических мест и памятников

№	Описание	Местонахождение	Наименование / поправки
1.	Флагшток, установленный в декабре 1965 г. на Южном географическом полюсе Первой аргентинской сухопутной полярной экспедицией. Сторона-автор предложения: Аргентина. Сторона, осуществляющая управление: Аргентина.	90° ю.ш.	Рекомендация VII-9
2.	Пирамида из камней и мемориальные таблички на станции Сёва в память Шина Фукушимы, члена 4-й Японской антарктической научной экспедиции, погибшего в октябре 1969 г. При исполнении своих служебных обязанностей. Пирамида была сооружена его коллегами 11 января 1961 г. В пирамиде находится часть его пепла. Сторона-автор предложения: Япония. Сторона, осуществляющая управление: Япония.	69°00' ю.ш., 39°35' в.д.	Рекомендация VII-9
3.	Пирамида из камней и мемориальная табличка на о-ве Прокламейшен (Земля Эндерби), сооруженная сэром Дугласом Моусоном в январе 1930 г. Пирамида и мемориальная табличка увековечивают высадку на о-ве Прокламейшен сэра Дугласа Моусона и членов совместной Антарктической научной экспедиции Великобритании, Австралии и Новой Зеландии 1929-1931 годов. Сторона-автор предложения: Австралия. Сторона, осуществляющая управление: Австралия.	65°51' ю.ш., 53°41' в.д.	Рекомендация VII-9
4.	Здание станции Полюс Недоступности. Здание станции Полюс Недоступности с бюстом В. И. Ленина и мемориальной табличкой в память покорения Полюса Недоступности советскими исследователями Антарктики в 1958 г. По состоянию на 2007 г. здание находилось под снегом. Бюст Ленина расположен на деревянном коробе, смонтированном на крыше здания на высоте около полутора метров над снежной поверхностью. Сторона-автор предложения: Россия. Сторона, осуществляющая управление: Россия.	82°06'42" ю.ш., 55°01'57" в.д.	Рекомендация VII-9 Мера 11(2012)
5.	Пирамида из камней и мемориальная табличка на мысе Брус (Земля Мак-Робертсона), сооруженные в феврале 1931 г. Сэром Дугласом Моусоном. Пирамида и мемориальная табличка увековечивают высадку на мысе Брус сэра Дугласа Моусона и членов совместной Антарктической научной экспедиции Великобритании, Австралии и Новой Зеландии 1929-1931 годов. Сторона-автор предложения: Австралия. Сторона, осуществляющая управление: Австралия.	67°25' ю.ш., 60°47' в.д.	Рекомендация VII-9

№	Описание	Местонахождение	Наименование / поправки
6.	Пирамида из камней на скалах Уолкабаут, оазис Вестфолл (Земля Принцессы Елизаветы), сооруженная в 1939 г. сэром Хубертом Уилкинсом. Внутри пирамиды находится контейнер с запиской о его посещении. Сторона-автор предложения: Австралия. Сторона, осуществляющая управление: Австралия.	68°22' ю.ш., 78°33' в.д.	Рекомендация VII-9
7.	Камень в память Ивана Хмары. Камень с вырезанной на нем мемориальной надписью, установленный на острове Буромского в память водителя-механика Ивана Хмары, участника 1-й Комплексной антарктической экспедиции СССР (1-й Советской антарктической экспедиции), погибшего на припае 21.01.1956 г. при исполнении своих служебных обязанностей. Первоначально камень был установлен на мысе Мабус в обсерватории Мирный. В 1974 году, во время 19-й САЭ, в связи со строительством камень перенесен на остров Буромского. Сторона-автор предложения: Россия. Сторона, осуществляющая управление: Россия.	66°32'04" ю.ш., 92°59'57" в.д.	Рекомендация VII-9 Мера 11(2012)
8.	Памятник Анатолию Щеглову. Металлическая стела с мемориальной табличкой в память водителя-механика Анатолия Щеглова, погибшего при исполнении служебных обязанностей, установленная на санях на трассе Мирный-Восток в 2 км от станции Мирный. Сторона-автор предложения: Россия. Сторона, осуществляющая управление: Россия.	66°34'43" ю.ш., 92°58'23" в.д.	Рекомендация VII-9 Мера 11(2012)
9.	Кладбище на острове Буромского. Кладбище на острове Буромского рядом с обсерваторией Мирный, на котором похоронены граждане СССР (России), Чехословакии, ГДР и Швейцарии (участники советских и российских антарктических экспедиций), погибшие при исполнении своих служебных обязанностей. Сторона-автор предложения: Россия. Сторона, осуществляющая управление: Россия.	66°32'04" ю.ш., 93°00' в.д.	Рекомендация VII-9 Мера 11(2012)
10.	Обсерватория советской станции Оазис. Здание магнитной обсерватории на станции Добровольский (переданная Польше часть бывшей советской станции Оазис) в оазисе Бангера с мемориальной табличкой в память открытия станции Оазис в 1956 г. Сторона-автор предложения: Россия. Сторона, осуществляющая управление: Россия.	66°16'30" ю.ш., 100°45'03" в.д.	Рекомендация VII-9 Мера 11(2012)
11.	Тягач на станции Восток. Тяжелый тягач АТТ № 11 на станции Восток, участвовавший в первом походе на геомагнитный полюс Земли, с мемориальной табличкой в память открытия станции в 1957 г. Сторона-автор предложения: Россия. Сторона, осуществляющая управление: Россия.	78°28' ю.ш., 106°48' в.д.	Рекомендация VII-9 Мера 11(2012)
12.	*Крест и мемориальная табличка на мысе Денисон, Берег Георга V. (Изъято из перечня Исторических мест и памятников Договора об Антарктике. Включено вместе с ИМП 13 в ИМП 77)*		

№	Описание	Местонахождение	Наименование / поправки
13.	*Хижина на мысе Денисон, Берег Георга V. (Изъято из перечня Исторических мест и памятников Договора об Антарктике. Включено вместе с ИМП 12 в ИМП 77.)*		
14.	Место, где находилась ледяная пещера на о-ве Инекспрессибл (залив Терра-Нова), построенная в марте 1912 г. Северной партией Виктора Кемпбелла, входившей в состав Британской антарктической экспедиции 1910-1913 годов. Группа перезимовала в этой ледяной пещере в 1912 г. На этом месте остались деревянный указатель, мемориальная табличка и кости тюленей. Сторона-автор предложения: Новая Зеландия. Стороны, осуществляющие управление: Новая Зеландия, Италия, Великобритания.	74°54' ю.ш., 163°43' в.д.	Рекомендация VII-9 Мера 5(1995)
15.	Хижина на мысе Ройдс (п-ов Росса), построенная в феврале 1908 г. членами Британской антарктической экспедиции 1907-1909 годов под руководством сэра Эрнеста Шеклтона. Восстановлена в январе 1961 г. сотрудниками Антарктического отдела Новозеландского Департамента научно-индустриальных исследований. Этот участок входит в состав ООРА № 157. Стороны-авторы предложения: Новая Зеландия,Великобритания. Стороны, осуществляющие управление: Новая Зеландия, Великобритания.	77°33' ю.ш., 166°10' в.д.	Рекомендация VII-9
16.	Хижина на мысе Эванс (п-ов Росса), построенная в январе 1911 г. членами Британской антарктической экспедиции 1910-1913 годов, под руководством капитана Роберта Ф. Скотта. Восстановлена в январе 1961 г. сотрудниками Антарктического отдела Новозеландского Департамента научно-индустриальных исследований. Этот участок входит в состав ООРА № 155. Стороны-авторы предложения: Новая Зеландия, Великобритания. Стороны, осуществляющие управление: Новая Зеландия, Великобритания.	77°38' ю.ш., 166°24' в.д.	Рекомендация VII-9
17.	Крест на холме Уинд Вейн (мыс Эванс, п-ов Росса), установленный членами экспедиционной партии «Море Росса» под руководством капитана Энеаса Макинтоша, входившей в состав Королевской трансантарктической экспедиции 1914-1916 годов под руководством сэра Эрнеста Шеклтона, в память трех членов партии, погибших в этом районе в 1916 г. Этот участок входит в состав ООРА № 155. Стороны-авторы предложения: Новая Зеландия, Великобритания. Стороны, осуществляющие управление: Новая Зеландия, Великобритания.	77°38' ю.ш., 166°24' в.д.	Рекомендация VII-9
18.	Хижина на мысе Хат (п-ов Росса), построенная в феврале 1902 г. членами Британской антарктической экспедиции 1901-04 годов под руководством капитана Роберта Ф. Скотта. Частично восстановлена в январе 1964 г. Новозеландским антарктическим обществом при содействии Правительства США. Этот участок входит в состав ООРА № 158. Стороны-авторы предложения: Новая Зеландия, Великобритания. Стороны, осуществляющие управление: Новая Зеландия, Великобритания.	77°50' ю.ш., 166°37' в.д.	Рекомендация VII-9

№	Описание	Местонахождение	Наименование / поправки
19.	Крест на мысе Хат (п-ов Росса), установленный в феврале 1904 г. членами Британской антарктической экспедиции 1901-1904 годов, в память Джорджа Винса, члена экспедиции, погибшего в этом районе. Стороны-авторы предложения: Новая Зеландия, Великобритания. Стороны, осуществляющие управление: Новая Зеландия, Великобритания.	77°50' ю.ш., 166°37' в.д.	Рекомендация VII-9
20.	Крест на горе Обсервейшен (п-ов Росса), установленный в январе 1913 г. членами Британской антарктической экспедиции 1910-1913 годов, в память членов экспедиции капитана Роберта Ф. Скотта, погибших при возвращении с Южного полюса в марте 1912 г. Стороны-авторы предложения: Новая Зеландия, Великобритания. Стороны, осуществляющие управление: Новая Зеландия, Великобритания.	77°51' ю.ш., 166°41' в.д.	Рекомендация VII-9
21.	Развалины каменной хижины на мысе Крозиер (п-ов Росса), построенной в июле 1911 г. партией Эдварда Уилсона, входившей в состав Британской антарктической экспедиции (1910-13 гг.), во время зимнего похода за яйцами императорских пингвинов. Сторона-автор предложения: Новая Зеландия. Стороны, осуществляющие управление: Новая Зеландия, Великобритания.	77°31' ю.ш., 169°22' в.д.	Рекомендация VII-9
22.	Три хижины и связанные с ними исторические реликвии на мысе Адэр. Две из них были построены в феврале 1899 г. в ходе Британской антарктической экспедиции «Южный крест» (1898-1900 гг.) под руководством Карстена Э. Борхгревинка. Третья хижина была построена в феврале 1911 г. Северной партией Роберта Ф. Скотта под руководством Виктора Л.А. Кемпбелла. Хижина Северной партии Скотта практически разрушена: по состоянию на 2002 г. от нее осталось только крыльцо. Этот участок входит в состав ООРА № 159. Стороны-авторы предложения: Новая Зеландия, Великобритания. Стороны, осуществляющие управление: Новая Зеландия, Великобритания.	71°18' ю.ш., 170°12' в.д.	Рекомендация VII-9
23.	Могила норвежского биолога Николая Хансона, члена Британской антарктической экспедиции «Южный крест» (1898-1900 гг.) под руководством Карстена Э. Борхгревинка, на мысе Адэр. У изголовья могилы находится крупный валун, а периметр могилы выложен белым кварцем. К валуну прикреплены крест и мемориальная табличка. Стороны-авторы предложения: Новая Зеландия, Великобритания. Стороны, осуществляющие управление: Новая Зеландия, Норвегия.	71°17' ю.ш., 170°13' в.д.	Рекомендация VII-9
24.	Пирамида из камней, известная как «Пирамида Амундсена», на горе Бетти (хребет Королевы Мод), сооруженная Роальдом Амундсеном 6 января 1912 г. при возвращении с Южного полюса на базу «Фрамхейм». Сторона-автор предложения: Норвегия. Сторона, осуществляющая управление: Норвегия.	85?11' ю.ш., 163?45'з.д	Рекомендация VII-9

№	Описание	Местонахождение	Наименование / поправки
25.	*Исключен из перечня.*		
26.	Покинутые объекты аргентинской станции Сан-Мартин на о-ве Барри (острова Дебенэм, залив Маргерит), включая крест, флагшток и монолит, установленные в 1951 г. Сторона-автор предложения: Аргентина. Сторона, осуществляющая управление: Аргентина.	68°08' ю.ш., 67°08' з.д.	Рекомендация VII-9
27.	Пирамида из камней с копией свинцовой мемориальной таблички, сооруженная на холме Мегалестрис (о-в Петерманн) в 1909 г. членами второй Французской экспедиции под руководством Жан-Батиста Э.А. Шарко. Первоначальная мемориальная табличка находится в запасниках Национального музея естественных наук (Париж). Стороны-авторы предложения: Аргентина, Франция, Великобритания. Стороны, осуществляющие управление: Франция, Великобритания.	65°10' ю.ш., 64°09' з.д.	Рекомендация VII-9
28.	Пирамида из камней в Порт-Шарко (о-в Бут) с деревянной колонной и вырезанной мемориальной табличкой, в которой перечислены имена членов первой Французской экспедиции под руководством Жан-Батиста Э.А. Шарко, перезимовавших в этом районе в 1904 г. на борту «Ле Франсе». Сторона-автор предложения: Аргентина. Стороны, осуществляющие управление: Аргентина, Франция.	65°03' ю.ш., 64°01' з.д.	Рекомендация VII-9
29.	Маяк «Примеро де Майо», установленный Аргентиной на о-ве Лямбда (о-ва Мельчиор) в 1942 г. Этот был первый аргентинский маяк в Антарктике. Сторона-автор предложения: Аргентина. Сторона, осуществляющая управление: Аргентина.	64°18' ю.ш., 62°59' з.д.	Рекомендация VII-9
30.	Укрытие в бухте Парадиз, сооруженное в 1950 г. в окрестностях чилийской станции Пресиденте-Габриель-Гонсалес-Видела в честь Габриеля Гонсалеса Виделы, первого главы государства, посетившего Антарктику. Укрытие свидетельствует о деятельности, осуществлявшейся до начала МГГ, и является важным национальным памятным объектом. Сторона-автор предложения: Чили. Сторона, осуществляющая управление: Чили.	64°49' ю.ш., 62°51' з.д.	Рекомендация VII-9
31.	*Исключен из перечня.*		
32.	Бетонный монолит, установленный в 1947 г. в окрестностях станции Капитан-Артуро-Прат (Чили) на о-ве Гринвич (Березина) (Южные Шетландские о-ва). Является контрольной точкой для чилийских гидрографических исследований в Антарктике. Монолит свидетельствует о деятельности, осуществлявшейся до начала МГГ, и в настоящее время охраняется и поддерживается сотрудниками станции Прат. Сторона-автор предложения: Чили. Сторона, осуществляющая управление: Чили.	62°28' ю.ш., 59°40' з.д.	Рекомендация VII-9

№	Описание	Местонахождение	Наименование / поправки
33.	Укрытие и крест с мемориальной табличкой в окрестностях станции Капитан-Артуро-Прат (Чили) на о-ве Гринвич (Березина) (Южные Шетландские о-ва). Названы в честь капитан-лейтенанта Гонсалеса Пачеко, погибшего в 1960 г., когда он руководил станцией. Памятник увековечивает события, связанные с человеком, роль и обстоятельства гибели которого имеют символическое значение и могут быть использованы в просветительских целях для распространения информации о значении деятельности человека в Антарктике. Сторона-автор предложения: Чили. Сторона, осуществляющая управление: Чили.	62°29' ю.ш., 59°40' з.д.	Рекомендация VII-9
34.	Бюст героя ВМФ Чили Артуро Прата на станции Капитан-Артуро-Прат (Чили) (о-в Гринвич (Березина), Южные Шетландские о-ва), установленный в 1947 г. Памятник свидетельствует о деятельности, осуществлявшейся до начала МГГ, и является символом чилийского присутствия в Антарктике. Сторона-автор предложения: Чили. Сторона, осуществляющая управление: Чили.	62°50' ю.ш., 59°41' з.д.	Рекомендация VII-9
35.	Деревянный крест и статуя Девы Кармен, установленные в 1947 г. в окрестностях станции Капитан-Артуро-Прат (Чили) на о-ве Гринвич (Березина) (Южные Шетландские о-ва). Памятник свидетельствует о деятельности, осуществлявшейся до начала МГГ, и имеет особое символическое и архитектурное значение. Сторона-автор предложения: Чили. Сторона, осуществляющая управление: Чили.	62°29' ю.ш., 59°40' з.д.	Рекомендация VII-9
36.	Копия металлической мемориальной таблички, установленной Эдуардом Далльманном в бухте Поттер (о-в Кинг-Джордж (Ватерлоо) в ознаменование посещения этого района руководимой им Германской экспедиции на судне «Грёнланд» 1 марта 1874 г. Стороны-авторы предложения: Аргентина, Великобритания. Стороны, осуществляющие управление: Аргентина, Германия.	62°14' ю.ш., 58°39' з.д.	Рекомендация VII-9

№	Описание	Местонахождение	Наименование / поправки
37.	Историческое место «О'Хиггинс», расположенное на мысе Легупий, Антарктический полуостров, где имеются следующие объекты, обладающие исторической ценностью: • Бюст генерал-капитана Бернардо О'Хиггинса Рикельме, установленный в 1948 году напротив одноименной станции (Хенераль-Бернардо-О'Хиггинс). Генерал О'Хиггинс был первым правителем Чили, который признал важное значение Антарктики. Памятник имеет символическое значение для истории исследований Антарктики, поскольку именно в период правления О'Хиггинса судно «Дракон» пристало к берегам Антарктического полуострова в 1820 году. Данный памятник также свидетельствует о деятельности, осуществлявшейся в Антарктике до МГГ. (63°19'14,3" ю.ш., 57°53'53,9" з.д.) • Бывшая антарктическая станция Хенераль-Бернардо-О'Хиггинс, открытая 18 февраля 1948 года Президентом Республики Чили Габриэлем Гонсалесом Виделой – первым в мире президентом, посетившим Антарктику. Данный объект считается образцом исследовательской станции современного периода изучения Антарктики. (63°19' ю.ш., 57°54' з.д.) • Мемориальная доска в память о лейтенантах Оскаре Иностроза Контрерасе и Серхио Понсе Торреальба, погибших на Антарктическом континенте во имя мира и науки 12 августа 1957 года. (63°19'15,4" ю.ш., 57°53'52,9" з.д.) • Грот Девы Кармен, расположенный в окрестностях станции, построенный около сорока лет назад. Он служил местом духовного уединения для сотрудников различных антарктических станций и экспедиций. (63°19'15,9" ю.ш. / 57°54'03,2" з.д.) Сторона-автор предложения: Чили. Сторона, осуществляющая управление: Чили.	63°19'ю.ш., 57°54'з.д.	Рекомендация VII-9 Мера 11(2012)
38.	Деревянная хижина на о-ве Сноу-Хилл, построенная в феврале 1902 г. главной партией Шведской южнополярной экспедиции под руководством Отто Норденшельда. Стороны-авторы предложения: Аргентина, Великобритания. Стороны, осуществляющие управление: Аргентина, Швеция.	64°22' ю.ш., 56°59' з.д.	Рекомендация VII-9
39.	Каменная хижина в бухте Хоп (п-ов Тринити), построенная в январе 1903 г. членами одной из партий Шведской южнополярной экспедиции. Стороны-авторы предложения: Аргентина, Великобритания. Стороны, осуществляющие управление: Аргентина, Швеция.	63°24'ю.ш., 56°59' W	Рекомендация VII-9

№	Описание	Местонахождение	Наименование / поправки
40.	Бюст генерала Сан-Мартина, грот со статуей Луханской Девы и флагшток на станции Эсперанса (залив Хоп), установленные Аргентиной в 1955 г., а также кладбище со стелой в память членов аргентинских экспедиций, погибших в этом районе. Сторона-автор предложения: Аргентина. Сторона, осуществляющая управление: Аргентина.	63°24' ю.ш., 56°59' з.д.	Рекомендация VII-9
41.	Каменная хижина на о-ве Полет, построенная в феврале 1903 г. выжившими членами экипажа потерпевшего крушение судна «Антарктик» под руководством капитана Карла А. Ларсена, которое входило в состав Шведской южнополярной экспедиции под руководством Отто Норденшельда, а также могила одного из членов этой экспедиции и пирамида из камней, сложенная теми, кто пережил это кораблекрушение, на самой высокой точке острова, чтобы привлечь внимание спасательных экспедиций. Стороны-авторы предложения: Аргентина, Великобритания. Стороны, осуществляющие управление: Аргентина, Швеция, Норвегия.	63°34' ю.ш., 55°45' з.д.	Рекомендация VII-9 Мера 5 (1997)
42.	Район бухты Скоша (о-в Лори, Южные Оркнейские о-ва), где находятся: каменная хижина, построенная в 1903 г. членами Шотландской антарктической экспедиции под руководством Уильяма С. Брюса; аргентинская метеорологическая хижина и магнитная обсерватория, построенные в 1905 г. и известные как «Дом Монета»; кладбище с двенадцатью могилами, самая ранняя из которых датируется 1903 годом. Сторона-автор предложения: Аргентина. Стороны, осуществляющие управление: Аргентина, Великобритания.	60°46' ю.ш., 44°40' з.д.	Рекомендация VII-9
43.	Крест, установленный в 1955 г. на расстоянии 1300 м к северо-востоку от станции Бельграно I (Аргентина) и впоследствии перенесенный на станцию Бельграно II (Аргентина), нунатак Бертраб (Берег Конфин (Луитпольда), Земля Котса) в 1979 г. Сторона-автор предложения: Аргентина. Сторона, осуществляющая управление: Аргентина.	77°52' ю.ш., 34°37' з.д.	Рекомендация VII-9
44.	Мемориальная табличка, установленная на временной индийской станции Дакшин Гангтри (Берег Принцессы Астрид, Земля Королевы Мод), в которой перечисляются имена членов Первой индийской антарктической экспедиции, высадившихся на берег в этом районе 9 января 1982 г. Сторона-автор предложения: Индия. Сторона, осуществляющая управление: Индия.	70°45' ю.ш., 11°38' в.д.	Рекомендация XII-7

№	Описание	Местонахождение	Наименование / поправки
45.	Мемориальная табличка на о-ве Брабант (мыс Мечникова), установленная на высоте 70 м на гребне морены, отделяющей этот мыс от ледника. На табличке написано: «Этот памятник воздвигнут Франсуа де Герлашем и другими членами Совместной вспомогательной экспедиции 1983-1985 годов в ознаменование первой высадки на острове Брабант членов Бельгийской антарктической экспедиции 1897-1899 годов: с 30 января по 6 февраля 1898 г. в окрестностях этого района находился лагерь Адриена де Герлаша (Бельгия) (руководитель), Роальда Амундсена (Норвегия), Генриха Арктовского (Польша), Фредерика Кука (США) и Эмиля Данко (Бельгия).» Сторона-автор предложения: Бельгия. Сторона, осуществляющая управление: Бельгия.	64°02' ю.ш., 62°34' з.д.	Рекомендация XIII-16
46.	Все здания и сооружения на станции Пор-Мартен (Земля Адели), построенные в 1950 г. членами Третьей французской экспедиции на Землю Адели и частично разрушенные пожаром в ночь с 23 на 24 января 1952 г. Сторона-автор предложения: Франция. Сторона, осуществляющая управление: Франция.	66°49' ю.ш., 141°24' в.д.	Рекомендация XIII-16
47.	Деревянное здание, известное как «Бейс-Маррет», на о-ве Петрел (Земля Адели), где в 1952 г. после пожара на станции Пор-Мартен» зимовали семеро членов экспедиции под командованием Марио Маррета. Сторона-автор предложения: Франция. Сторона, осуществляющая управление: Франция.	66°40' ю.ш., 140°01' в.д.	Рекомендация XIII-16
48.	Железный крест на Северо-восточном мысе о-ва Петрел (Земля Адели), установленный в память Андре Прюдома, главного метеоролога экспедиции Третьего Международного геофизического года, пропавшего во время снежной бури 7 января 1959 г. Сторона-автор предложения: Франция. Сторона, осуществляющая управление: Франция.	66°40' ю.ш., 140°01' в.д.	Рекомендация XIII-16
49.	Бетонная колонна, установленная в январе 1959 г. членами Первой Польской антарктической экспедиции на станции Добровольский (оазис Бангера) для измерения гравитационного ускорения $g = 982,439.4$ мгал ± 0.4 мгал по отношению к Варшаве (согласно Потсдамской системе). Сторона-автор предложения: Польша. Сторона, осуществляющая управление: Польша.	66°16' ю.ш., 100°45' в.д.	Рекомендация XIII-16
50.	Латунная мемориальная табличка с изображением польского орла, государственного герба Польши; даты 1975 г. и 1976 г., а также текст следующего содержания на польском, английском и русском языках: «В память членов Первой Польской антарктической морской научной экспедиции, высадившихся на берег с «Профессора Сидлецкого» и «Тазара» в феврале 1976 года.» Эта мемориальная табличка, которая находится к юго-западу от чилийской и советской станций, установлена на скале над заливом Максвелл (п-ов Файлдс, о-в Кинг-Джордж (Ватерлоо). Сторона-автор предложения: Польша. Сторона, осуществляющая управление: Польша.	62°12' ю.ш., 59°01' з.д.	Рекомендация XIII-16

№	Описание	Местонахождение	Наименование / поправки
51.	Могила Влодзимежа Пухальского с железным крестом, которая находится на холме южнее станции Арцтовский на о-ве Кинг-Джордж (Ватерлоо). В. Пухальский был художником и продюсером документальных фильмов о природе; он погиб 19 января 1979 г. во время работы на станции. Сторона-автор предложения: Польша. Сторона, осуществляющая управление: Польша.	62°13' ю.ш., 58°28' з.д.	Рекомендация XIII-16
52.	Монолит, установленный в ознаменование открытия 20 февраля 1985 г. станции Китайской Народной Республики Чаньчэнчжань (Грейт-Уолл) (п-ов Файлдс, о-в Кинг-Джордж (Ватерлоо), Южные Шетландские о-ва). На монолите вырезана надпись на китайском языке: «Станция Великая Стена, Первая китайская антарктическая научная экспедиция, 20 февраля 1985 г.». Сторона-автор предложения: Китай. Сторона, осуществляющая управление: Китай.	62°13' ю.ш., 58°58' з.д.	Рекомендация XIII-16
53.	Бюст капитана Луиса Альберто Пардо, монолит и мемориальные таблички на мысе Уайлд (о-в Элефант (Мордвинова), Южные Шетландские о-ва) в ознаменование спасения чилийским военно-морским катером «Елчо» тех, кто пережил крушение британского судна «Эндьюранс», со словами: «Здесь 30 августа 1916 года чилийский военно-морской катер «Елчо» под командованием Луиса Пардо Виллалона спас 22 члена экспедиции Шеклтона, которые пережили крушение судна «Эндьюранс» и провели четыре с половиной месяца на этом острове.» Монолит и мемориальные таблички были установлены на о-ве Элефант (Мордвинова), а их копии – на чилийских станциях Капитан-Артуро-Прат (62°30'ю.ш., 59°49'з.д.) и Президенте-Эдуардо-Фрей (62°12'ю.ш., 62°12'з.д.). В ходе XXIV Чилийской антарктической научной экспедиции 1987-88 годов на трех вышеупомянутых монолитах были установлены бронзовые бюсты командира катера Луиса Пардо Виллалона. Сторона-автор предложения: Чили. Сторона, осуществляющая управление: Чили.	61°03' ю.ш., 54°50' з.д.	Рекомендация XIV-8 Рекомендация XV-13
54.	Исторический памятник Ричарду Э. Бэрду (станция Мак-Мёрдо, Антарктика). Бронзовый бюст на черном мраморе высотой 5 футов и площадью 2 фута, установленный на деревянной платформе, с надписью, описывающей полярные достижения Ричарда Эвелина Бэрда. Установлен на станции Мак-Мёрдо в 1965 г. Сторона-автор предложения: США.	77°51' ю.ш., 166°40' в.д.	Рекомендация XV-12

№	Описание	Местонахождение	Наименование / поправки
55.	Станция Ист-Бейс, о-в Стонингтон, Антарктика. Здания и артефакты на территории Ист-Бейс (о-в Стонингтон) и в ее ближайших окрестностях. Эти сооружения были возведены и использовались членами двух зимних экспедиций США: Антарктической вспомогательной экспедиции (1939-1941 гг.) и Антарктической научной экспедиции Ронне (1947-1948 гг.). Протяженность этого исторического участка составляет около 1,000 м с севера на юг (от пляжа до Северо-восточного ледника, примыкающего к заливу Бэк-Бей) и около 500 м с востока на запад. Сторона-автор предложения: США.	68°11' ю.ш., 67°00' з.д.	Рекомендация XIV-8
56.	Мыс Уотербоут (Берег Данко, Антарктический полуостров). Развалины и ближайшие окрестности хижины «Уотер-Боут-Пойнт». В 1921-22 гг. здесь жили члены экспедиции Великобритании, в состав которой входили два человека: Томас У. Бэгшейв и Максим С. Лестер. До наших дней сохранились только дно лодки, основания дверных косяков и очертания хижины и пристройки. Она находится рядом с чилийской станцией Пресиденте-Габриель-Гонсалес-Видела. Сторона-автор предложения: Чили, Великобритания. Стороны, осуществляющие управление: Чили, Великобритания.	64°49' ю.ш., 62°51' з.д.	Рекомендация XVI-11
57.	Мемориальная табличка в «Заливе Янки» (бухте Янки), которая является частью пролива Мак-Фарлин (о-в Гринвич (Березина), Южные Шетландские о-ва). Находится рядом с чилийским убежищем. Установлена в память капитана Эндрю Мак-Фарлейна, который в 1820 г. исследовал район Антарктического полуострова на бригантине «Дракон». Стороны-авторы предложения: Чили, Великобритания. Стороны, осуществляющие управление: Чили, Великобритания.	62°32' ю.ш., 59°45' з.д.	Рекомендация XV-11
58.	*Исключен из перечня*		
59.	Пирамида на пляже Хаф-Мун (мыс Шеррефф, о-в Ливингстон (Смоленск), Южные Шетландские о-ва) и мемориальная табличка на «Серро-Гавиота» напротив островков Сан Телмо в память офицеров, солдат и моряков испанского судна «Сан-Телмо», затонувшего в сентябре 1819 г. Возможно, это были первые люди, которые жили и погибли в Антарктике. Этот участок входит в состав ООРА № 149. Стороны-авторы предложения: Чили, Испания, Перу. Стороны, осуществляющие управление: Чили, Испания, Перу.	62°28' ю.ш., 60°46' з.д.	Рекомендация XV-11

№	Описание	Местонахождение	Наименование / поправки
60.	Деревянная мемориальная табличка и пирамида в заливе Пингвинс на южном берегу о-ва Симор (Марамбио) (архипелаг Джеймса Росса). Мемориальная табличка была установлена 10 ноября 1903 г. экипажем спасательной экспедиции аргентинского корвета «Уругвай» на том месте, где экипаж встретился с членами Шведской экспедиции под руководством д-ра Отто Норденшельда. На деревянной мемориальной табличке вырезан текст следующего содержания: «10.XI.1903 г. корабль «Уругвай» (ВМФ Аргентины), отправившийся в плавание, чтобы помочь членам Шведской антарктической экспедиции." В январе 1990 г. в память этого события Аргентина соорудила пирамиду из камней на том месте, где находится мемориальная табличка. Сторона-автор предложения: Аргентина. Стороны, осуществляющие управление: Аргентина, Швеция.	64°16' ю.ш., 56°39' з.д.	Рекомендация XVII-3
61.	База А (станция Порт-Локрой) в Порт-Локрой (о-в Гудье рядом с о-вом Винке, Антарктический полуостров). Имеет историческое значение как база операции «Табарин» (1944 г.), а также место проведения научных исследований, включая первые измерения ионосферы, и место первой регистрации атмосферного прохождения радиоволн в Антарктике. Порт-Локрой был одним из основных районов мониторинга в течение Международного геофизического года 1957/58 гг. Сторона-автор предложения: Великобритания. Сторона, осуществляющая управление: Великобритания.	64°49' ю.ш., 63°29' з.д.	Мера 4 (1995)
62.	База F (Дом Уорди) на острове Уинтер (архипелаг Арджентайн). Имеет историческое значение как образец одной из первых британских научных баз. Сторона-автор предложения: Великобритания. Стороны, осуществляющие управление: Великобритания, Украина.	65°15' ю.ш., 64°16' з.д.	Мера 4 (1995)
63.	База Y (станция Хорсшу-Айленд) на острове Хорсшу (залив Маргерит, западная часть Земли Грейама). Примечательна как относительно мало измененная и полностью оборудованная британская научная база конца 1950-х годов. Рядом находится убежище «Блейклок», которое считается неотъемлемой частью базы. Сторона-автор предложения: Великобритания. Сторона, осуществляющая управление: Великобритания.	67°48' ю.ш., 67°18' з.д.	Мера 4 (1995)
64.	База Е (станция Стонингтон-Айленд) на острове Стонингтон (залив Маргерит, западная часть Земли Грейама). Имеет историческое значение как объект, относящийся к началу исследований и более позднему периоду деятельности Британского антарктического управления (BAS) в 1960-х и 1970-х годах. Сторона-автор предложения: Великобритания. Сторона, осуществляющая управление: Великобритания.	68°11' ю.ш., 67°00' з.д.	Мера 4 (1995)

№	Описание	Местонахождение	Наименование / поправки
65.	Столб для сообщений на острове Свенд-Фойн (о-ва Позешен). Столб с прикрепленной к нему коробкой был установлен на острове 16 января 1895 г. во время китобойной экспедиции Хенрика Булла и капитана Леонарда Кристенсена с судна «Антарктик». Он был обследован и признан нетронутым членами Британской антарктической экспедиции 1898-1900 годов, а затем его наблюдали с пляжа члены экипажей «Эдисто» (USS, 1956 г.) и «Глэйшер» (USCGS, 1965 г.) Стороны-авторы предложения: Новая Зеландия, Норвегия, Великобритания. Стороны, осуществляющие управление: Новая Зеландия, Норвегия.	71°56' ю.ш., 171°05' з.д.	Мера 4 (1995)
66.	Каменная пирамида Преструда (нунатаки Скотта, горы Александры, п-ов Эдуарда VII). Небольшая пирамида из камней была сооружена у подножья главного утеса на северной стороне нунатаков лейтенантом К. Преструдом 3 декабря 1911 г. во время Норвежской антарктической экспедиции 1910-1912 гг. Стороны-авторы предложения: Новая Зеландия, Норвегия, Великобритания. Стороны, осуществляющие управление: Новая Зеландия, Норвегия.	77°11' ю.ш., 154°32' з.д.	Мера 4 (1995)
67.	Каменное убежище «Гранитный дом» (мыс Джеолоджи, бухта Гранит). Это убежище было сооружено в 1911 г. как полевая кухня членов второй геологической экскурсии Гриффита Тэйлора в составе Британской антарктической экспедиции 1910-1913 гг. С трех сторон ее защищали стены из гранитных валунов, а крышу из шкур тюленей поддерживали сани. Каменные стены убежища частично обрушились. Внутри убежища находятся проржавевшие остатки консервных банок, шкура тюленя и обрывки веревок. Сани сейчас находятся на ближе к морю в 50 м от убежища и представляют собой несколько разбросанных кусков дерева, обрывков ремней и пряжек. Этот участок входит в состав ООРА № 154. Стороны-авторы предложения: Новая Зеландия, Норвегия, Великобритания. Стороны, осуществляющие управление: Новая Зеландия, Великобритания.	77°00' ю.ш., 162°32' в.д.	Мера 4 (1995)
68.	Место бывшего склада в районе морены Хеллз Гейт (о-в Инекспрессибл, залив Терра-Нова). На этом складе, созданном в качестве аварийного запаса, находились сани, нагруженные припасами и оборудованием, которые были размещены здесь 25 января 1913 г. Британской антарктической экспедицией 1910-1913 гг. Сани и припасы были вывезены в 1994 г. в целях предотвращения их дальнейшего разрушения. Стороны-авторы предложения: Новая Зеландия/Норвегия/ Великобритания Стороны, осуществляющие управление: Новая Зеландия/ Великобритания	74°52' ю.ш., 163°50' в.д.	Мера 4 (1995)

№	Описание	Местонахождение	Наименование / поправки
69.	Столб для сообщений на мысе Крозиер (п-ов Росса), установленный 22 января 1902 г. членами экспедиции капитана Роберта Ф. Скотта, прибывшими на судне «Дискавери» (1901-1904 гг.). Он служил для передачи информации судам, которые шли на помощь экспедиции, и к нему был привязан металлический цилиндр для сообщений, которого сейчас нет. Этот участок входит в состав ООРА № 124 Стороны-авторы предложения: Новая Зеландия, Норвегия, Великобритания. Стороны, осуществляющие управление: Новая Зеландия, Великобритания.	77°27' ю.ш., 169°16' в.д.	Мера 4 (1995)
70.	Столб для сообщений на мысе Уодуэрт (о-в Коулмен). Это металлический цилиндр, прибитый к красному шесту на высоте 8 м над уровнем моря, который был установлен капитаном Робертом Ф. Скоттом 15 января 1902 г. Для того, чтобы шест был более заметным, он раскрасил скалы, которые находятся сзади шеста, в красный и белый цвет. Стороны-авторы предложения: Новая Зеландия, Норвегия, Великобритания. Стороны, осуществляющие управление: Новая Зеландия,,Великобритания.	73°19' ю.ш., 169°47' в.д.	Мера 4 (1995)
71.	Залив Уэйлерс (о-в Десепшен (Тейля), Южные Шетландские о-ва). В состав этого участка входят остатки всех объектов, которые находились на берегу залива Уэйлерс до 1970 г., включая объекты, относящиеся к началу китобойного промысла (1906-1912 гг.), инициатором которого стал капитан Адольфус Андресен, основатель чилийской компании «Сосьедад Балленера де Магалланес»; остатки норвежской китобойной станции «Гектор», основанной в 1912 г., и все артефакты, связанные с деятельностью этой станции, просуществовавшей до 1931 г.; место бывшего кладбища с 35 захоронениями и памятником десяти китобоям, погибшим в море; объекты, относящиеся к периоду научной и картографической деятельности Великобритании в этом районе (1944-1969 гг.). Кроме того, этот участок утверждает и увековечивает историческое значение других событий, которые происходили в этом районе и от которых не осталось никаких следов. Стороны-авторы предложения: Чили, Норвегия. Стороны, осуществляющие управление: Чили, Норвегия, Великобритания.	62°59' ю.ш., 60°34' з.д.	Мера 4 (1995)
72.	Каменная пирамида Миккельсена (о-ва Трюне, оазис Вестфолл). Пирамида и деревянная мачта, сооруженные высадившейся на берег группой под руководством капитана Клариуса Миккельсена с норвежского китобойного судна «Торншафн»; в составе этой группы была Каролин Миккельсен, жена капитана Миккельсена, первая женщина, вступившая на землю Восточной Антарктиды. Пирамида была обнаружена полевыми партиями Австралийской государственной антарктической научной экспедиции в 1957 г., а затем в 1995 г. Стороны-авторы предложения: Австралия, Норвегия. Стороны, осуществляющие управление: Австралия, Норвегия.	68°22' ю.ш., 78°24' в.д.	Мера 2 (1996)

№	Описание	Местонахождение	Наименование / поправки
73.	Крест в память жертв авиакатастрофы в районе горы Эребус (бухта Льюис, п-ов Росса), случившейся в 1979 г. Крест из нержавеющей стали, который был установлен в январе 1987 г. на скалистом мысе в трех километрах от места авиакатастрофы на горе Эребус в память 257 людей различных национальностей, погибших, когда их самолет врезался в нижние склоны горы Эребус (п-ов Росса). Крест был установлен как знак уважения и в память жертв этой трагедии. Сторона-автор предложения: Новая Зеландия. Сторона, осуществляющая управление: Новая Зеландия.	77°25' ю.ш., 167°27' в.д.	Мера 4 (1997)
74.	Безымянная бухта на юго-западном берегу о-ва Элефант (Мордвинова), включая береговую полосу, заливаемую приливом, и литоральную зону, где находятся остатки потерпевшего крушение большого деревянного парусного судна. Сторона-автор предложения: Великобритания. Сторона, осуществляющая управление: Великобритания.	61°14' ю.ш., 55°22' з.д.	Мера 2 (1998)
75.	Хижина «А» на станции Скотт-Бейс, которая является единственным зданием в Антарктиде, оставшимся от Трансантарктической экспедиции 1956/1957 гг.; находится на мысе Прам. (п-ов Росса, регион моря Росса, Антарктика). Сторона-автор предложения: Новая Зеландия. Сторона, осуществляющая управление: Новая Зеландия.	77°51' ю.ш., 166°46' в.д.	Мера 1 (2001)
76.	Развалины станции Агирре-Серда, бывшего чилийского метеорологического и вулканологического центра, которая находилась в бухте Пендулум (о-в Десепшен (Тейля), Антарктика) и была разрушена в результате извержений вулкана в 1967 и 1969 гг. Сторона-автор предложения: Чили. Сторона, осуществляющая управление: Чили.	62°59' ю.ш., 60°40' з.д.	Мера 2 (2001)
77.	«Мыс Денисон» (бухта Коммонуэлт, Берег Георга V), включая бухту Боут и исторические артефакты, которые находятся в ее водах. Участок находится на территории ОУРА № 3, определенного на основании Меры 1 (2004). Часть территории этого участка также находится в пределах ООРА № 162, определенного на основании Меры 2 (2004). Сторона-автор предложения: Австралия. Сторона, осуществляющая управление: Австралия.	67°00'30" ю.ш., 142°39'40" в.д.	Мера 3 (2004)
78.	Мемориальная доска на мысе Индия (горы Гумбольдта, массив Вольтат, центральная часть Земли Королевы Мод), установленная в память трех ученых Геологической службы Индии (ГРИ) и связиста ВМФ Индии – членов Девятой Индийской антарктической экспедиции – погибших в этом горном лагере в результате несчастного случая 8 января 1990 г. Страна-автор предложения: Индия. Страна, осуществляющая управление: Индия.	71°45'08" ю.ш., 11°12'30" в.д.	Мера 3 (2004)

№	Описание	Местонахождение	Наименование / поправки
79.	Хижина «Лили Марлен» (гора Докери, гряда Эверетт, северная часть Земли Виктории). Хижина «Лили Марлен» была сооружена для оказания содействия германской антарктической экспедиции на север Земли Виктории 1979/1980 гг. (ГАНОВЕКС I). Хижина, которая представляет собой жилое помещение из готовых стекловолоконных блоков с теплоизоляцией из пенополиуретана, берет свое название от ледника Лили и песенки «Лили Марлен». Хижина тесно связана с драматической историей экспедиционного судна «Готланд II», затонувшего во время экспедиции ГАНОВЕКС II в декабре 1981 г. Сторона-автор предложения: Германия. Сторона, осуществляющая управление: Германия.	71°12' ю.ш., 164°31' в.д.	Мера 5 (2005)
80.	Палатка Амундсена. Палатка была установлена на широте 90° группой норвежских исследователей под руководством Роальда Амундсена после того, как они достигли Южного полюса 14 декабря 1911 г. В настоящее время палатка погребена под слоем снега и льда в районе Южного полюса. Сторона-автор предложения: Норвегия. Сторона, осуществляющая управление: Норвегия.	в районе 90° ю.ш.	Мера 5 (2005)
81.	Роше-дю-Дебаркеман (Причальная скала) – это небольшой остров, на котором адмирал Дюмон д'Юрвиль с командой высадился 21 января 1840 года, когда он открыл Землю Адели. Сторона-автор предложения: Франция. Сторона, осуществляющая управление: Франция.	66°36.30' ю.ш., 140°03,85' в.д.	Мера 3 (2006)
82.	Монумент в честь Договора об Антарктике и мемориальная доска. Данный монумент установлен вблизи станций Фрей (Теньенте-Родольфо-Марш), Беллинсгаузен и Эскудеро на полуострове Файлдс острова Кинг-Джордж (Ватерлоо (25 мая-Чили). Мемориальная доска, установленная у подножия монумента, посвящена государствам, подписавшим Договор об Антарктике. На монументе установлено 4 мемориальные доски с надписями на официальных языках Договора об Антарктике. Мемориальные доски были установлены в феврале 2011 г. и имеют следующее содержание: «Данный исторический памятник, посвященный государствам, подписавшим Договор об Антарктике в Вашингтоне, округ Колумбия, в 1959 г. является также напоминанием о наследии Первого и Второго международных полярных годов (1882-1883 гг. и 1932-1931 гг.) и Международного геофизического года (1957-1958 гг.), предшествовавшего подписанию Договора об Антарктике, а также напоминает о наследии международного сотрудничества, способствовавшего проведению Международного полярного года 2007-2008 гг.». Автором данного монумента является Джозеф В. Пирсон, гражданин США, предложивший монумент Чили. Он был открыт в 1999 г. в ознаменование 40-й годовщины подписания Договора об Антарктике.[22] Сторона-автор предложения: Чили. Сторона, осуществляющая управление: Чили.	62°12′01″ ю.ш., 58°57′41″ з.д.,	Мера 3 (2007) Мера 11 (2011)

№	Описание	Местонахождение	Наименование / поправки
83.	База W (станция Детай-Айленд) (остров Детай, фьорд Лальман, Берег Лубе). База «W» расположена на узком перешейке на северной оконечности острова Детай (фьорд Лальман, Берег Лубе). Здесь находится хижина и ряд связанных с ней сооружений и служебных построек, включая небольшой аварийный склад, загоны для сук и щенков, анемометрическую вышку и две типовых стальных трубы, выполнявших функцию радиомачт (одна находится к юго-западу от основной хижины, вторая – к востоку от нее). База W (станция Детай-Айленд) была создана в 1956 г. как британская научная база, предназначенная, главным образом, для осуществления геодезических съемок, геологических и метеорологических исследований и содействия в проведении МГГ 1957 года. Как относительно нетронутая база конца 1950-х годов, база W является важным памятником науки и быта того периода, когда 50 лет назад был подписан Договор об Антарктике. Сторона-автор предложения: Великобритания. Сторона, осуществляющая управление: Великобритания.	66°52' ю.ш., 66°48' з.д.	Мера 14 (2009)
84.	Хижина на мысе Дамой (залив Дориан, о-в Винке, архипелаг Палмер). На этой территории есть хорошо сохранившаяся хижина, в которой находятся научное оборудование и прочие артефакты. Она расположена на мысе Дамой в заливе Дориан (о-в Винке, архипелаг Палмер). Хижина была построена в 1973 г. и в течение ряда лет использовалась как британская летняя авиабаза и транзитная станция для размещения научного персонала. В последний раз люди жили в ней в 1993 г. Сторона-автор предложения: Великобритания. Сторона, осуществляющая управление: Великобритания.	64°49' ю.ш., 63°31' з.д.	Мера 14 (2009)
85.	Мемориальная доска, посвященная атомной электростанции (Nuclear Power Plant PM-3A), на станции Мак-Мёрдо. Мемориальная доска имеет размеры примерно 18 x 24 дюймов, отлита из бронзы и закреплена на большой отвесной скале на территории станции Мак-Мёрдо, где раньше находился ядерный реактор РМ-3А. Она расположена на западном склоне горы Обсервейшен примерно на полпути к вершине. Надпись на мемориальной доске рассказывает о достижениях атомной электростанции РМ-3А, которая была первой атомной электростанцией в Антарктике. Сторона-автор предложения: США. Сторона, осуществляющая управление: США.	77°51' ю.ш., 166°41' в.д.	Мера 15 (2010)
86.	Здание № 1 на станции Чаньчэнчжань (Грейт-Уолл). Здание № 1 общей площадью 175 кв. м, построенное в 1985 г., расположено в центре китайской антарктической станции «Великая стена» на полуострове Файлдс острова Кинг-Джордж (Ватерлоо) (Южные Шетландские острова, Западная Антарктика). Здание ознаменовало начало антарктических исследований Китая в 1980-х гг. и поэтому имеет большое значение как напоминание о китайской антарктической экспедиции. Сторона-автор предложения: Китай. Сторона, осуществляющая управление: Китай.	62°13'4" ю.ш, 58°57'44" з.д.	Мера 12 (2011)

№	Описание	Местонахождение	Наименование / поправки
87.	Месторасположение первой постоянно действующей немецкой антарктической исследовательской станции Георг-Форстер в оазисе Ширмахера, Земля Королевы Мод. Первоначальный участок находится в оазисе Ширмахера и отмечен мемориальной бронзовой доской с надписью на немецком языке: Antarktisstation Georg Forster 70° 46'39'' S 11° 51'03'' E von 1976 bis 1996 Доска хорошо сохранилась и прикреплена к каменной стене на южной оконечности месторасположения. Эта антарктическая исследовательская станция была открыта 21 апреля 1976 года и закрыта в 1993 году. Весь участок был полностью очищен после успешного завершения демонтажа станции 12 февраля 1996 года. Этот участок расположен примерно в 1,5 км на восток от действующей российской антарктической исследовательской станции Новолазаревская. Сторона-автор предложения: Германия. Сторона, осуществляющая управление: Германия.	70°46'39'' ю.ш., 11°51'03'' в.д.; Возвышение: 141 метр над уровнем моря	Мера 18 (2013)
88.	Здание бурового комплекса имени профессора Кудряшова. Здание бурового комплекса было построено летом 1983-84 года. Под руководством профессора Бориса Кудряшова были получены многовековые образцы материкового льда. Сторона-автор предложения: Российская Федерация. Сторона, осуществляющая управление: Российская Федерация.	78°28' ю.ш., 106°48' в.д., на высоте над уровнем - 3488 м	Мера 19 (2013)
89.	Экспедиция «Терра Нова 1910-1912», верхний "Вершинный лагерь", который использовался во время исследования горы Эребус в декабре 1912 года. Месторасположение лагеря включает часть круга из камней, которые, скорее всего, использовались для удержания балдахина палатки. Территория лагеря использовалась группой ученых из научной экспедиции «Терра Нова» капитана Скотта, которая проводила картографирование и собрала геологическое образцы горы Эребус в декабре 1912 года. Стороны-авторы предложения: Великобритания, Новая Зеландия и Соединенные Штаты. Управляющие Стороны: Великобритания, Новая Зеландия и Соединенные Штаты.	77°30.348' ю.ш., 167°10.223' в.д. (около 3,410 м над уровнем моря)	Мера 20 (2031)

№	Описание	Местонахождение	Наименование / поправки
90.	Экспедиция «Терра Нова 1910-1912», нижний "Лагерь Е", который использовался во время исследования горы Эребус в декабре 1912 года. Месторасположение лагеря представляет собой слегка приподнятый район галечника и включает несколько выстроенных в ряд камней, которые, вероятно, использовались для удержания балдахина палатки. Территория лагеря использовалась группой ученых из научной экспедиции «Терра Нова» капитана Скотта, которая проводила картографирование и собрала геологическое образцы горы Эребус в декабре 1912 года. Месторасположение 77° 30.348'ю.ш., 167° 9.246'в.д. (около 3 410 м над уровнем моря) Стороны-авторы предложения: Великобритания, Новая Зеландия и Соединенные Штаты. Управляющие Стороны: Великобритания, Новая Зеландия и Соединенные Штаты.	77°30.348' ю.ш., 167°9.246' в.д. (около 3,410 м над уровнем моря)	Мера 21 (2013)
91.	Хромоногая хижина на болгарской станции Святой Климент Охридский (остров Ливингстон (Смоленск). Хромоногая хижина была построена в апреле 1988 года и использовалась в качестве основного здания на станции Святой Климент Охридский до 1998 года. В настоящее время это самое старое сохранившееся здание на острове Ливингстон (Смоленск), использующееся в качестве радиорубки и почтового отделения. В нем также расположена музейная выставка артефактов раннего периода деятельности Болгарии по осуществлению научных исследований и материально-технического обеспечения в Антарктике Сторона-автор предложения: Болгария. Сторона, осуществляющая управление: Болгария.	62°38'29" ю.ш., 60°21'53" з.д.	Мера 19 (2015 г.)
92.	Тяжелый гусеничный снегоход «Харьковчанка», эксплуатировавшийся в Антарктике с 1959 по 2010 гг. Тяжелый гусеничный снегоход «Харьковчанка» был сконструирован и произведен на харьковском Заводе тяжелого машиностроения имени Малышева специально для внутриматериковых походов в Антарктике с использованием санно-гусеничных поездов. Вездеход был первым несерийным транспортным средством советской машиностроительной промышленности, и был произведен специально для работы в Антарктике. Этот вездеход никогда не эксплуатировался за пределами Антарктики. «Харьковчанка» СТТ является уникальным, исторически значимым образцом инженерно-конструкторской разработки, специально предназначенной для исследования Антарктики. Сторона-автор предложения: Российская Федерация. Сторона, осуществляющая управление: Российская Федерация.	69°22'41,0" ю.ш., 76°22'59,1" в.д.	Мера 19 (2015 г.)

2. Решения

Пересмотренные Правила процедуры Консультативного совещания по Договору об Антарктике (2015 г.): Комитеты и Рабочие группы

Представители,

на основании Решения 2 *(2011 г.) Пересмотренные Правила процедуры Консультативного совещания по Договору об Антарктике (2011 г.); пересмотренные Правила процедуры Комитета по охране окружающей среды (2011 г.); Руководство по представлению, переводу и распространению документов КСДА и КООС;*

считая, что введение временного порядка формирования и задействования Рабочих групп в конце каждого Консультативного совещания по Договору об Антарктике (КСДА) будет способствовать повышению эффективности КСДА;

отмечая необходимость обновления Пересмотренных Правил процедуры Консультативного совещания по Договору об Антарктике (2011 г.);

принимают решение заменить Пересмотренные Правила процедуры Консультативного совещания по Договору об Антарктике (2011 г.), приложенные к Решению 2 (2011 г.), Пересмотренными Правилами процедуры Консультативного совещания по Договору об Антарктике (2015 г.), прилагаемыми к настоящему Решению.

Пересмотренные правила процедуры Консультативного совещания по Договору об Антарктике (2015 г.)

1. Совещания, проводимые в соответствии со Статьей IX Договора об Антарктике, называются Консультативными совещаниями по Договору об Антарктике. Договаривающиеся Стороны, имеющие право на участие в этих Совещаниях, называются «Консультативные стороны»; другие Договаривающиеся Стороны, которые могут быть приглашены для участия в этих Совещаниях, называются «Неконсультативные стороны». Исполнительный секретарь Секретариата Договора об Антарктике называется «Исполнительный секретарь».

2. Представители Комиссии по сохранению морских живых ресурсов Антарктики, Научного комитета по антарктическим исследованиям и Совета управляющих национальных антарктических программ, приглашенные на эти Совещания в соответствии с Правилом 31, называются «Наблюдатели».

Представительство

3. Каждая Консультативная сторона представлена делегацией, состоящей из Представителя, а также Заместителей представителя, Советников и других лиц, участие которых каждое Государство сочтет необходимым. Каждая Неконсультативная сторона, приглашенная на Консультативное совещание, представлена делегацией, состоящей из Представителя и лиц, участие которых она сочтет необходимым, в количественных пределах, которые могут периодически устанавливаться Правительством принимающей Стороны по согласованию с Консультативными сторонами. Комиссия по сохранению морских живых ресурсов Антарктики, Научный комитет по антарктическим исследованиям и Совет управляющих национальных антарктических программ должны быть представлены, соответственно, своим Председателем или Президентом или другими лицами, назначенными для этой цели. Фамилии членов делегаций и Наблюдателей сообщаются Правительству принимающей Стороны до открытия Совещания.

4. Делегации указываются в алфавитном порядке на языке Стороны, принимающей Совещание, причем все делегации Неконсультативных сторон следуют за делегациями Консультативных сторон, а все делегации Наблюдателей следуют за Неконсультативными сторонами.

Должностные лица

5. Представитель Правительства принимающей Стороны является Временным председателем Совещания и выполняет председательские функции до тех пор, пока Совещание не изберет Председателя.

6. На вступительном заседании от одной из Консультативных сторон избирается Председатель. Представители других Консультативных сторон выступают в качестве Заместителей председателя в порядке очередности проведения Совещаний. Председатель обычно председательствует на всех пленарных заседаниях. Если он отсутствует на заседании или на его части, то на таком заседании на основе ротации и в алфавитном порядке, как это определено в Правиле 4, председательствуют Заместители председателя.

Секретариат

7. Исполнительный секретарь исполняет функции Секретаря Совещания. Он (она) отвечает за обеспечение административно-технической поддержки Совещания при содействии Правительства принимающей Стороны, как это предусмотрено в Статье 2 Меры 1 (2003), применяемой на временной основе в соответствии с Решением 2 (2003) до вступления в силу Меры 1.

Заседания

8. Первое пленарное заседание является открытым, остальные заседания являются закрытыми, если Совещание не примет иного решения.

Комитеты и Рабочие группы

9. В целях содействия своей работе Совещание может создавать комитеты, которые оно сочтет необходимыми для осуществления своих функций, и определять круг их полномочий.

10. Работа комитетов осуществляется в соответствии с Правилами процедуры Совещания, за исключением случаев, когда они неприменимы.

11. Совещание или созданные им комитеты могут создавать Рабочие группы для рассмотрения различных вопросов повестки дня. В конце каждого Консультативного Совещания при принятии предварительной повестки дня следующего Совещания (в соответствии с положениями Правила 36) Совещание определяет предварительный порядок формирования и задействования Рабочих групп. Данный порядок включает в себя:

a) формирование Рабочей группы (Рабочих групп) для следующего Совещания;

b) назначение Председателя Рабочей группы (Председателей Рабочих групп);

c) определение пунктов повестки дня для каждой Рабочей группы.

При принятии Совещанием решения о целесообразности создания Рабочих групп на срок более одного года Председатели этих Рабочих групп сразу же могут назначаться на срок, соответствующий одному или двум очередным Совещаниям. В последующем срок назначения Председателей Рабочих групп может продлеваться еще на один или два года, но не может составлять более четырех лет подряд для одной и той же Рабочей группы.

Если Совещание не может назначить Председателей Рабочих групп для следующего Совещания, таковые назначаются в начале следующего Совещания.

Регламент

12. Две трети представителей Консультативных сторон, принимающих участие в Совещании, составляют кворум.

13. Председатель осуществляет свои должностные полномочия в соответствии с обычной практикой. Он следит за соблюдением Правил процедуры и поддержанием надлежащего порядка. Исполняя свои функции, Председатель остается подотчетным Совещанию.

14. В соответствии с Правилом 28 ни один Представитель не может выступать на Совещании без предварительного разрешения Председателя, а Председатель предоставляет делегатам слово в том порядке, в котором они заявили о своем желании выступить. Председатель может призвать выступающего к порядку, если его замечания не имеют отношения к обсуждаемому предмету.

15. Во время обсуждения любого вопроса Представитель Консультативной стороны может попросить слово по порядку ведения, и решение по порядку ведения принимается Председателем незамедлительно в соответствии с Правилами процедуры. Представитель Консультативной стороны может опротестовать решение Председателя. Протест незамедлительно выносится на голосование, и решение Председателя остается в силе в том случае, если оно не отклоняется большинством голосов Представителей Консультативных сторон, присутствующих на заседании и участвующих в голосовании. Представитель Консультативной стороны, взявший слово по порядку ведения, не должен выступать по сути обсуждаемого вопроса.

16. Совещание может ограничить время, отведенное каждому выступающему, а также число выступлений по любому вопросу. Если дебаты были ограничены таким образом, а Представитель исчерпал время, отведенное на его выступление, Председатель незамедлительно призывает его к порядку.

17. Во время обсуждения любого вопроса Представитель Консультативной стороны может внести предложение о том, чтобы отложить его обсуждение. Помимо предложившей Стороны, Представители двух Консультативных сторон имеют право выступить за такое предложение и еще двух – против него, после чего предложение незамедлительно ставится на голосование. Председатель может ограничить время, отведенное тем, кто выступает в соответствии с настоящим Правилом.

18. Представитель Консультативной стороны может в любое время внести предложение о том, чтобы завершить обсуждение какого-либо вопроса, независимо от того, изъявил ли желание выступить какой-либо другой Представитель. Разрешение выступить по вопросу о завершении обсуждения дается только Представителям

двух Консультативных сторон, выступающим против его завершения, после чего предложение незамедлительно ставится на голосование. Если Совещание примет решение о прекращении обсуждения, Председатель должен объявить дискуссию завершенной. Председатель может ограничить время, отведенное тем, кто выступает в соответствии с настоящим Правилом. (Это Правило не распространяется на обсуждения в комитетах.)

19. Во время обсуждения любого вопроса Представитель Консультативной стороны может внести предложение о том, чтобы приостановить или прервать работу Совещания. Такие предложения не выносятся на обсуждение, а незамедлительно ставятся на голосование. Председатель может ограничить время, отведенное тому, кто выступил с предложением приостановить или прервать работу Совещания.

20. При условии соблюдения Правила 15, перечисленные далее предложения имеют приоритет перед всеми другими предложениями, внесенными на рассмотрение Совещания, в указанном порядке убывания приоритета:

a)   приостановить Совещание;

b)   прервать Совещание;

c)   отложить дебаты по обсуждаемому вопросу;

d)   завершить дебаты по обсуждаемому вопросу.

21. Решения Совещания по всем процедурным вопросам принимаются большинством голосов Представителей Консультативных сторон, участвующих в Совещании, причем каждый из них имеет один голос.

Языки

22. Официальными языками Совещания являются английский, испанский, русский и французский языки.

23. Любой Представитель может выступить на языке, не входящим в число официальных. Однако в этом случае он должен обеспечить синхронный перевод своего выступления на один из официальных языков.

Меры, Решения. Резолюции и Заключительный отчет

24. Без ущерба для Правила 21 Меры, Решения и Резолюции, о которых идет речь в Решении 1 (1995), принимаются Представителями всех присутствующих Консультативных сторон и в дальнейшем регулируются положениями Решения 1 (1995).

25. В Заключительном отчете содержится также краткое изложение хода работы Совещания. Он утверждается большинством голосов Представителей присутствующих Консультативных сторон, а Исполнительный секретарь направляет его на рассмотрение Правительствам всех Консультативных и Неконсультативных сторон, которые были приглашены принять участие в Совещании.

26. Несмотря на Правило 25, сразу после окончания Консультативного совещания Исполнительный секретарь уведомляет все Консультативные стороны обо всех принятых Мерах, Решениях и Резолюциях и направляет им заверенные копии окончательных формулировок на соответствующем языке Совещания. В отношении любой Меры, принятой в соответствии с процедурами, предусмотренными в Статьях 6 или 8 Приложения V к Протоколу, в соответствующем уведомлении указывается также срок, отведенный для ее утверждения этой Меры.

Неконсультативные стороны

27. Представители Неконсультативных сторон, приглашенные на Консультативное совещание, могут присутствовать:

    a)   на всех пленарных заседаниях Совещания; и

    b)   на заседаниях всех официальных Комитетов или Рабочих групп, в состав которых входят все Консультативные стороны, если Представитель Консультативной стороны не потребует иного в каком-либо конкретном случае.

28. Соответствующий Председатель может предложить Представителю Неконсультативной стороны выступить на Совещании, заседании Комитета или Рабочей группы, на котором он присутствует, если Представитель какой-либо Консультативной стороны не потребует иного. При этом Председатель должен всегда отдавать приоритет Представителям Консультативных сторон, которые выражают желание выступить, и, предлагая Представителям Неконсультативных сторон выступить на Совещании, может ограничить время, отведенное каждому выступающему, и число выступлений по любому вопросу.

29. Неконсультативные стороны не имеют права участвовать в принятии решений.

30.

    a)   Неконсультативные стороны могут представлять в Секретариат документы для распространения на Совещании в качестве информационных документов. Такие документы должны иметь отношение к вопросам, обсуждаемым на Совещании во время заседания Комитетов.

    b)   Если Представитель Консультативной стороны не потребует иного, такие документы распространяются только на языке или языках, на которых они были представлены.

Наблюдатели в системе Договора об Антарктике

31. Наблюдатели, упомянутые в Правиле 2, присутствуют на Совещании с конкретной целью представления Докладов по следующим вопросам:

    a)   в случае Комиссии по сохранению морских живых ресурсов Антарктики – развитие событий в сфере ее компетенции;

b) в случае Научного комитета по антарктическим исследованиям:

    i) деятельность СКАР в целом;

    ii) вопросы, относящиеся к компетенции СКАР в соответствии с Конвенцией о сохранении антарктических тюленей;

    iii) публикации и отчеты, которые могли быть опубликованы или подготовлены в соответствии с Рекомендациями IX-19 и VI-9, соответственно;

c) в случае Совета управляющих национальных антарктических программ – деятельность в сфере его компетенции.

32. Наблюдатели могут присутствовать:

a) на пленарных заседаниях Совещания, на которых рассматривается соответствующий Доклад;

b) на заседаниях официальных Комитетов или Рабочих групп, в состав которых входят все Договаривающиеся Стороны, где рассматривается соответствующий Доклад, если Представитель Консультативной Стороны не потребует иного в каком-либо конкретном случае.

33. После представления соответствующего Доклада Председатель соответствующего заседания может предложить Наблюдателю еще раз выступить на Совещании, на котором рассматривается этот Доклад, если Представитель Консультативной стороны не потребует иного. Председатель может ограничить время, отведенное для таких выступлений.

34. Наблюдатели не имеют права участвовать в принятии решений.

35. Наблюдатели могут представить в Секретариат свой Доклад и/или документы, относящиеся к обсуждаемым в нем вопросам, для распространения на Совещании в качестве рабочих документов.

Повестка дня Консультативного совещания

36. В конце каждого Консультативного совещания Правительство принимающей Стороны готовит предварительную повестку дня следующего Консультативного совещания. Если Совещание утверждает предварительную повестку дня следующего Совещания, она прилагается к Заключительному отчету Совещания.

37. Любая Договаривающаяся Сторона может предложить дополнительные вопросы для включения в предварительную повестку дня предстоящего Консультативного совещания, сообщив об этом Правительству принимающей Стороны не позднее, чем за 180 дней до начала Совещания; каждое такое предложение должно сопровождаться пояснительной запиской. Правительство принимающей Стороны обращает внимание всех Договаривающихся Сторон на это Правило не позднее, чем за 210 дней до начала Совещания.

38. Правительство принимающей Стороны готовит проект повестки дня Консультативного совещания. В состав проекта повестки дня входят:

a)   все вопросы, включенные в предварительную повестку дня, принятую в соответствии с Правилом 36; и

b)   все вопросы, включение которых было предложено какой-либо Договаривающейся Стороной в соответствии с Правилом 37.

Не позднее, чем за 120 дней до Совещания Правительство принимающей Стороны направляет всем Договаривающимся Сторонам проект повестки дня вместе с пояснительными записками и другими относящимися к ней документами.

Эксперты от международных организаций

39. В конце каждого Консультативного совещания Совещание решает, каким международным организациям, имеющим научные или технические интересы в Антарктике, нужно предложить назначить экспертов для участия в предстоящем Совещании, чтобы они оказали содействие в его работе по существу.

40. Любая Договаривающаяся Сторона может впоследствии предложить направить приглашение в другие международные организации, имеющие научные или технические интересы в Антарктике, чтобы они оказали содействие Совещанию в его работе по существу; каждое такое предложение направляется Правительству принимающей Стороны не позднее, чем за 180 дней до начала Совещания и сопровождается запиской с изложением оснований для такого предложения.

41. Правительство принимающей Стороны направляет эти предложения всем Договаривающимся Сторонам в соответствии с процедурой, изложенной в Правиле 38. Любая Консультативная Сторона, у которой имеются возражения против такого предложения, должна заявить об этом не позднее, чем за 90 дней до начала Совещания.

42. Если такие возражения не поступили, Правительство принимающей Стороны направляет приглашения международным организациям, определенным согласно Правилам 39 и 40, и просит каждую международную организацию сообщить фамилию назначенного эксперта Правительству принимающей Стороны до открытия Совещания. Все такие эксперты могут присутствовать на Совещании при рассмотрении всех вопросов, за исключением тех, которые относятся к работе Системы Договора об Антарктике и были определены на предыдущем Совещании или после принятия повестки дня.

43. Соответствующий Председатель с согласия всех Консультативных сторон может предложить эксперту выступить на Совещании, на котором он присутствует. Председатель должен всегда отдавать приоритет Представителям Консультативных или Неконсультативных сторон или Наблюдателям, упомянутым в Правиле 31, которые выразили желание выступить, и, предоставляя слово эксперту, может

ограничить время, отведенное на его выступление, и число выступлений по любому вопросу.

44. Эксперты не имеют права участвовать в принятии решений.

45.

a) Эксперты могут представлять в Секретариат документы, относящиеся к соответствующему пункту повестки дня, для их распространения на Совещании в качестве информационных документов.

b) Если Представитель Консультативной стороны не потребует иного, такие документы распространяются только на том языке или языках, на которых они были представлены.

46. В межсессионный период Исполнительный секретарь, действуя в пределах своей компетенции, как это установлено Мерой 1 и соответствующими актами, регулирующими деятельность Секретариата, проводит консультации с Консультативными сторонами, когда это юридически необходимо в рамках соответствующих актов КСДА и когда неотложные обстоятельства требуют принятия мер до начала следующего КСДА, с соблюдением следующей процедуры:

a) Исполнительный секретарь направляет соответствующую информацию и любые предлагаемые меры всем Консультативным сторонам через назначенных ими контактных лиц с указанием необходимого срока представления ответов;

b) Исполнительный секретарь должен убедиться в том, что все Консультативные стороны подтвердили получение такой информации, а также в том, что в списке контактных лиц содержатся самые последние данные;

c) Каждая Консультативная сторона рассматривает данный вопрос и к указанному сроку направляет Исполнительному секретарю ответ, если таковой имеется, через соответствующее контактное лицо;

d) Исполнительный секретарь, сообщив Консультативным сторонам о результатах консультаций, может приступить к осуществлению предлагаемых мер, если ни у одной Консультативной стороны нет никаких возражений; и

e) Исполнительный секретарь ведет учет межсессионных консультаций, включая их результаты и принятые им/ею меры, и отражает эти результаты и меры в своем отчете, представленном на рассмотрение КСДА.

Межсессионные консультации

47. В межсессионный период при получении информационного запроса о деятельности КСДА от международной организации, имеющей научный или технический интерес в Антарктике, Исполнительный секретарь должен скоординировать ответ по следующей процедуре:

a)   Исполнительный секретарь должен направить запрос и первый проект ответа всем Консультативным сторонам через указанных ими контактных лиц с предложением предоставить ответ на запрос и указанием соответствующей даты, к которой Консультативные стороны должны либо (1) сообщить о нецелесообразности ответа, либо (2) предоставить комментарии к первому проекту ответа.

Указанная дата должна предусматривать разумное количество времени для предоставления комментариев с учётом сроков, установленных в первоначальных информационных запросах.

Если какая-либо Консультативная сторона сообщит о нецелесообразности ответа, Исполнительный секретарь должен отправить только формальный ответ, подтверждающий получение запроса, без рассмотрения существа вопроса.

b)   Если возражения по существу отсутствуют и до даты, указанной в запросе, о котором говорится выше в пункте (a), предоставлены комментарии, Исполнительный секретарь должен переработать ответ с учётом комментариев и направить переработанный ответ всем Консультативным сторонам с указанием соответствующей даты, к которой требуется предоставление ответов;

c)   Если до даты, указанной в запросе, о котором говорится выше в пункте (b), предоставляются какие-либо дополнительные комментарии, Исполнительный секретарь должен повторять процедуру, описанную выше в пункте (b), до тех пор пока поступление комментариев не закончится;

d)   Если до даты, указанной в запросе, о котором говорится выше в пунктах (a), (b) или (c), комментарии не предоставляются, Исполнительный секретарь должен разослать всем окончательный вариант с запросами, как оперативного цифрового подтверждения в электронном виде «прочитано», так и и оперативного подтверждения в электронном виде «одобрено» от каждой Консультативной стороны с указанием даты, к которой подтверждение «одобрено» должно быть получено. Исполнительный секретарь должен осведомлять Консультативные стороны о ходе поступления подтверждений.

После получения подтверждения «одобрено» от всех Консультативных сторон Исполнительный секретарь должен от имени всех Консультативных сторон подписать и отправить ответ заинтересованной международной организации и предоставить копию подписанного ответа всем Консультативным сторонам.

e)   На любом этапе данного процесса любая Консультативная сторона может попросить большее количество времени на рассмотрение вопроса.

f)   На любом этапе данного процесса любая Консультативная сторона может сообщить о нецелесообразности предоставления ответа на запрос. В таком случае Исполнительный секретарь должен отправить только формальный ответ, подтверждающий получение запроса, без рассмотрения существа вопроса.

Документы совещания

48. Рабочими документами должны называться документы, представленные Консультативными сторонами, которые требуют обсуждения и принятия решений на Совещании, а также документы, представленные Наблюдателями согласно положениям Правила 2.

49. Документами Секретариата должны называться документы, подготовленные Секретариатом согласно мандату, установленному на Совещании, или документы, которые, по мнению Исполнительного секретаря, помогут информировать участников Совещания или содействовать его проведению.

50. Информационными документами должны называться:

- документы, представленные Консультативными сторонами или Наблюдателями, в которых содержится информация в поддержку какого-либо Рабочего документа или информация, которую необходимо обсудить на Совещании;

- документы, представленные Неконсультативными сторонами, которые необходимо обсудить на Совещании;

- документы, представленные Экспертами, которые необходимо обсудить на Совещании.

51. Вспомогательными документами должны называться документы, представленные любым участником, которые не будут вноситься на рассмотрение на Совещании и представлены с целью формального предоставления информации.

52. Руководство по представлению, переводу и распространению документов прилагается к настоящим Правилам процедуры.

Поправки

53. Настоящие Правила процедуры могут быть изменены двумя третями голосов Представителей Консультативных сторон, принимающих участие в Совещании. Настоящее Правило не распространяется на Правила 24, 27, 29, 34, 39-42, 44 и 46, изменение которых требует согласия Представителей всех Консультативных сторон, присутствующих на Совещании.

Приложение

Руководство по представлению, переводу и распространению документов КСДА и КООС

1. Настоящее Руководство регулирует распространение и перевод официальных документов Консультативного совещания по Договору об Антарктике (КСДА) и Комитета по охране окружающей среды (КООС), к которым относятся Рабочие документы, Документы Секретариата, Информационные документы и Вспомогательные документы.

2. Переводу подлежат следующие документы: Рабочие документы, Документы Секретариата, доклады КСДА, представленные Наблюдателями на КСДА и приглашёнными Экспертами в соответствии с положениями Рекомендации XIII-2 или в связи со Статьёй III-2 Договора об Антарктике, а также информационные документы, по которым Консультативная сторона подала запрос на перевод. Вспомогательные документы переводу не подлежат.

3. Объём документов, подлежащих переводу, кроме отчётов Межсессионных контактных групп (МКГ), созванных КСДА или КООС, Отчётов Председателя Совещания экспертов Договора об Антарктике, а также Отчёта и Программы Секретариата, не должен превышать 1500 слов. Объем документа рассчитывается без учёта предлагаемых Мер, Решений и Резолюций и вложений к ним.

4. Документы, подлежащие переводу, должны быть получены Секретариатом не позднее, чем за 45 дней до начала Консультативного совещания. Если такие документы предоставляются позднее, чем за 45 дней до начала Консультативного совещания, они могут рассматриваться только при отсутствии возражений всех Консультативных сторон.

5. Информационные документы, по которым не было запроса на перевод, и Вспомогательные документы, которые участники хотят включить в Заключительный отчёт, должны быть получены Секретариатом не позднее, чем за 30 дней до начала Совещания.

6. По каждому документу, предоставленному Стороной Договора, Секретариат назначит Наблюдателя или Эксперта в день подачи документа.

7. Если в Секретариат вновь направляется на перевод пересмотренный вариант документа, подготовленный после его первоначального представления, в пересмотренном варианте текста должны быть чётко указаны внесённые изменения.

8. Документы следует направлять в Секретариат в электронном виде. Все документы будут размещаться на главной странице сайта КСДА, созданной Секретариатом

для данного КСДА. Рабочие документы, полученные до установленного срока в 45 дней, должны быть размещены на странице в кратчайшие сроки, но в любом случае не позднее, чем за 30 дней до начала Совещания. Изначально документы будут размещаться на страницах сайта, защищённых паролем, а после завершения Совещания они будут перемещаться на страницы, не защищённые паролем.

9. Стороны могут согласиться с тем, чтобы документы, перевод которых не был запрошен, были представлены в Секретариат для перевода во время Совещания.

10. Ни один документ, представленный на КСДА, не будет использоваться в качестве основы для обсуждения на КСДА или КООС, если он не был переведён на четыре официальных языка Совещания.

11. В течение шести месяцев после окончания Консультативного совещания Секретариат должен распространить по дипломатическим каналам и разместить на главной странице сайта КСДА Заключительный отчёт данного Совещания на четырёх официальных языках Совещания.

Меры по оперативным вопросам, определенные как утратившие актуальность

Представители,

ссылаясь на Решение 3 (2002 г.), Решение 1 (2007 г.), Решение 1 (2011 г.), Решение 1 (2012 г.) и Решение 1 (2014 г.), которыми установлен перечень мер[*], признанных выполненными или утратившими актуальность;

принимая во внимание Резолюции F (2015 г.) и G (2015 г.);

рассмотрев ряд мер по оперативным вопросам;

признавая, что меры, перечисленные в Приложении к настоящему Решению, утратили актуальность;

принимают следующее решение:

1. Меры, перечисленные в Приложении к настоящему Решению, не требуют дальнейших действий Сторон; а также

2. Следует направить в Секретариат Договора об Антарктике запрос на размещение текста мер, перечисленных в Приложении к настоящему Решению, на веб-сайте Секретариата таким образом, чтобы было четко понятно, что эти меры утратили актуальность и что Сторонам нет необходимости принимать какие-либо дальнейшие действия по ним.

---

[*] Примечание. Меры, принятые ранее согласно Статье IX Договора об Антарктике, назывались Рекомендациями до XIX КСДА (1995 г.) и начали разделяться на Меры, Решения и Резолюции согласно Решению 1 (1995 г.).

Меры по операционным вопросам, определенные как утратившие актуальность

Рекомендация VII-7 (1972 г.)

Рекомендация X-3 (1979 г.)

Рекомендация XII-2 (1983 г.)

Рекомендация VIII-7 (1975 г.)

Резолюция 1 (1997 г.)

Отчет, Программа и Бюджет Секретариата

Представители,

на основании Меры 1 (2003 г.) по учреждению Секретариата Договора об Антарктике (Секретариата);

на основании Решения 2 (2012 г.) об учреждении постоянно действующей Межсессионной контактной группы (МКГ) по финансовым вопросам, созываемой страной, принимающей следующее Консультативное совещание по Договору об Антарктике;

принимая во внимание Финансовые положения Секретариата Договора об Антарктике, приложенные к Решению 4 (2003 г.);

принимают следующее решение:

1. Утвердить проверенный Финансовый отчет за 2013/14 гг., прилагаемый к настоящему Решению (Приложение 1).

2. Принять к сведению Отчет Секретариата за 2014/15 гг. (Документ Секретариата SP 2), включающий в себя Предварительный Финансовый отчет за 2014/15 гг., прилагаемый к настоящему Решению (Приложение 2).

3. Принять к сведению Перспективный пятилетний финансовый план бюджета на 2015 – 2019 гг. и утвердить Программу Секретариата, включающую Бюджет на 2015/16 гг., прилагаемые к настоящему Решению (Приложение 3); а также

4. Предложить стране, принимающей следующее Консультативное совещание по Договору об Антарктике (КСДА), обратиться с просьбой к Исполнительному секретарю открыть КСДА для МКГ по финансовым вопросам и обеспечить содействие этой МКГ.

Проверенный Финансовый отчет за 2013-2014 гг.

Аудиторское заключение

Секретарю

Секретариата Договора об Антарктике

Майпу 757, 4-й этаж

Индивидуальный налоговый номер (ИНН): 30-70892567-1

Тема: XXXVIII Консультативное совещание по Договору об Антарктике, 2015 г., г. София, Болгария

1. Доклад по финансовой отчётности

Мы провели аудит всей прилагаемой Финансовой отчётности Секретариата Договора об Антарктике, включая Отчёт о прибылях и убытках, Отчёт о финансовом состоянии, Отчёт о стоимости чистых активов, Отчёт о движении денежных средств и Пояснительные записки за период, начинающийся с 1 апреля 2013 года и заканчивающийся 31 марта 2014 года.

2. Административная ответственность за Финансовую отчётность

Секретариат Договора об Антарктике, созданный согласно Закону Аргентины № 25 888 (от 14 мая 2004 г.), несёт ответственность за подготовку и корректное представление данной Финансовой отчётности в соответствии с Международными стандартами бухгалтерского учёта и специфическими стандартами Консультативных совещаний по Договору об Антарктике. Такая ответственность включает в себя: разработку, внедрение и обеспечение внутреннего контроля по подготовке и представлению Финансовой отчётности таким образом, чтобы отчётность не содержала искажений вследствие ошибок или мошенничества; выбор и внедрение соответствующих принципов бухгалтерского учёта, а также подготовку учётных оценок, целесообразных в данных обстоятельствах.

3. Ответственность аудитора

Нашей ответственностью как аудиторов является выражение мнения по поводу данной Финансовой отчётности на основании проведённого аудита.

Аудит был проведён в соответствии с Международными стандартами бухгалтерского учёта и Приложением к Решению 3 (2008 г.) XXXI Консультативного совещания по Договору об Антарктике, описывающим задания, выполняемые внешними аудиторами.

Эти стандарты требуют соответствия этическим требованиям, а также планированию и проведению аудита для обеспечения обоснованной уверенности в отсутствии существенных искажений в Финансовой отчётности.

Аудит включает выполнение ряда процедур для получения подтверждения сумм и фактической задолженности, отражённых в Финансовой отчётности. Выбранные процедуры варьируют в зависимости от решения аудитора, вынесенного с учётом всех известных фактов и обстоятельств, включая оценку рисков существенного искажения Финансовой отчётности.

При проведении такой оценки рисков аудитор оценивает внутренний контроль, касающийся подготовки и корректного представления финансовой отчётности организацией для разработки процедур, соответствующих текущим обстоятельствам.

Кроме того, аудит включает оценку общей целостности и применяемых принципов бухгалтерского учёта, мнения о приемлемости учётной оценки, сделанной Руководством, а также оценку общего представления Финансовой отчётности.

Мы считаем, что полученные нами данные, прошедшие аудиторскую проверку, являются достаточными и надлежащими для формирования нашего мнения как внешних аудиторов.

4. Мнение

Мы считаем, что Финансовая отчётность, прошедшая надлежащую аудиторскую проверку, отражает во всех существенных аспектах финансовое положение Секретариата Договора об Антарктике по состоянию на 31 марта 2014 года и его финансовые показатели за период, заканчивающийся этой датой, в соответствии с Международными стандартами бухгалтерского учёта и специфическими стандартами Консультативных совещаний по Договору об Антарктике.

5. Прочие вопросы

Аудиторская проверка Финансовой отчётности за период, заканчивающийся 31 марта 2013 года, была проведена отдельным специалистом, который подготовил полный положительный отчёт от 22 марта 2014 года. Показатели, соответствующие данному периоду, включены в прилагаемую финансовую отчётность лишь с целью сравнения, и я не выполнял никаких процедур по этим итоговым данным.

6. Дополнительная информация, требуемая согласно законодательству

В соответствие с анализом, описанным в пункте 3, я настоящим документом ставлю в известность о том, что приведённая Финансовая отчётность основывается на данных бухгалтерского учёта, внесённых в бухгалтерские книги, которые не соответствуют стандартам, действующим в Аргентине.

Мы также ставим в известность о том, что согласно данным бухгалтерского учёта по состоянию на 31 марта 2014 года общая сумма денежных обязательств Секретариата, подлежащая оплате системе социального обеспечения Аргентины в соответствии с практикой расчётов, составляет 105 559,13 аргентинских песо (13 191,59 долларов США) и что по состоянию на эту дату невыполненных денежных обязательств нет.

Важно отметить, что все рабочие отношения регулируются Положением о персонале Секретариата Договора об Антарктике.

Д-р Гисела Алгазе (Dr Gisela Algaze)
Дипломированный бухгалтер,
Книга № 300, стр. 169 CPCECABA

Буэнос-Айрес, 9 апреля 2015 года
национальная аудиторская служба Аргентины (SIGEN)
Пр. Корриентес, 389, Буэнос-Айрес, Аргентина

1. Отчет о прибылях и убытках всех средств за период с 1 апреля 2013 г. по 31 марта 2014 г. и сравнение с прошлым годом.

ДОХОДЫ	31/03/2013	Бюджет 31/03/2014	31/03/2014
Взносы (Примечание 9)	1.339.600	1.339.600	1.339.600
Прочие доходы (Примечание 2)	1.845	1.000	3.811
Итого доходов	1.341.445	1.340.600	1.343.411
РАСХОДЫ			
Заработная плата и оклады	628.811	650.580	650.000
Услуги письменного и устного перевода	290.502	272.101	249.671
Проезд и проживание	92.573	96.000	81.093
Информационные технологии	42.773	44.500	41.919
Услуги печати, редактирования и копирования	13.944	21.850	12.823
Общие услуги	50.409	60.118	32.943
Услуги связи	16.660	17.699	17.623
Канцелярские товары	13.912	19.264	11.589
Административные расходы	10.595	16.725	11.780
Представительские расходы	4.523	3.000	2.211
Перемещения, усовершенствования	0	0	0
Финансирование	13.964	5.000	16.290
Итого расходов	1.178.666	1.206.837	1.127.942
РАСПРЕДЕЛЕНИЕ СРЕДСТВ			
Фонд по уходу с должности	28.424	29.368	29.369
Фонд возмещения персоналу	0	0	0
Фонд оборотных средств	0	0	0
Фонд на случай непредвиденных расходов	0	0	0
Итого распределено средств	28.424	29.368	29.369
Итого расходов и распределено средств	1.207.090	1.236.205	1.157.311
(Дефицит) / Профицит за период	134.355	104.395	186.100

Данный отчёт должен рассматриваться совместно с прилагаемыми ПРИМЕЧАНИЯМИ 1–9.

2. Отчёт о финансовом положении по состоянию на 31 марта 2014 г. и сравнение с прошлым годом

АКТИВЫ	31/03/2013	31/03/2014
Текущие активы		
Наличность и эквиваленты наличности (Примечание 3)	889.087	1.231.803
Задолженность по взносам (Примечание 9)	205.624	108.057
Прочие доходы (Примечание 4)	51.104	37.687
Прочие текущие активы (Примечание 5)	49.458	99.947
Итого текущих активов	1.195.273	1.477.494
Внеоборотные активы		
Основные средства (Примечания 1.3 и 6)	84.132	79.614
Итого внеоборотных активов	84.132	79.614
Итого активов	1.279.405	1.557.108
ПАССИВЫ		
Текущие обязательства		
Кредиторская задолженность (Примечание 7)	27.755	25.229
Авансовые взносы (Примечание 9)	592.476	626.595
Специальный фонд добровольных взносов для особых целей (Примечание 1.9)	2.500	0
Причитающиеся выплаты по зарплате и взносы (Примечание 8)	26.849	64.507
Итого по текущим обязательствам	649.580	716.331
Долгосрочные обязательства		
Фонд по уходу с должности руководящего персонала (Примечание 1.4)	147.510	176.880
Фонд возмещения персоналу (Примечание 1.5)	50.000	50.000
Фонд на случай непредвиденных расходов (Примечание 1.7)	30.000	30.000
Фонд возмещения основных средств (Примечание 1.8)	17.836	13.318
Итого по долгосрочным обязательствам	245.346	270.198
Итого по обязательствам	894.926	986.529
ЧИСТЫЕ АКТИВЫ	384.479	570.579

Данный отчёт должен рассматриваться совместно с прилагаемыми ПРИМЕЧАНИЯМИ 1–9.

3. Отчёт об изменениях чистых активов по состоянию на 31 марта 2013 и 2014 годов

Представлен	Чистые активы 31/03/2013	Доходы	Расходы и Распределение (*)	Проценты начисленные	Чистые активы 31/03/2014
Общий фонд	161.212	1.339.600	-1.157.240	3.740	347.312
Фонд оборотных средств (Примечание 1.6)	223.267		0		223.267
Чистые активы	384.479				570.579

(*) За вычетом полученного дисконта

Данный отчёт должен рассматриваться совместно с прилагаемыми ПРИМЕЧАНИЯМИ 1–9.

4. Отчёт о движении денежных средств за период с 1 апреля 2013 г. по 31 марта 2014 г. по сравнению с предыдущим годом.

Изменения в денежных средствах и эквивалентах денежных средств		31/03/2014	31/03/2013
Денежные средства и эквивалент денежных средств на начало года	889.087		
Денежные средства и эквивалент денежных средств на момент закрытия года	1.231.803		
Чистое увеличение денежных средств и эквивалентов денежных средств		342.716	90.141

Причины изменений денежных средств и эквивалентов денежных средств
Операционная деятельность

Получено взносов	844.697		
Зарплата и социальные взносы	-611.720		
Переводческие услуги	-313.855		
Проезд и проживание	-70.569		
Услуги печати, редактирования и копирования	-12.823		
Общие услуги	-32.943		
Прочие платежи поставщикам услуг	-65.120		
Чистые денежные средства и эквиваленты денежных средств от операционной деятельности		-262.333	-439.720

Инвестиционная деятельность

Приобретение основных средств   -15.082

Специальный фонд добровольных
взносов   11.689

Чистые денежные средства и эквиваленты денежных средств от инвестиционной деятельности   -3.393   -18.947

Финансовая деятельность

Авансовые взносы   626.595

Сбор на основании Положения о
персонале, ч 5.6   170.888

Оплата на основании Положения о
персонале, ч. 5.6   -157.571

Чистый возврат налоговых платежей
(AFIP)   -991

Переводческие услуги для КООС –
КСДА XXXV   -14.189

Чистые денежные средства и эквиваленты денежных средств от финансовой деятельности   624.732   562.772

Транзакции в иностранной валюте

Чистый убыток   -16.290

Чистые денежные средства и эквиваленты денежных средств от транзакций в иностранной валюте   -16.290   -13.964

Чистое увеличение денежных средств и эквивалентов денежных средств   342.716   90.141

Данный отчёт должен рассматриваться совместно с прилагаемыми ПРИМЕЧАНИЯМИ 1–9.

ПРИМЕЧАНИЯ К ФИНАНСОВЫМ ОТЧЕТАМ ПО СОСТОЯНИЮ НА 31 МАРТА 2013 и 2014 гг.

1 ОСНОВАНИЕ ДЛЯ ПОДГОТОВКИ ФИНАНСОВОЙ ОТЧЁТНОСТИ

Суммы в данных финансовых отчётах выражены в долларах США в соответствии с нормами, установленными Финансовыми положениями, Приложение к Решению 4 (2003 г.). Данные отчёты подготовлены в соответствии с требованиями Международных стандартов финансовой отчётности (IFRS) Совета по Международным стандартам финансовой отчётности (IASB).

1.1 Первоначальная стоимость

Данные финансовые отчёты подготовлены на основании фактической стоимости приобретения, за исключением случаев, когда указано

1.2 Помещения

Штаб-квартире Секретариата помещения предоставлены Министерством иностранных дел, международной торговли и культа

Аргентинской Республики. Помещения освобождены от арендной платы, равно как и от прочих общих расходов.

1.3 Основные средства

Все позиции оценены по первоначальной стоимости минус накопленная амортизация. Амортизация рассчитывается линейным способом при годовых ставках, соответствующих расчётному сроку эксплуатации. Общая остаточная стоимость основных средств не превышает стоимости их использования.

1.4 Фонд по уходу с должности руководящего персонала

Согласно Разделу 10.4 Положений о персонале данный фонд должен иметь достаточные средства для выплаты компенсации членам руководящего персонала из расчёта одна базовая месячная зарплата за каждый год работы.

1.5 Фонд возмещения персоналу

Данный фонд используется для покрытия командировочных расходов руководящего персонала Комитета до Штаб-квартиры Секретариата и обратно.

1.6 Фонд оборотных средств

Согласно Финансовому регламенту 6.2 (а) данный фонд не должен превышать 1/6 (одну шестую) бюджета на текущий финансовый год.

1.7 Фонд на случай непредвиденных расходов

Согласно Решению 4 (2009 г.) данный Фонд был создан для покрытия всех расходов на услуги по устному и письменному переводу, которые могут возникнуть в результате непредвиденного увеличения количества документов, представляемых КСДА на перевод.

1.8 Фонд возмещения основных фондов

Активы со сроком эксплуатации свыше текущего финансового года должны быть отражены в строке актива в Отчёте о финансовом положении.

До марта 2010 года сальдирующая статья была отражена как поправка к Общему фонду. С апреля 2010 года сальдирующая статья будет отражаться как пассив в этом же пункте.

1.9 Специальный фонд добровольных взносов для особых целей

Согласно пункту (82) Заключительного отчёта XXXV КСДА о Специальном фонде должны быть получены добровольные взносы от сторон. Фонд добровольных взносов в размере 14 189 долларов США был распределён по категориям в пункте услуг письменного и устного перевода.

ПРИМЕЧАНИЯ К ФИНАНСОВЫМ ОТЧЕТАМ ПО СОСТОЯНИЮ НА 31 МАРТА 2013 и 2014 гг.

		31/03/2013	31/03/2014
2	**Иные поступления**		
	Начисленные проценты	1.802	3.740
	Полученный дисконт	43	71
	Итого	1.845	3.811
3	**Наличность и эквивалент наличности**		
	Наличные средства в долларах США	68	1.185
	Наличные средства в аргентинских песо	128	382
	Специальный счёт (BNA) в долларах США	853.240	411.565
	Специальный счёт (BNA) в аргентинских песо	35.651	15.557
	Инвестиции	0	803.114
	Итого	889.087	1.231.803
4	**Прочие доходы**		
	Положение о персонале, ч. 5.6	51.104	37.687
5	**Прочие текущие активы**		
	Авансовые платежи	25.194	80.561
	НДС к получению	23.368	14.771
	Прочие возмещаемые расходы	896	4.615
	Итого	49.458	99.947
6	**Основные средства**		
	Книги и периодические издания	7.008	8.104
	Офисное оборудование	9.165	11.252
	Мебель	45.466	45.466
	Вычислительная техника и программное обеспечение	83.126	95.025
	Итого первоначальная стоимость	144.765	159.847
	Накопленная амортизация	-60.633	-80.233
	Итого	84.132	79.614
7	**Кредит. задолженность**		
	Хозяйственная деятельность	2.595	3.764

	Начислено расходов	22.164	20.854
	Прочее	2.996	611
	Итого	27.755	25.229

8 Причитающиеся выплаты по зарплате и взносы

	Зарплата	8.000	45.479
	Взносы	18.849	19.028
		26.849	
	Итого	26.849	64.507

ПРИМЕЧАНИЯ К ФИНАНСОВЫМ ОТЧЕТАМ ПО СОСТОЯНИЮ НА 31 МАРТА 2013 и 2014 гг.

10 Взносы, подлежащие уплате, выделенные, оплаченные и полученные авансом

Взносы Стороны	Задолженность 31/03/2013	Выделен-ные	Оплаченные Доллары США	Задолженность 31/03/2014	Авансом 31/03/2014
Аргентина		60.346	60.346	0	0
Австралия		60.346	60.321	25	60.346
Бельгия	18	40.110	40.060	68	0
Бразилия	40.142	40.110	79.386	866	0
Болгария	11	34.038	34.049	0	34.039
Чили		46.181	46.181	0	46.181
Китай		46.181	46.156	25	0
Эквадор	34.039	34.038	34.038	34.039	0
Финляндия		40.110	40.110	0	40.110
Франция	60.346	60.346	120.692	0	0
Германия	23	52.250	52.250	23	0
Индия	6.062	46.181	52.169	74	46.143
Италия		52.250	52.250	0	0
Япония		60.346	60.346	0	0
Корея	2.891	40.110	43.001	0	40.110
Нидерланды		46.181	46.181	0	46.181
Новая Зеландия	26	60.346	60.372	0	60.321
Норвегия		60.346	60.311	35	0
Перу	21.919	34.038	23.265	32.692	0
Польша		40.110	40.110	0	40.110
Россия		46.181	46.181	0	46.181
ЮАР		46.181	46.181	0	46.181
Испания		46.181	46.156	25	0
Швеция		46.181	46.181	0	0
Украина	40.122	40.110	40.122	40.110	0
Великобритания		60.346	60.346	0	60.346
Соединённые Штаты Америки		60.346	60.321	25	60.346
Уругвай	25	40.110	40.085	50	0
Итого	205.624	1.339.600	1.437.167	108.057	626.595

Д-р Манфред Райнке (Manfred Reinke)   Роберто А. Феннелл (Roberto A. Fennell)

Исполнительный секретарь   Фининспектор

Предварительный Финансовый отчет за 2014-2015 г.

БЮДЖЕТНЫЕ АССИГНОВАНИЯ	Проверенный отчёт за 2013/14 г.	Бюджет на 2014/15 г.	Предварит. отчёт за 2014/15 г.
ДОХОД			
Заявленные ВЗНОСЫ	$ -1 339 600	$ -1 379 710	$ -1.379.710
Иные поступления	$ -3 811	$ -1 000	$ -6.277
Итого доходов	$ -1 343 411	$ -1 380 710	$ -1 385 987
РАСХОДЫ			
ЗАРАБОТНАЯ ПЛАТА			
Руководящий персонал	$ 316 991	$ 322 658	$ 322 658
Основной персонал	$ 303 228	$ 316 646	$ 318 423
Вспомогательный персонал КСДА	$ 10 488	$ 15 696	$ 16 530
Стажёры	$ 11 242	$ 9 600	$ 7 638
Сверхурочные	$ 8 051	$ 14 000	$ 13 351
*	$ 650 000	$ 678 600	$ 678 600
ПИСЬМЕННЫЙ И УСТНЫЙ ПЕРЕВОД			
* Письменный и устный перевод	$ 249 671	$ 325 780	$ 294 743
ПРОЕЗД			
* Проезд	$ 81 093	$ 110 266	$ 110 266
ИНФОРМАЦИОННЫЕ ТЕХНОЛОГИИ			
Аппаратное обеспечение ЭВМ	$ 11 767	$ 10 000	$ 9 883
Программное обеспечение	$ 263	$ 3 500	$ 4 407
Разработка	$ 22 843	$ 21 000	$ 13 157
Поддержка	$ 7 046	$ 9 500	$ 7 594
	$ 41 919	$ 44 000	$ 35 041
УСЛУГИ ПЕЧАТИ, РЕДАКТИРОВАНИЯ И КОПИРОВАНИЯ			
Заключительный отчёт	$ 10 758	$ 17 000	$ 12 925
Сборник документов	$ 2 064	$ 3 500	$ 2 046
Правила поведения для посетителей участков	$ 0	$ 3 140	$ 0
	$ 12 823	$ 23 640	$ 15 915

БЮДЖЕТНЫЕ АССИГНОВАНИЯ	Проверенный отчёт за 2013/14 г.	Бюджет на 2014/15 г.	Предварит. отчёт за 2014/15 г.
ОБЩИЕ УСЛУГИ			
Юридическая консультация	$ 1 000	$ 4 000	$ 1 947
Внешний аудит	$ 8 622	$ 10 000	$ 8 622
Уборка, техобслуживание и охрана	$ 10 732	$ 42 500	$ 50 837
Обучение	$ 4 478	$ 6 552	$ 4 351
Банковские услуги	$ 5 391	$ 6 000	$ 3 851
Аренда оборудования	$ 2 720	$ 3 000	$ 2 504
	$ 32 943	**$ 72 052**	**$ 72 112**
КОММУНИКАЦИЯ И СВЯЗЬ			
Телефонная связь	$ 4 674	$ 5 200	$ 4 823
Интернет	$ 2 670	$ 3 000	$ 2 630
Размещение веб-сайта	$ 8 087	$ 9 000	$ 6 709
Почтовые расходы	$ 2 193	$ 2 500	$ 538
	$ 17 623	**$ 19 700**	**$ 14 700**
ОФИСНЫЕ РАСХОДЫ			
Канцелярские товары и конторские принадлежности	$ 3 182	$ 4 300	$ 3 673
Книги и подписки	$ 1 458	$ 3 000	$ 1 992
Страхование	$ 3 005	$ 3 500	$ 3 421
Мебель	$ 174	$ 900	$ 0
Офисное оборудование	$ 2 087	$ 4 000	$ 2 558
Техническое обслуживание	$ 1 683	$ 2 500	$ 0
	$ 11 589	**$ 18 200**	**$ 11 644**
АДМИНИСТРАТИВНЫЕ РАСХОДЫ			
Конторские принадлежности	$ 6 046	$ 4 500	$ 2 883
Местный транспорт	$ 246	$ 800	$ 410
Разное	$ 3 944	$ 4 000	$ 3 250
Коммунальные услуги (электроэнергия)	$ 1 544	$ 11 000	$ 1 055
	$ 11 780	**$ 20 300**	**$ 7 598**
ПРЕДСТАВИТЕЛЬСКИЕ РАСХОДЫ			
Представительские расходы	**$ 2 211**	**$ 3 500**	**$ 3 997**
ФИНАНСИРОВАНИЕ			
Потери на курсе обмена валют	**$ 16 290**	**$ 11 000**	**$ 11 161**
ИТОГО АССИГНОВАНИЙ	**$ 1 127 942**	**$ 1 327 038**	**$ 1 255 777**

	Проверенный отчёт за 2013/14 г.	Бюджет на 2014/15 г.	Предварит. отчёт за 2014/15 г.
ВЫДЕЛЕНИЕ НА ФОНДЫ			
Средства на срочные переводческие услуги	$ 0	$ 0	$ 0
Фонд возмещения персоналу	$ 0	$ 0	$ 0
Фонд по уходу с должности	$ 29 369	$ 29 820	$ 29 820
Фонд оборотных средств	$ 0	$ 6 685	$ 6 685
	$ 29 369	**$ 36 505**	**$ 36 505**

ВСЕГО АССИГНОВАНИЙ	**$ 1 157 311**	**$ 1 363 543**	**$ 1 292 282**

Недостающие взносы	**$ 40 367**	**$ 0**	**$ 196 148**

ОСТАТОК	**$ 145 733**	**$ 17 167**	**$ -102 443**

Сводка финансовых ресурсов			
Средства на срочные переводческие услуги	$ 30 000	$ 30 000	$ 30 000
Фонд возмещения персоналу	$ 50 000	$ 50 000	$ 50 000
Фонд по уходу с должности	$ 176 879	$ 207 189	$ 207 189
** Оборотные средства	$ 223 267	$ 229 952	$ 229 952
Общий фонд	$ 347 312	$ 345 659	$ 244 869

* Перераспределение из строки расходов «Письменный и устный перевод» в строку «Заработная плата» и «Проезд» в бюджете 2014/15 г. (см. SP 2)

Максимально необходимая сумма

** Фонд оборотных средств (Фин. регламент 6.2) $ 223 267 $ 229 952 $ 229 952

Программа Секретариата на 2015/16 г.

Введение

В данной рабочей программе изложены мероприятия, предлагаемые для Секретариата в 2015/16 Финансовом году (с 1 апреля 2015 г. по 31 марта 2016 г.). Основные направления деятельности Секретариата рассматриваются в первых четырех разделах, за которыми следует раздел, посвященный управлению, и прогноз программы на 2016/17 Финансовый год.

Бюджет на 2015/16 Финансовый год, План бюджета на 2016/17 Финансовый год, а также шкала сопутствующих взносов и шкала заработных плат представлены в дополнениях.

Программа и сопутствующие цифры бюджета на 2015/16 г. основаны на Плане бюджета на 2015/16 Финансовый год (Решение 2 (2014 г.), Приложение 3, Дополнение 1).

Программа ориентирована на стандартную деятельность, такую как подготовка к XXXVIII КСДА и XXXIX КСДА, публикация Заключительных отчетов, а также направлена на различные конкретные задачи, поставленные перед Секретариатом на основании Меры 1 (2003 г.).

Содержание:

1. Поддержка КСДА/КООС
2. Информационные технологии
3. Документация
4. Информация для широкого доступа
5. Управление
6. План программы на 2015/16 Финансовый год

   - Дополнение 1. Предварительный отчет за 2014/15 Финансовый год, Бюджет на 2015/16 Финансовый год и Проект бюджета на 2016/17 Финансовый год

   - Дополнение 2. Шкала взносов на 2016/17 Финансовый год

   - Дополнение 3. Шкала заработной платы

1. Поддержка КСДА/КООС

XXXVIII КСДА

Секретариат будет оказывать поддержку XXXVIII КСДА посредством сбора и систематизации документов для совещания и их публикации в разделе с ограниченным доступом на веб-сайте Секретариата. Секретариат также раздаст всем делегатам флэшки с приложением, которое позволяет автономно просматривать все документы и обеспечивает автоматическую синхронизацию с онлайн-базой данных для получения самых последних обновлений. Раздел для делегатов обеспечит онлайн-регистрацию участников и возможность скачать актуальный список делегатов.

Секретариат будет оказывать поддержку работе КСДА путем подготовки документов Секретариата, Справочника для делегатов, а также резюме документов для КСДА, КООС и Рабочих групп КСДА.

Секретариат организует услуги по письменному и устному переводу. Он отвечает за организацию письменного перевода материалов до начала проведения совещания и после него, а также за оказание услуг по письменному переводу во время проведения КСДА. Он будет находиться в контакте с организатором услуг по устному переводу – компанией ONCALL.

Секретариат будет организовывать услуги конспектирования в сотрудничестве с секретариатом принимающей страны. Он отвечает за составление и редактирование отчетов КООС и КСДА для принятия на последнем пленарном заседании.

Взаимодействие и контакты

Помимо поддержания постоянного контакта по электронной почте, телефону и с помощью других средств связи со Сторонами и международными организациями Системы Договора об Антарктике участие в совещаниях является важным инструментом для обеспечения взаимодействия и общения.

Предстоят следующие поездки:

- *XXVII Ежегодное общее совещание КОМНАП (ЕОС), Тромсё, Норвегия, 26-28 августа 2015 г. Участие в совещании обеспечит возможность дальнейшего усиления связей и взаимодействия с КОМНАП.*

- АНТКОМ, Хобарт, Австралия, 19-30 октября 2015 г. Совещание АНТКОМ, которое пройдет в период между последующими КСДА, предоставляет Секретариату возможность информировать Представителей КСДА, многие из которых участвуют в совещании АНТКОМ, о прогрессе в работе Секретариата. Связь с Секретариатом АНТКОМ также имеет большое значение для Секретариата Договора об Антарктике, так как многие его положения моделируются в соответствии с правилами Секретариата АНТКОМ.

Поддержка межсессионной деятельности

В последние годы как КООС, так и КСДА выполнили значительный объем межсессионной работы, в основном за счет Межсессионных контактных групп (МКГ). Секретариат будет оказывать техническую поддержку созданию МКГ в режиме реального времени, что было согласовано на XXXVIII КСДА и заседании КООС XVIII. Секретариат также представит конкретные документы в случае, если они потребуются для работы КСДА или КООС.

Секретариат будет обновлять веб-сайт, размещая на нем меры, принятые на КСДА, и материалы, подготовленные КООС и КСДА.

Распечатка материалов

Секретариат займется переводом, публикацией и распространением Заключительного отчета XXXVIII КСДА и его Приложений на четырех языках Договора. Текст Заключительного отчета будет размещен на веб-сайте Секретариата и напечатан в книжном формате, а Приложения будут изданы в виде компакт-диска в дополнение к напечатанному Отчету. Полный текст Заключительного отчета будет доступен в книжном формате (два тома) через интернет-магазины, а также в форме электронной книги.

2. Информационные технологии

Обмен информацией

В течение следующего рабочего сезона, в зависимости от решений XXXVIII КСДА, Секретариат продолжит вносить корректировки, необходимые для облегчения использования Сторонами электронной системы, а также разрабатывать инструменты для компиляции и представления обобщенных отчетов.

Работа над веб-сайтом Секретариата

Работа по улучшению веб-сайта будет продолжаться, с тем чтобы сделать его более лаконичным и простым в использовании, а также повысить наглядность наиболее актуальных разделов и информации. Интерфейс некоторых баз данных веб-сайта, особенно базы данных с контактной информацией, будет обновлен для улучшения возможности использования на нескольких устройствах.

Разработка баз данных и информационных систем

Секретариат завершит реорганизацию раздела с Правилами поведения для посетителей участков на веб-сайте Секретариата, включая разработку новой базы данных. Кроме того, будут реализованы усовершенствованные внутренние процедуры для управления содержимым сайта, включая разработку необходимого программного обеспечения.

3. Отчеты и документы

Документы КСДА

Секретариат продолжит работу по составлению архива Заключительных отчетов и других документов КСДА и других совещаний Системы Договора об Антарктике на четырех языках Договора. Помощь от Сторон в поисках своих файлов будет иметь большое значение для завершения создания полного архива в Секретариате. Он сотрудничает с Министерством иностранных дел Чили, Австралийской национальной программой и другими национальными учреждениями Сторон в вопросе идентификации и внесения недостающих документов. Данный проект будет продолжен в 2015/16 Финансовом году. Для всех делегаций, заинтересованных в сотрудничестве, составлен полный и подробный перечень документов, отсутствующих в нашей базе данных.

Глоссарий

Секретариат продолжит дальнейшую разработку своего глоссария терминов и выражений, используемых КСДА, для формирования перечня терминов на четырех языках Договора. В дальнейшем он продолжит внедрение сервера словаря с электронным управлением для управления, публикации и обмена онтологиями, тезаурусами и перечнями КСДА.

База данных Договора об Антарктике

В настоящее время полной является база данных Рекомендаций, Мер, Решений и Резолюций КСДА на английском языке, и почти полной – на испанском и французском языках, однако в Секретариате еще не хватает копий различных Заключительных отчетов на этих языках. На русском языке отсутствует значительное количество Заключительных отчетов.

4. Информация для широкого доступа

Секретариат и его веб-сайт будет продолжать работать в качестве центра обмена информацией о деятельности Сторон и о важных достижениях в Антарктике.

5. Управление

Сотрудники

На 1 апреля 2015 г. штат Секретариата состоял из следующих сотрудников:

Руководящий персонал

Имя	Должность	Дата нача-ла работы	Катего-рия	Срок
Манфред Райнке (Manfred Reinke)	Исполнительный секретарь	01.09.2009	E1	31.08.2017
Хосе Мария Асеро (José María Acero)	Заместитель Исполни-тельного секретаря	01.01.2005	E3	31.12.2018

Административно-технический персонал

Имя	Должность	Дата	Катего-рия	
Хосе Луис Аграс (José Luis Agraz)	Сотрудник информа-ционной службы	01.11.2004	G1	
Диего Видлер (Diego Wydler)	Специалист по ИТ	01.02.2006	G1	
Роберто Алан Феннел (Roberto Alan Fennell)	ББухгалтер (неполная занятость)	01.12.2008	G2	
Пабло Вайншенкер (Pablo Wainschenker)	Редактор	01.02.2006	G3	
Г-жа Виолета Анти-нарелли (Violeta Antinarelli)	Библиотекарь (непол-ная занятость)	01.04.2007	G3	
Г-жа Анна Балок (Anna Balok)	Помощник по вводу данных (неполная занятость)	01.10.2010	G5	
Г-жа Вивиана Колладо (Viviana Collado)	Офис-менеджер	15.11.2012	G5	

На XXXVI КСДА было решено продлить полномочия Исполнительного секретаря на срок четыре года, начиная с 1 сентября 2013 г. (см. Решение 2 (2013 г.)). Для организации своевременного назначения преемника по завершении указанного срока, КСДА рекомендуется начать рассмотрение данного вопроса не позднее XXXIX КСДА.

Уборку в помещениях Секретариата выполняет самозанятое лицо на основании договора из расчета 20-часовой рабочей недели. После консультаций с Министерством иностранных дела Аргентины, внешним аудитором SIGEN и юристом Секретариата, а также после тщательного изучения законодательных норм было определено, что предпочтительным и самым экономным решением было бы принятие уборщика/ уборщицы на работу с неполной занятостью. Так как в шкале окладов Секретариата такой вид трудоустройства не предусмотрен, Исполнительный секретарь предлагает добавить еще одну строку заработной платы, G7, которая будет отражать заработную плату для такого трудоустройства. Шкала заработных плат представлена в Дополнении 3.

Исполнительный секретарь просит утвердить продвижение Пабло Вайншенкера на уровень окладов G2 (1) согласно Норме 5.5 Положения о персонале. В последние годы значительно возросла сложность процесса редактирования Заключительного отчета. Редактор, Пабло Вайншенкер, внедрил современные технологии, в том числе систему редактирования и публикации в электронном виде для эффективного управления процессом редактирования. Он также принимал активное участи во внедрении системы конспектирования во время КСДА.

Секретариат пригласит международных стажеров Сторон для прохождения практики в Секретариате. Он направил предложение Чили, как стране, принимающей XXXIX КСДА, отправить одного члена своей организационной группы для прохождения практики в г. Буэнос-Айрес.

Финансовые вопросы

Бюджет на 2015/16 Финансовый год и Проект бюджета на 2016/17 Финансовый год представлены в Дополнении 1.

Письменный и устный перевод

В соответствии с положением 9.4 Финансового регламента Секретариат объявит тендер на предоставление услуг устного и письменного перевода для XXXIX КСДА (2016 г.), XL КСДА (2017 г.) и XLI КСДА (2018 г.), и также в рамках этого тендера запросит предварительные предложения на обслуживание XLII КСДА (2019 г.). На основании поданных предложений Секретариат примет решение, какой компании отдать первенство.

Расходы на письменный и устный перевод были внесены в бюджет XXXVIII КСДА в размере 339 835 долларов США.

Заработные платы

Размер прожиточного минимума в Аргентине значительно вырос в 2014 году, но был компенсирован девальвацией аргентинского песо по отношению к доллару США. Для сравнения показателей за предыдущие годы Секретариат произвел подсчет увеличения ИВЗ (Индекса вариации зарплат, предоставленного Национальным департаментом статистики и переписи Аргентины), который был скорректирован в соответствии с девальвацией аргентинского песо по отношению к доллару США за тот же период. Данный метод был разъяснен Исполнительным секретарем в 2009 г. на XXXII КСДА (Заключительный отчет, стр. 238).

В 2014 г. ИВЗ вырос на 34,1%. Девальвация аргентинского песо по отношению к доллару США привела, как подсчитано, к росту прожиточного минимума на 2,1% в долларах США.

Исполнительный секретарь предложил произвести компенсацию роста стоимости жизни в размере 1,1 % административно-техническому персоналу и руководящему персоналу.

Норма 5.10 Положения о персонале предусматривает компенсацию для административно-технического персонала общей категории, когда приходится работать более 40 часов в неделю. В период проведения КСДА требуется работать сверхурочно.

Фонды

Фонд оборотных средств

В соответствии с Финансовым регламентом, п. 6.2 (а), в следующие годы Фонд оборотных средств должен поддерживаться на уровне 1/6 части от бюджета Секретариата в размере 229 952 доллара США. Основу расчета Фонда оборотных средств составляют взносы Сторон.

Дополнительный детали проекта бюджета на 2015/16 Финансовый год

В результате предложений, выдвинутых в прошлом году, произошло выделение новых ассигнований. В соответствии с предвиденными расходами в 2015/16 Финансовом году в бюджет было внесено несколько небольших изменений.

- *Письменный и устный перевод.* Были предусмотрены дополнительные средства на ведение глоссария.
- *Офис.* Планируется проведение определенного объема работ по техобслуживанию, связанных с ремонтом системы кондиционирования офиса.

В Дополнении 1 представлен Бюджет на 2015/16 Финансовый год, а также Проект бюджета на 2016/17 Финансовый год. Шкала заработных плат представлена в Дополнении 3.

Взносы на 2016/17 Финансовый год

Взносы в 2016/17 Финансовом году не будут увеличены.

Взносы Сторон на 2016/17 Финансовый год представлены в Дополнении 2.

6. План программы на 2016/17 и 2017/18 Финансовые годы.

Ожидается, что основная часть текущей деятельности Секретариата будет продолжена в 2016/17 и 2017/18 Финансовых годах, следовательно, если программа не претерпит существенных изменений, то никаких корректив в штатном расписании на ближайшие годы тоже не предвидится.

Добавление 1

Предварительный отчет за 2014-2015 г.,
Проект бюджета на 2015-2016 г.,
Бюджет на 2015-2016 г. и Проект бюджета на 2016-2017 г.

БЮДЖЕТНЫЕ АССИГНОВАНИЯ	Предварит. отчет за 2014/15 г. *)	Проект бюджета на 2015/16 г.	Бюджет на 2015/16 г.	Проект бюджета на 2016/17 г.
ДОХОД				
Заявленные ВЗНОСЫ	$ -1 379 710	$ -1 378 100	$ -1 378 097	$ -1 378 097
Проценты по вкладам	$ -6 277	$ -1 000	$ -1 000	$ -3 000
Итого доходов	$ -1 385 987	$ -1 379 100	$ -1 379 097	$ -1 381 097
РАСХОДЫ				
ЗАРАБОТНАЯ ПЛАТА				
Руководящий персонал	$ 322 658	$ 328 071	$ 331 680	$ 336 377
Основной персонал	$ 318 423	$ 321 165	$ 330 098	$ 341 392
Вспомогательный персонал КСДА	$ 16 530	$ 15 796	$ 18 192	$ 18 092
Стажеры	$ 7 638	$ 9 600	$ 10 600	$ 9 600
Сверхурочные	$ 13 351	$ 14 000	$ 16 000	$ 16 000
	$ 678 600	$ 688 632	$ 706 570	$ 721 461
ПИСЬМЕННЫЙ И УСТНЫЙ ПЕРЕВОД				
Письменный и устный перевод	$ 294 743	$ 332 785	$ 340 000	$ 338 505
КОМАНДИРОВОЧНЫЕ РАСХОДЫ				
Командировочные расходы	$ 110 266	$ 98 000	$ 99 000	$ 90 000
ИНФОРМАЦИОННЫЕ ТЕХНОЛОГИИ				
Аппаратное обеспечение ЭВМ	$ 9 883	$ 11 025	$ 10 815	$ 11 356
Программное обеспечение	$ 4 407	$ 3 500	$ 3 500	$ 3 605
Разработка	$ 13 157	$ 21 000	$ 24 000	$ 21 630
Поддержка	$ 7 594	$ 9 500	$ 9 500	$ 9 785
	$ 35 041	$ 45 025	$ 47 815	$ 46 376
ТИПОГРАФСКИЕ И РЕДАКТОРСКИЕ УСЛУГИ				
Заключительный отчет	$ 12 925	$ 17 850	$ 17 850	$ 18 386
Сборник документов	$ 2 046	$ 3 558	$ 3 500	$ 3 412
Правила поведения для посетителей участков	$ 0	$ 3 297	$ 3 500	$ 3 396
	$ 15 915	$ 24 705	$ 24 850	$ 25 193

БЮДЖЕТНЫЕ АССИГНОВАНИЯ	Предварит. отчет за 2014/15 г. *)	Проект бюджета на 2015/16 г.	Бюджет на 2015/16 г.	Проект бюджета на 2016/17 г.
Юридическая консультация	$ 1 947	$ 4 200	$ 4 200	$ 4 326
Внешний аудит	$ 8 622	$ 10 500	$ 10 500	$ 10 815
Уборка техобслуживание и охрана	$ 50 837	$ 17 325	$ 19 011	$ 17 845
Обучение	$ 4 351	$ 6 880	$ 6 880	$ 7 086
Банковские услуги	$ 3 851	$ 6 300	$ 6 300	$ 6 489
Аренда оборудования	$ 2 504	$ 3 150	$ 2 556	$ 3 245
	$ 72 112	$ 48 355	$ 49 447	$ 49 806

КОММУНИКАЦИЯ И СВЯЗЬ

Телефонная связь	$ 4 823	$ 5 460	$ 5 460	$ 5 624
Интернет	$ 2 630	$ 3 150	$ 3 150	$ 3 245
Размещение веб-сайта	$ 6 709	$ 9 450	$ 9 450	$ 9 734
Почтовые расходы	$ 538	$ 2 625	$ 2 625	$ 2 704
	$ 14 700	$ 20 685	$ 20 685	$ 21 306

ОФИСНЫЕ РАСХОДЫ

Канцелярские товары и конторские принадлежности	$ 3 673	$ 4 515	$ 4 515	$ 4 650
Книги и подписки	$ 1 992	$ 3 150	$ 3 150	$ 3 245
Страхование	$ 3 421	$ 3 675	$ 3 675	$ 3 785
Мебель	$ 0	$ 945	$ 7 945	$ 973
Офисное оборудование	$ 2 558	$ 4 200	$ 4 200	$ 4 326
Техническое обслуживание	$ 0	$ 2 625	$ 2 625	$ 2 704
	$ 11 644	$ 19 110	$ 26 110	$ 19 683

АДМИНИСТРАТИВНЫЕ РАСХОДЫ

Конторские принадлежности	$ 2 883	$ 4 725	$ 4 725	$ 4 867
Местный транспорт	$ 410	$ 840	$ 840	$ 865
Разное	$ 3 250	$ 4 200	$ 4 200	$ 4 326
Коммунальные услуги (электроэнергия)	$ 1 055	$ 11 550	$ 6 550	$ 11 897
	$ 7 598	$ 21 315	$ 16 315	$ 21 954

ПРЕДСТАВИТЕЛЬСКИЕ РАСХОДЫ

Представительские расходы	$ 3 997	$ 3 500	$ 4 000	$ 3 500

ФИНАНСИРОВАНИЕ

Потери на курсе обмена валют	$ 11 161	$ 11 550	$ 11 393	$ 11 897

| **ИТОГО АССИГНОВАНИЙ** | $ 1 255 777 | $ 1 313 662 | $ 1 346 185 | $ 1 349 680 |

БЮДЖЕТНЫЕ АССИГНОВАНИЯ	Предварит. отчет за 2014/15 г. *)	Проект бюджета на 2015/16 г.	Бюджет на 2015/16 г.	Проект бюджета на 2016/17 г.
ВЫДЕЛЕНИЕ НА ФОНДЫ				
Средства на срочные переводческие услуги	$ 0	$ 0	$ 0	$ 0
Фонд возмещения персоналу	$ 0	$ 0	$ 0	$ 0
Фонд по уходу с должности	$ 29 820	$ 30 300	$ 32 912	$ 31 417
Фонд оборотных средств	$ 6 685	$ 0	$ 0	$ 0
	$ 36 505	$ 30 300	$ 32 912	$ 31 417

ВСЕГО АССИГНОВАНИЙ	$ 1 292 282	$ 1 343 962	$ 1 379 097	$ 1 381 097

Недостающие взносы	$ 196 148	$ 0	$ 0	$ 0

ОСТАТОК	$ -102 443	$ 35 139	$ 0	$ 0

Сводка финансовых ресурсов

Средства на срочные переводческие услуги	$ 30 000	$ 30 000	$ 30 000	$ 30 000
Фонд возмещения персоналу	$ 50 000	$ 50 000	$ 50 000	$ 50 000
Фонд по уходу с должности	$ 207 189	$ 237 489	$ 240 101	$ 271 518
** Оборотные средства	$ 229 952	$ 229 952	$ 229 952	$ 229 952
Общий фонд	$ 244 869	$ 380 798	$ 244 869	$ 244 869

* Предварительный отчет по состоянию на 31 марта 2015 г.

Максимально необходимая сумма

** Оборотные средства (Фин. регламент 6.2)	$ 229 952	$ 229 683	$ 229 683	$ 229 683

Добавление 2

Шкала взносов на 2016-2017 г.

2016/17 г.	Кат.	Коэф.	Переменная составляющая	Фиксированная ставка	Итого
Австралия	A	3,6	$ 36 587	$ 23 760	$ 60 347
Аргентина	A	3,6	$ 36 587	$ 23 760	$ 60 347
Бельгия	D	1,6	$ 16 261	$ 23 760	$ 40 021
Болгария	E	1	$ 10 163	$ 23 760	$ 33 923
Бразилия	D	1,6	$ 16 261	$ 23 760	$ 40 021
Великобритания	A	3,6	$ 36 587	$ 23 760	$ 60 347
Германия	B	2,8	$ 28 456	$ 23 760	$ 52 216
Индия	C	2,2	$ 22 359	$ 23 760	$ 46 119
Испания	C	2,2	$ 22 359	$ 23 760	$ 46 119
Италия	B	2,8	$ 28 456	$ 23 760	$ 52 216
Китай	C	2,2	$ 22 359	$ 23 760	$ 46 119
Нидерланды	C	2,2	$ 22 359	$ 23 760	$ 46 119
Новая Зеландия	A	3,6	$ 36 587	$ 23 760	$ 60 347
Норвегия	A	3,6	$ 36 587	$ 23 760	$ 60 347
Перу	E	1	$ 10 163	$ 23 760	$ 33 923
Польша	D	1,6	$ 16 261	$ 23 760	$ 40 021
Республика Корея	D	1,6	$ 16 261	$ 23 760	$ 40 021
Российская Федерация	C	2,2	$ 22 359	$ 23 760	$ 46 119
Соединенные Штаты Америки	A	3,6	$ 36 587	$ 23 760	$ 60 347
Украина	D	1,6	$ 16 261	$ 23 760	$ 40 021
Уругвай	D	1,6	$ 16 261	$ 23 760	$ 40 021
Финляндия	D	1,6	$ 16 261	$ 23 760	$ 40 021
Франция	A	3,6	$ 36 587	$ 23 760	$ 60 347
Чешская Республика	D	1,6	$ 16 261	$ 23 760	$ 40 021
Чили	C	2,2	$ 22 359	$ 23 760	$ 46 119
Швеция	C	2,2	$ 22 359	$ 23 760	$ 46 119
Эквадор	E	1	$ 10 163	$ 23 760	$ 33 923
ЮАР	C	2,2	$ 22 359	$ 23 760	$ 46 119
Япония	A	3,6	$ 36 587	$ 23 760	$ 60 347

Бюджет	$1 378 097

Добавление 3

Шкала заработной платы на 2015-2016 г.

Дополнение A
ШКАЛА ОКЛАДОВ СОТРУДНИКОВ РУКОВОДЯЩЕЙ КАТЕГОРИИ
(в долларах США)

2014/15 г. Уровень		ЭТАПЫ														
		I	II	III	IV	V	VI	VII	VIII	IX	X	XI	XII	XIII	XIV	XV
E1	A	$135 302	$137 819	$140 337	$142 855	$145 373	$147 890	$150 407	$152 926							
E1	B	$169 127	$172 274	$175 421	$178 569	$181 716	$184 863	$188 009	$191 158							
E2	A	$113 932	$116 075	$118 218	$120 359	$122 501	$124 642	$126 783	$128 926	$131 069	$133 211	$135 352	$135 595	$137 709		
E2	B	$142 415	$145 093	$147 772	$150 449	$153 126	$155 802	$158 479	$161 158	$163 837	$166 513	$169 190	$169 494	$172 136		
E3	A	$95 007	$97 073	$99 140	$101 207	$103 275	$105 341	$107 408	$109 476	$111 542	$113 608	$115 675	$116 915	$118 154	$120 193	$122 231
E3	B	$118 758	$121 341	$123 925	$126 509	$129 094	$131 676	$134 260	$136 845	$139 427	$142 010	$144 594	$146 143	$147 693	$150 242	$152 788
E4	A	$78 779	$80 693	$82 609	$84 518	$86 435	$88 347	$90 257	$92 174	$94 089	$96 000	$97 915	$98 448	$100 336	$102 223	$104 110
E4	B	$98 474	$100 866	$103 262	$105 648	$108 044	$110 434	$112 822	$115 217	$117 611	$119 999	$122 393	$123 060	$125 419	$127 778	$130 137
E5	A	$65 315	$67 029	$68 739	$70 452	$72 162	$73 873	$75 586	$77 293	$79 007	$80 719	$82 427	$82 981			
E5	B	$81 644	$83 786	$85 924	$88 065	$90 203	$92 342	$94 482	$96 617	$98 759	$100 899	$103 034	$103 726			
E6	A	$51 706	$53 351	$54 994	$56 641	$58 284	$59 928	$61 575	$63 219	$64 862	$65 862	$66 508				
E6	B	$64 632	$66 689	$68 742	$70 801	$72 855	$74 910	$76 969	$79 024	$81 078	$82 328	$83 135				

Дополнение В
ШКАЛА ОКЛАДОВ СОТРУДНИКОВ ОБЩЕЙ КАТЕГОРИИ
(в долларах США)

Уровень	ЭТАПЫ														
	I	II	III	IV	V	VI	VII	VIII	IX	X	XI	XII	XIII	XIV	XV
G1	$61 102	$63 952	$66 804	$69 653	$72 624	$75 722									
G2	$50 918	$53 293	$55 670	$58 044	$60 520	$63 073									
G3	$42 430	$44 410	$46 390	$48 370	$50 434	$52 587									
G4	$35 360	$37 010	$38 659	$40 309	$42 029	$43 822									
G5	$29 210	$30 574	$31 936	$33 301	$34 723	$36 207									
G6	$23 944	$25 059	$26 177	$27 294	$28 460	$29 675									
G7	$10 000	$10 466	$10 933	$11 399	$11 886	$12 394									

Примечание. Строка В – это базовый оклад (указан в строке A) плюс 25 % надбавка, покрывающая накладные расходы (отчисления в пенсионный фонд, страховые взносы, пособия на обустройство, репатриацию, образование и т. д.), которые составляют общую сумму оклада сотрудников руководящей категории в соответствии с Положением 5.

Многолетний стратегический план работы Консультативного совещания по Договору об Антарктике

Представители,

подтверждая приверженность ценностям, целям и принципам Договора об Антарктике и Протокола по охране окружающей среды;

на основании Решения 3 (2014 г.) по вопросу Многолетнего стратегического плана работы (далее – План);

принимая во внимание, что целью Плана является дополнение повестки дня Консультативного совещания по Договору об Антарктике (КСДА), а Стороны и другие участники КСДА, как всегда, приглашаются к активному участию в подготовке других вопросов, стоящих на повестке дня КСДА;

принимают следующее решение:

1. Для реализации и дальнейшей разработки Плана должны использоваться следующие руководящие Принципы:

   a) план должен отражать цели и принципы Договора об Антарктике и Протокола по охране окружающей среды;

   b) в соответствии с регламентом КСДА принятие Плана, включение в него пунктов и принятие решений в отношении Плана должны осуществляться путем достижения общего согласия;

   c) План должен дополнять повестку дня и служить вспомогательным средством для КСДА в определении ограниченного количества первоочередных вопросов с целью обеспечения более эффективной и плодотворной работы;

d) Сторонам и другим участникам КСДА. как всегда, должна обеспечиваться возможность активного участия в подготовке других вопросов, стоящих на повестке дня КСДА;

e) План рассчитан на переходящий многолетний период и подлежит пересмотру и уточнению по мере необходимости на каждом КСДА для отражения незавершенных работ, включения новых пунктов и изменения приоритетов;

f) План должен быть динамичным и гибким и должен включать в себя новые вопросы по мере их возникновения;

g) План должен определять вопросы, требующие общего внимания всех участников КСДА и обсуждения и (или) принятия решения на КСДА;

h) План не должен служить помехой при плановой подготовке повестки дня КСДА.

2. Утвердить План, прилагаемый к настоящему Решению.

3. Признать План, приложенный к Решению 3 (2014 г.), утратившим актуальность.

Многолетний стратегический план работы КСДА

Первоочередные задачи	38 КСДА (2015 г.)	Межсессионная работа	39 КСДА (2016 г.)	40 КСДА (2017 г.)	41 КСДА (2018 г.)
Проведение всестороннего анализа существующих требований к обмену информацией и функционированию Системы электронного обмена информацией с определением любых дополнительных требований	• Рабочая группа по вопросам правовой и институциональной деятельности (РГПИ) рассмотрела отчет Межсессионной контактной группы по комплексному анализу существующих требований к обмену информацией и определению любых дополнительных требований, а также рекомендации КООС. • РГПИ приняла Решение Н (2015 г.)	• Межсессионная контактная группа по комплексному анализу существующих требований к обмену информацией и определению любых дополнительных требований	• РГ № 1 провести обсуждение вопроса функционирования СЭОИ. • РГ № 1 провести обсуждение информации, подлежащую обмену. • РГ № 1 рассмотреть отчет МКГ по вопросам обмена информацией. • РГ № 1 рассмотреть вопрос приведения Решения Х (2015 г.) в соответствие с современными требованиями		
Рассмотрение согласованной разъяснительной работы со странами, не являющимися членами, граждане которых осуществляют деятельность или имущество которых задействовано в Антарктике, и со странами, которые являются Членами Договора об Антарктике, но еще не присоединились к Протоколу	• РГПИ обратилась к Рабочей группе по туризму и неправительственной деятельности с просьбой о предоставлении информации в отношении стран, не являющихся членами Договора, граждане которых осуществляют деятельность в Антарктике		• КСДА рассмотреть вопрос содействия присоединению к Протоколу новых государств-участников		
Способствование развитию согласованной на национальных и международном уровнях образовательной и информационно-просветительской деятельности с позиций Договора об Антарктике	• КСДА создало МКГ по вопросам образовательной и информационно-просветительской деятельности	• МКГ по вопросам образовательной и информационно-просветительской деятельности	• РГ № 1 рассмотреть отчет МКГ по вопросам образовательной и информационно-просветительской деятельности		
Обсуждение стратегических научных приоритетов и обмен информацией по данному вопросу с целью определения и использования возможностей для сотрудничества и наращивания научного потенциала, в особенности в отношении вопросов изменения климата	• СКАР представил свое сканирование горизонта		• РГ № 2 обобщить и сравнить стратегические научные приоритеты с целью определения возможностей сотрудничества	• РГ № 2 определить приоритеты для сотрудничества и наращивания потенциала	

Первоочередные задачи	38 КСДА (2015 г.)	Межсессионная работа	39 КСДА (2016 г.)	40 КСДА (2017 г.)	41 КСДА (2018 г.)
Усиление эффективности сотрудничества между Сторонами (например, совместные инспекции, совместные научные проекты и мероприятия по материально-техническому обеспечению) и эффективности участия в совещаниях (например, рассмотрение эффективных методов работы на совещаниях)	• РГПИ рассмотрела отчет Межсессионной контактной группы по сотрудничеству в Антарктике				
Усиление сотрудничества между КООС и КСДА	• КСДА получило рекомендации КООС		• КСДА рассмотреть вопросы, поднятые в отчете КООС на 38 КСДА. • КСДА получить рекомендации КООС, требующие последующих действий и контроля		
Введение в действие Приложения VI и продолжение сбора информации по устранению и ликвидации последствий экологического ущерба и другим вопросам, относящимся к данной области, для информационного наполнения будущих переговоров по материальной ответственности	• РГПИ рассмотрела вопрос о целесообразности возобновления переговоров по материальной ответственности в соответствии с Решением 4 (2010 г.)	• Сторонам проводить целенаправленную работу по одобрению Приложения VI, а также осуществлять обмен информацией и опытом	• КСДА произвести оценку положения дел с введением в действие Приложения VI в соответствии с положениями Статьи IX Договора об Антарктике, а также рассмотреть необходимость принятия каких-либо надлежащих мер, способствующих одобрению Сторонами Приложения VI на своевременной основе		
Проведение анализа осуществляемой КООС работы по вопросу определения передовых методов работы и совершенствования существующих методов и средств, а также разработки дополнительных методов охраны окружающей среды, включая процедуры оценки воздействия на окружающую среду (при необходимости рассмотрение вопроса о совершенствовании используемых методов и средств)			• РГ № 1 рассмотреть рекомендации КООС по проведенному им пересмотру Руководства по Оценке воздействия на окружающую среду (ОВОС)		

Первоочередные задачи	38 КСДА (2015 г.)	Межсессионная работа	39 КСДА (2016 г.)	40 КСДА (2017 г.)	41 КСДА (2018 г.)
Рассмотрение и анализ рекомендаций Совещания экспертов Договора об Антарктике, посвященного возможным последствиям изменения климата для решения вопросов управления и руководства антарктическим регионом (КООС-МКГ)	• КСДА рассмотрело рекомендации 9-17		• РГ № 1 рассмотреть рекомендации 7 и 8	• РГ № 2 рассмотреть рекомендации 4-6. • РГ № 2 рассмотреть результаты семинара НК-АНТКОМ и КООС	
Усиление сотрудничества между Сторонами в вопросах осуществления конкретной текущей деятельности в Антарктике с использованием воздушного и морского транспорта и обеспечения безопасности с определением, по мере уместности, круга вопросов для направления на рассмотрение ИМО и ИКАО		• Секретариату обратиться с просьбой к ИКАО и ИМО представить на 39 КСДА свои соображения по вопросам обеспечения безопасности воздушного движения и судоходства	• РГ № 2 рассмотреть любые рекомендации КООС и (или) КОМНАП и СКАР в отношении БПЛА. • РГ № 2 рассмотреть любые соображения ИКАО и ИМО по вопросам обеспечения безопасности воздушного движения и судоходства	• Провести целенаправленное обсуждение вопросов, связанных с БПЛА (в рамках РГ № 2)	
Анализ и определение необходимости принятия дополнительных мер в отношении управления районами и объектов капитальной инфраструктуры, связанных с туристической деятельностью, а также рассмотрение вопросов, касающихся наземного и приключенческого туризма, и рекомендаций КООС по результатам проведенного исследования в области туризма	• Специальная рабочая группа по работе уполномоченных органов провела обсуждение вопросов, связанных с осуществлением туристической и неправительственной деятельности • Рабочая группа по вопросам туризма (РГТ) рассмотрела последующие отчетные материалы КООС				
Разработка стратегии обеспечения экологически безопасной туристической и неправительственной деятельности в Антарктике		• МКГ по вопросам разработки стратегии обеспечения экологически безопасной туристической и неправительственной деятельности в Антарктике	• РГ № 2 рассмотреть отчет МКГ по вопросам разработки стратегии обеспечения экологически безопасной туристической и неправительственной деятельности в Антарктике		

ПРИМЕЧАНИЕ. Упомянутые выше Рабочие группы КСДА не являются постоянными органами и формируются на основе общего согласия в конце каждого Консультативного совещания по Договору об Антарктике.

Материальная ответственность, возникающая в результате чрезвычайных экологических ситуаций

Представители,

на основании содержащегося в Статье 16 Протокола по охране окружающей среды к Договору об Антарктике (далее – Протокол) обязательства разработать правила и процедуры, связанные с материальной ответственностью за причинение ущерба окружающей среде в результате деятельности, осуществляемой в районе действия Договора об Антарктике и подпадающей под действие Протокола;

на основании Меры 1 (2005 г.) и принятия Приложения VI к Протоколу в качестве шага по установлению режима материальной ответственности в соответствии со Статьей 16 Протокола;

отмечая, что Приложение VI к Протоколу еще не вступило в силу;

напоминая о Решении 1 (2005 г.) и Решении 4 (2010 г.) по вопросу ежегодной оценки прогресса в отношении вступления в силу Приложения VI и установления сроков возобновления переговоров о материальной ответственности в соответствии со Статьей 16 Протокола;

приветствуя предоставленные Комитетом по охране окружающей среды в 2013 г. рекомендации по экологическим вопросам, относящимся к практической реализации конкретных примеров восстановительных мероприятий и ликвидации экологического ущерба в условиях Антарктики;

принимают следующее решение:

1. Продолжить проведение ежегодной оценки прогресса в отношении вступления в силу Приложения VI в соответствии со Статьей IX

Договора об Антарктике и определить необходимые соответствующие действия для побуждения сторон своевременно утвердить Приложение VI.

2. Продолжить обмен информацией и опытом с целью содействия прогрессу в отношении вступления в силу Приложения VI.

3. Принять решение об установлении временных рамок для возобновлении переговоров о материальной ответственности в соответствии со Статьей 16 Протокола в 2020 г. или ранее, если Стороны посчитают это необходимым в свете достигнутого прогресса в одобрении Меры 1 (2005 г.); а также

4. Считать Решение 4 (2010 г.) утратившим актуальность.

Обмен информацией

Представители,

на основании Статей III(1)(a) и VII(5) Договора об Антарктике;

осознавая обязанности в рамках исполнения Протокола по охране окружающей среды к Договору об Антарктике (далее – Протокол) и Приложений к нему в части обмена информацией;

осознавая также решения Консультативного совещания по договору об Антарктике (КСДА) касательно информации, обмен которой осуществляется Сторонами;

желая обеспечить максимально эффективный и своевременный обмен информацией между Сторонами;

желая также обеспечить правильную идентификацию информации, подлежащей обмену между Сторонами;

на основании Решения 4 (2012 г.), которое обязывает Стороны использовать Систему электронного обмена информацией для выполнения Сторонами обязанностей по обмену информацией на основании Договора об Антарктике и Протокола, а также отмечает, что Стороны должны продолжить работу с Секретариатом Договора об Антарктике (далее – Секретариат) для оптимизации и усовершенствования СЭОИ;

отмечая, что в Решении 4 (2012 г.) устанавливалось, что различные разделы СЭОИ будут регулярно обновляться Сторонами в течение года как минимум в соответствии с Резолюцией 6 (2001 г.), чтобы такая информация становилась известной и доступной остальным Сторонам по возможности в кратчайший срок;

принимают следующее решение:

1. Приложение к настоящему решению представляет собой сводный перечень информации, согласованной для обмена Сторонами.

2. Секретариат должен изменить СЭОИ для отражения информации, содержащейся в Приложении к настоящему Решению, и как можно скорее опубликовать информацию, представленную Сторонами; а также

3. Приложение к Решению 6 (2013 г.) и Приложение 4 Заключительного отчета XXIV КСДА утрачивают актуальность.

ТРЕБОВАНИЯ К ОБМЕНУ ИНФОРМАЦИЕЙ

1. Предсезонная информация

Указанная ниже информация должна представляться как можно раньше, предпочтительно к 1 октября и в любом случае не позднее начала деятельности, в отношении которой составляется отчет.

1.1 Оперативная информация

1.1.1 Национальные экспедиции

A. Станции

Названия зимовочных станций (с указанием района, широты и долготы), максимальное число персонала и уровень имеющегося медицинского обслуживания.

Названия сезонных станций/баз и полевых лагерей (с указанием района, широты и долготы), период работы, максимальное число персонала и уровень имеющегося медицинского обслуживания.

Названия убежищ (район, широта и долгота), медицинское оснащение и объем помещений. Другие основные полевые объекты, к примеру, исследовательские полигоны (указать местонахождение).

B. Суда

Названия судов, государство регистрации судна, число рейсов, запланированные сроки отплытия, районы операций, порты отбытия и прибытия в Антарктику и из Антарктики и цели рейсов (например, наука, снабжение, смена персонала, океанография и т.д.),

максимальное количество членов экипажа, максимальное количество пассажиров.

C. Летательные аппараты

Категория (межконтинентальные рейсы, внутриконтинентальные рейсы и местные полеты на вертолетах), количество воздушных судов каждого типа, запланированное число рейсов, период полетов или запланированные сроки вылетов, маршрут и цель.

D. Исследовательские ракеты

Координаты места запуска, время и дата/период, направление запуска, планируемая максимальная высота, область воздействия, тип и технические характеристики ракет, цель и название исследовательского проекта.

E. Военные вопросы

Число военного персонала в экспедициях и воинские звания военнослужащих.

Число и тип оружия, имеющегося у персонала.

Число и тип оружия на кораблях и летательных аппаратах и информация о военном оборудовании, если оно имеется, и его расположение в районе Договора об Антарктике.

1.1.2 Неправительственные экспедиции

A. Деятельность, базирующаяся на судах

Имя оператора, название судна, максимальное количество членов экипажа, максимальное количество пассажиров, государство регистрации судна, число рейсов, руководитель экспедиции, планируемые сроки отплытия, порты отбытия и прибытия в Антарктику и из Антарктики, районы деятельности, включая названия предполагаемых стоянок и планируемые даты этих стоянок, виды деятельности, предусмотрены ли высадки на берег во время посещений, количество посетителей, которые участвуют в каждом конкретном деятельности.

B. Деятельность, базирующаяся на суше

Название экспедиции, название оператора, метод транспортировки в Антарктику, из Антарктики и в пределах Антарктики, тип предприятия/деятельности, местоположение(-я), сроки проведения экспедиции, количество участвующего в экспедиции персонала, контактный адрес, адрес веб-сайта.

C. Отказ в выдаче разрешений

Название судна и (или) экспедиции, название оператора, дата, причина отказа.

1.2 Посещение охраняемых районов

Название и число охраняемых районов, количество человек, имеющих разрешение на посещение, дата/период и цель.

2. Ежегодный отчет

Указанная ниже информация должна представляться как можно раньше после окончания летнего (антарктического) сезона, но в любом случае до 1 октября, причем период представления отчета: с 1 апреля по 30 марта.

2.1 Научная информация

2.1.1. Перспективные планы

Детали стратегических и многолетних научных планов или ссылка на версию для печати. Перечень запланированных мероприятий по участию в крупных, международных, совместных научных программах/проектах.

2.1.2 Научная деятельность в предыдущем году

Перечень исследовательских проектов, осуществленных в предыдущем году в рамках научной дисциплины (с указанием местоположения(-й), руководителя исследований, названия или номера проекта, дисциплины и основных видов деятельности, замечаний).

2.2 Оперативная информация

2.2.1 Национальные экспедиции

Обновленная информация, предоставленная под п. 1.1.1.

2.2.2 Негосударственные экспедиции

Обновленная информация, предоставленная под п. 1.1.2.

2.3 Информация о получении разрешений

2.3.1 Посещения охраняемых районов

Обновленная информация, предоставленная согласно п. 1.2.

2.3.2 Вредное воздействие на флору и фауну, взятие образцов

Виды, местоположение, количество, пол, возраст и цель.

2.3.3 Интродукция чужеродных видов

Виды, местоположение, количество и цель, удаление или утилизация.

2.4 Экологическая информация

2.4.1 Соответствие Протоколу

Новые меры, принятые в прошлом году в соответствии со Статьей 13 Протокола по охране окружающей среды к Договору об Антарктике, включая принятие законов и нормативных актов, административные действия и меры принуждения к исполнению с описанием мер и указанием даты вступления в действие.

2.4.2 Перечень ВООС/ПООС

Перечень ВООС/ПООС, выполненных в течение года, с указанием предполагаемой деятельности, местоположения, уровня оценки и принятого решения.

2.4.3 Отчет по мониторингу деятельности

Мониторинг мероприятий, связанных с деятельностью, подлежащей первоначальным и всесторонним оценкам окружающей среды (упомянутый в Статье 6.1 Приложения I к Протоколу), включая название вида деятельности, местоположение, выполненные процедуры, важная полученная информация, действия, предпринятые впоследствии.

2.4.4 Планы по организации сбора и удаления отходов

Планы по организации сбора и удаления отходов, составленные в течение года, с указанием названия станции/судна/местоположения. Отчет о выполнении планов по управлению ликвидацией отходов в течение года.

2.4.5 Принятые меры по осуществлению положений Приложения V

Информация о мерах, принятых для реализации Приложения V, в том числе инспекций участков, а также все мероприятия, предпринятые для реагирования на случаи деятельности, противоречащей положениям планов управления ООРА или ОУРА с описанием необходимых мер.

2.4.6 Процедуры, касающиеся ОВОС

Описание необходимых национальных процедур.

2.4.7 Предотвращение загрязнения морской среды

Описание мер.

3. Постоянная информация

Указанная ниже информация должна представляться в соответствии с требованиями Договора об Антарктике и Протокола по охране окружающей среды к Договору об Антарктике. Информация может обновляться в любое время.

3.1 Средства для научных исследований

3.1.1 Автоматические регистрирующие станции/обсерватории

Название площадки, координаты (широта и долгота), высота (м), записываемые параметры, частота наблюдения, контрольный номер (например, номер ВМО).

3.2 Оперативная информация

А. Станции

Названия зимовочных станций (с указанием района, широты и долготы, максимального количества персонала), дата основания, условия для проживания и медицинского обслуживания.

Названия сезонных станций/баз и полевых лагерей (с указанием района, широты и долготы, период работы, максимального количества персонала).

Названия убежищ (район, широта и долгота), медицинское оснащение и условия для проживания.

Информация о поисково-спасательных операциях.

Б. Суда

Названия судов, государство регистрации судна, ледовый класс, длина, наибольшая ширина и валовой регистровый тоннаж (может быть представлена ссылка на данные КОМНАП). Максимальное количество членов экипажа, максимальное количество пассажиров. Информация о поисково-спасательных операциях.

В. Летательные аппараты

Количество и тип эксплуатируемых летательных аппаратов. Информация о поисково-спасательных операциях.

3.3 Экологическая информация

3.3.1 Планы по организации сбора и удаления отходов

Название плана, копия (.pdf формат) или ссылка на версию для печати и краткий отчет о выполнении.

3.3.2 Планирование на случай чрезвычайных обстоятельств

Названия планов на случай чрезвычайных обстоятельств при разливе нефти и возникновения других чрезвычайных ситуаций, копии (.pdf формат) или ссылка на версию для печати и краткий отчет о выполнении.

3.3.3 Перечень прошлой деятельности

Название станции/базы/полевого лагеря/полигона/места крушения летательного аппарата и т.д., координаты   (широта и долгота), период, в течение которого деятельность осуществлялась, описание/цель осуществлявшейся деятельности, описание оборудования или оставленных материальных средств.

3.3.4 Соответствие Протоколу

Аналогично п. 2.4.1.

3.3.5 Процедуры, касающиеся ОВОС

Аналогично п. 2.4.6.

3.3.6 Предотвращение загрязнения морской среды

Аналогично п. 2.4.7.

3.3.7 Принятые меры по реализации положений Приложения V

Аналогично п. 2.4.5.

3.4 Прочая информация

3.4.1 Национальные законодательные акты

Описание законов, положений, административных действий и прочих мер, дата вступления в силу/введения в действие, предоставление копии (.pdf формат) или ссылки на версию для печати.

3. Резолюции

Кооперативная система воздушных перевозок

Представители,

на основании Рекомендации VII-8 (1972 г.), которая по-прежнему остается актуальной, и Рекомендации VIII-7 (1975 г.), которая более не является актуальной, однако содержит основные принципы, которые остаются в силе;

признавая, что обеспечение доступа в Антарктику для дальнемагистральных самолетов в сочетании со вспомогательными внутриконтинентальными маршрутами, обслуживаемыми более легкими самолетами, способствует выведению сотрудничества на новые уровни и гибкости научных исследований;

отмечая интерес, проявленный Научным комитетом по антарктическим исследованиям и Советом управляющих национальных антарктических программ (КОМНАП) к потенциальным преимуществам использования кооперативной системы воздушных перевозок;

рекомендуют своим Правительствам запросить свои Национальные антарктические программы пересмотреть свои научные программы для определения того, каким образом они могут извлечь пользу из кооперативной системы воздушных перевозок, а также обсуждения и принятия необходимых мер с помощью таких организаций, как КОМНАП.

Антарктические системы информационных и телекоммуникационных технологий

Представители,

на основании Рекомендаций VI-1 (1970 г.), VII-7 (1972 г.) и X-3 (1979 г.);

признавая, что современные Системы информационных и телекоммуникационных технологий (СИТТ) могут послужить антарктическому сообществу для обеспечения своевременного и полного обмена информацией;

отмечая наличие передовых технологий;

также отмечая, что инновационные исследования зачастую предъявляют высокие требования к функциональным возможностям и рабочим характеристикам СИТТ;

рекомендуют своим Правительствам:

1. Стремиться обеспечить эффективное использование уже существующих антарктических СИТТ и по мере возможности применять разрабатывающиеся технологии с целью обеспечения усовершенствованной связи между антарктическими станциями, а также между станциями и местами за пределами Антарктики; а также

2. Предложить Совету управляющих национальных антарктических программ продолжить:

   a) регулярно обновлять Руководство по антарктическим телекоммуникационным операциям (АТОМ), пополняя его информацией от Национальных антарктических программ и других организаций и исследователей, работающих в Антарктике;

b) изучить практические и технологические вопросы, связанные с требованиями к СИТТ и возможностям СИТТ, включая экономичность вариантов связи и преимущества в части эксплуатационной эффективности и научных исследований, которые они могут обеспечить;   а также

c) обсудить адекватность антарктических СИТТ для обеспечения соответствия требованиям и предложить усовершенствования в случаях их целесообразности.

Портал окружающей среды Антарктики

Представители,

на основании Статьи 3 Протокола по охране окружающей среды к Договору об Антарктике (далее – Протокол) и, в частности, содержащегося в ней требования о том, что деятельность в районе действия Договора об Антарктике должна планироваться и осуществляться на основе информации, достаточной для проведения предварительных оценок и вынесения обоснованных заключений о ее возможных воздействиях на окружающую среду Антарктики и зависящие от нее и связанные с ней экосистемы, а также на значимость Антарктики для проведения научных исследований;

признавая, что для эффективного выполнения требований Протокола при увеличивающейся сложности обеспечения охраны окружающей среды Антарктики в условиях увеличения масштабов деятельности человека и изменения климата Антарктики требуется наличие доступа к источнику информации о выработанных стратегических принципах и правилах деятельности;

отмечая с признательностью многолетнюю научно-информационную консультативную роль Научного комитета по антарктическим исследованиям (СКАР) в деятельности Системы Договора об Антарктике;

приветствуя разработку Портала окружающей среды Антарктики (далее – Портал) в качестве средства предоставления проанализированной и изученной информации о первоочередных вопросах и возникающих проблемах, доступ к которой будет способствовать увеличению эффективности управления и регулирования деятельности в регионе, включая вопросы выполнения требований Протокола;

отмечая, что Портал также предоставит механизм для поддержки СКАР в обеспечении Системы Договора об Антарктике независимой, научно обоснованной информацией;

рекомендуют своим Правительствам:

1. Поддержать создание Портала в качестве необходимого научно-информационного консультативного источника для Комитета по охране окружающей среды (далее – КООС) и Сторон Договора об Антарктике, обеспечивающего доступ к высококачественной, достоверной, неполитизированной и самой свежей информации, а также в качестве полезного инструмента, используемого Сторонами на добровольной основе.

2. Обратиться с просьбой к СКАР использовать Портал соответствующим образом для предоставления проанализированной и изученной информации по актуальным вопросам стратегии и управления.

3. Способствовать участию научных работников в подготовке и критическом анализе материалов, предназначающихся для размещения на Портале.

4. Рассмотреть возможность оказания поддержки и помощи в административном управлении Порталом; а также

5. Призвать Членов КООС к способствованию поддержания актуальности Портала в области природоохранной политики путем активного участия в работе редакторской группы и предоставления своих комментариев по материалам, размещаемым на Портале, включая поиск новых материалов.

Рабочая программа ответных мер в отношении изменения климата, разработанная Комитетом по охране окружающей среды

Представители,

будучи обеспокоенными данными об уже имеющих место в Антарктическом регионе воздействиях изменения климата, содержащимися в отчетах Научного комитета по антарктическим исследованиям (далее – СКАР) «Изменение климата Антарктики и окружающая среда»;

на основании Вашингтонской декларации министров (2009 г.) о пятидесятой годовщине подписания Договора об Антарктике, в которой министры всех Консультативных сторон Договора об Антарктике выразили свою обеспокоенность возможными последствиями глобальных экологических изменений, в особенности климатических изменений, для окружающей среды Антарктики и зависящих от нее и связанных с ней экосистем и подтвердили свое стремление к объединению усилий в работе по обеспечению более глубокого понимания вопросов изменения климата на Земле и активному поиску путей решения вопросов, связанных с воздействием природно-климатических изменений на окружающую среду Антарктики и зависящих от нее и связанных с ней экосистем;

также на основании рекомендаций Совещания экспертов Договора об Антарктике по последствиям изменения климата для режима управления и регулирования в Антарктике (2010 г.), в том числе рекомендации для Комитета по охране окружающей среды (далее – КООС), касающейся рассмотрения вопроса о разработке программы ответных мер в отношении изменения климата;

приветствуя проведенную КООС работу в ответ на данную рекомендацию и разработку КООС Рабочей программы ответных мер в отношении изменения климата (далее – CCRWP);

желая, чтобы КООС приступил к реализации CCRWP в первоочередном порядке;

желая регулярно обновлять существующие Руководства;

рекомендуют своим Правительствам:

1. Призвать КООС в первоочередном порядке приступить к реализации CCRWP с представлением на Консультативном совещании по Договору об Антарктике ежегодных отчетов о ходе ее реализации.

2. Поручить КООС проведение регулярного критического анализа CCRWP с учетом предложений, поступающих от СКАР и Совета управляющих национальных антарктических программ соответственно по научным и практическим вопросам; а также

3. В рамках своих национальных систем финансирования научных исследований и национальных программ антарктических исследований рассмотреть возможные способы удовлетворения потребностей в научных исследованиях и деятельности, предусмотренных в CCRWP КООС.

Ключевые орнитологические территории в Антарктике

Представители,

признавая, что в некоторых районах Антарктики изменение климата в Антарктике уже заметно сказывается на местной живой природе, включая популяции пингвинов и морских птиц;

ссылаясь на Статью 3 Протокола по охране окружающей среды к Договору об Антарктике (далее - Протокол), в которой содержится требование планирования и проведения деятельности в районе действия Договора об Антарктике с целью ограничения неблагоприятного воздействия на окружающую среду Антарктики;

также на основании требований Приложения II «Сохранение антарктической фауны и флоры» к Протоколу;

признавая деятельность BirdLife International (Международной организация по защите птиц и сохранению их среды обитания) по определению и охране обширной глобальной сети Ключевых орнитологических территорий;

желая обеспечить приведение природоохранной деятельности в Антарктике в соответствие с передовой мировой практикой;

осознавая огромную вероятность отрицательного воздействия масштабной деятельности человека в регионе на численность птиц в Антарктике;

также осознавая, что проводимые научные исследования необходимы для более глубокого изучения текущего состояния и имеющихся тенденций в отношении популяций птиц в Антарктике;

рекомендуют своим Правительствам:

1. Одобрить и принять к сведению отчет об установленных Ключевых орнитологических территориях в Антарктике, включающих участки гнездования.

2. Довести отчет до сведения Секретариата Соглашения о сохранении альбатросов и буревестников в качестве предмета обсуждения.

3. Принимать во внимание информацию, содержащуюся в отчете, при планировании и осуществлении своей деятельности в Антарктике, включая подготовку материалов по оценке воздействия на окружающую среду.

4. Поручить Комитету по охране окружающей среды подготовить на рассмотрение Консультативного совещания по Договору об Антарктике уточненную информацию о существующей или необходимой степени представленности этих Ключевых орнитологических территорий в системе Особо охраняемых районов Антарктики, в особенности в отношении участков, которые могут быть отнесены к «крупным колониям гнездящихся местных птиц»; а также

5. Провести необходимый мониторинг численности популяций птиц с целью получения данных для принятия мер по управлению, которые могут потребоваться в дальнейшем.

Роль Антарктики в процессах глобального изменения климата

Представители,

отмечая решающую роль Антарктики в глобальной климатической системе как ключевого фактора в глобальной циркуляции атмосферы и океана и важного регулятора уровня Мирового океана;

признавая, что научные программы изучения Антарктики являются жизненно важными для получения информации, обеспечивающей более глубокое понимание глобальных климатических процессов и их влияния на всю экологическую систему Земли;

сознавая, что в результате изменения климата Антарктики имеют место значительные региональные изменения по всему континенту, а также то, что ряд этих изменений может иметь потенциальное влияние на деятельность человека в Антарктике;

приветствуя проводимую Научным комитетом по антарктическим исследованиям (СКАР) работу по программе «Изменение климата Антарктики и окружающая среда» и представление им на Консультативное совещание по Договору об Антарктике ежегодных обновленных данных о воздействии изменения климата на саму Антарктику;

желая обеспечить дальнейшее направление усилий международного научного сообщества на изучение процессов изменения климата в Антарктике и плодотворное сотрудничество в этой области;

рекомендуют своим Правительствам:

1. Содействовать своим национальным антарктическим программам в совместной работе со СКАР по вопросу определения наилучших способов продвижения и популяризации научных исследований

международного сообщества в области изучения изменения климата, включая содействие реализации целей и задач 21-й Конференции Сторон Рамочной Конвенции ООН об изменении климата, которая должна состояться в Париже в декабре 2015 г.; а также

2. Поддерживать свои национальные антарктические программы в осуществлении совместных масштабных международных научно-исследовательских программ в целях обеспечения более глубокого понимания воздействия изменения климата на окружающую среду Антарктики и зависящие от нее и связанные с ней экосистемы.